C0-AZG-579

Entre lo joto y lo macho
Masculinidades sexodiversas mexicanas

Entre lo joto y lo macho

Masculinidades sexodiversas mexicanas

Humberto Guerra y
Rafael M. Mérida Jiménez (eds.)

BARCELONA — MADRID

ESTUDIOS UNIVERSITARIOS LGTBQ

Director
    Rafael M. Mérida Jiménez (Universitat de Lleida)

Comité científico
    Juan Vicente Aliaga (Universitat Politècnica de València)
    Óscar Guasch (Universitat de Barcelona)
    Dieter Ingenschay (Humboldt-Universität zu Berlin)
    Alfredo Martínez-Expósito (University of Melbourne)
    Alberto Mira (Oxford Brookes University)
    Marta Segarra (Centre National de la Recherche Scientifique, París)
    Meri Torras (Universitat Autònoma de Barcelona)
    Gracia Trujillo (Universidad de Castilla-La Mancha)

© Humberto Guerra y Rafael M. Mérida Jiménez (eds.), 2019

© Editorial EGALES, S.L., 2019
    Cervantes, 2. 08002 Barcelona. Tel.: 93 412 52 61
    Hortaleza, 62. 28004 Madrid. Tel.: 91 522 55 99
    www.editorialegales.com

ISBN: 978-84-17319-75-5
Depósito legal: M-27613-2019

© Imagen de cubierta: Carlos Valdivia Biedma

Imprime: Ulzama Digital. Pol. Ind. Areta, calle A-33
    31620 Huarte (Navarra)

SUMARIO

INTRODUCCIÓN
Humberto Guerra

Los investigadores de las Ciencias Sociales y de las Humanidades, así como los creadores artísticos que colaboramos en este volumen, sostenemos que la figura del hombre sexodiverso mexicano no ha sido realmente invisibilizada. Por el contrario, sobre todo a partir de la Revolución de 1910, su posterior triunfo y la implementación de su programa político-social desde 1921, el joto, el puto, el maricón, el homosexual, el gay y ahora el flexible y el cuir han participado de manera fehaciente en la construcción del Estado nacional mexicano y de sus manifestaciones culturales y artísticas, al igual que de sus relaciones y vínculos sociales. En esta situación, entonces, lo que hay que sopesar es la calidad del espacio que se ha adjudicado a este tipo social, comunidad sexual y destino personal, el cual ha estado signado por una gran ambivalencia (como casi cualquier aspecto sociocultural de importancia para la sociedad mexicana); por un lado, vilipendiado, degradado y humillado y, por otro, festejado y buscado para refrendar los privilegios de la heteronormatividad patriarcal. Es decir, la norma heterosexual y patriarcal tiene en las diversidades sexuales masculinas, principalmente, un factor indispensable para su implementación y sostenimiento. Es imperioso sobrepasar las apreciaciones e intuiciones comunes sobre dicha ambivalencia para efectuar un análisis detallado de este objeto de estudio.

Al momento de cerrar este volumen colectivo, la rica y compleja sociedad mexicana nos ha brindado uno de tantos hechos que re-

[9]

frendan lo recién afirmado y lo ejemplifican de manera puntual. Con el cambio de presidencia (diciembre de 2018) y de rumbo gubernamental no se han hecho esperar los movimientos de personal en todos los órdenes de gobierno. Particularmente uno resultó escandaloso por varias razones. Es prerrogativa del presidente designar a quien dirija el Fondo de Cultura Económica, editorial emblemática perteneciente al Estado. El elegido en esta ocasión fue el escritor y divulgador cultural Paco Ignacio Taibo II; sin embargo, se hizo del conocimiento público que el seleccionado había nacido en España y, por lo tanto, no podía ocupar el cargo máximo en dicha institución, de acuerdo con una ley promulgada en la década de los años sesenta que restringía el puesto solo a ciudadanos mexicanos por nacimiento. Después de unos días de alboroto se modificó la ley y el escritor mexicano por naturalización ha podido ocupar el cargo. En medio de esta lucha de poderes, de descalificaciones y de aclaraciones, Taibo II durante una presentación —en la Feria Internacional del Libro de Guadalajara— aludió a su «triunfo» señalando que «sea como sea, se las metimos doblada, camarada», dando a entender que se había impuesto.

Esta lamentable aseveración alzó revuelo mediático y le resultó un duro revés al gobierno entrante y al escritor y, sin embargo, no impidió que ocupara el cargo. ¿Qué papel juega este acontecimiento aquí? Creemos que mucho. La frase significa la penetración del otro; el penetrador se impone de manera irrecusable, sin importar el género del penetrado. Aunque, hay que aclarar, se utiliza mayoritariamente para la imposición —sexual y simbólica— de un hombre sobre otro, el cual es feminizado y, por lo tanto, se le rebaja y vence. El sometido deviene un puto, un mariconazo tremendo. Además, no se trata de una penetración cualquiera, es tal la glotonería sexual del receptor y el considerable volumen genital del penetrador que el pene se introduce de forma abultada. Algo así como que se le castiga («te duele, pero te gusta»), premia (al darle «lo que te gusta») y evidencia («ya ves que sí te gusta») de manera simultánea.

No obstante, nadie parece reparar en la situación en que se ubica al penetrador. ¿No sería igualmente infamante por acceder a «carne de varón»? ¿No es igualmente reprobable por el «ejercicio homosexual»? Pues de manera sorprendente no es así, la ambigüedad es tal que solo el considerado «puto» es responsable, culpable, estigmatizado y, en cambio, el macho surge después de perpetrar esta violación con singular fuerza, arrojo y valentía. Así de ambigua es la conceptualización sexual en México y cada vez que alguna situación análoga se califica con este tipo de comentarios se refuerza esa cultura de preeminencia del macho, aunque necesariamente medie algún tipo de homoerotismo. Paco Ignacio Taibo II tuvo el desatino de pronunciar esto en público y se le achaca su «misoginia», su «machismo», su «homofobia», su «incorrección política»; estas y otras cualidades se encierran en la brevedad contundente de la frase, pero es algo que está en la mente y en la acción de muchos mexicanos —y de muchas mexicanas también—.

Es así, entonces, como lo «joto» y lo «macho» exceden las barreras de la identidad y comportamientos caracterológicos y expanden su radio de acción e influencia a toda la sociedad y cultura mexicanas. Sirve tanto para calificar, denostar, acusar y señalar como para delimitar actitudes, contenidos, personas e intenciones que van desde lo más cotidiano (como puede ser una llamada al orden con sentencias del estilo «compórtate como machito», «qué niña», «actúa como hombre»), aunque en la misma medida lo «joto» y lo «macho» (y todos sus posibles matices) operan como valoradores de la experiencia personal o colectiva en fórmulas sintácticas como estas: «demasiado femenino para mí», «eso es de maricones», «afeminados absténganse», «hombre para hombre», «pareces joto», que, sin embargo coexisten con sentencias como «todo hoyo es trinchera», «hoyo aunque sea de pollo» o «agujero aunque sea de caballero», por mencionar solo tres de las posibles variaciones que permiten el ejercicio genital entre hombres, aunque no necesariamente consienten el involucramiento emocional... Así de ambiguo, contradictorio y permisible es el panorama del rango de opciones que se combinan de muy diversas maneras cuando se tratan las relaciones entre varones.

Todos estos casos están vinculados por un continuo social de comportamientos esperados y reprobables que, si bien está confeccionado para las conductas masculinas, no es ajeno a la caracterología femenina. El resultado es, de nueva cuenta, de una amplia complejidad y, sobre todo, ambigüedad, omnipresente en la sociedad mexicana. Apenas ahora comienzan a desaparecer del registro del habla mexicana frases y sentencias que gozaban de profundo arraigo y eficaz utilización como «bien bragada» o «con los pantalones bien puestos» o, peor aún, «con muchos huevos» para aludir a la mujer que estaba a la altura de ciertas circunstancias que precisaban arrojo, coraje, valentía..., pues la expresión aprueba el comportamiento desplegado que es casi «masculino», así se despoja a lo femenino de potencias propias y solo puede destacarse vicariamente al «amacharse». Estas ejemplificaciones —que la cotidianidad de la lengua nos proporciona— son en verdad valiosos recursos para medir la temperatura social de las relaciones genéricas, de la conceptualización adjudicada al ser hombre o mujer y de la naturaleza de los mecanismos de control, prestigio y exclusión por los que la sociedad mexicana se guía y ejecuta sus actos vitales.

Una ejemplificación más creemos que servirá para redondear nuestros argumentos al respecto. Cualquier mexicano/a recae de inmediato en la identidad del hablante de esta nación al notar que con prodigalidad usa los sustantivos «padre» y «madre» en una modalidad adjetival. Es decir, se usan para calificar antes que para denotar una función familiar específica. Así, «padre» como adjetivo sirve para designar de forma positiva a cualquier persona, experiencia o situación; se le considera un término «neutro» del habla y puede utilizarse bajo cualquier circunstancia, sin que su uso estigmatice al hablante. Hay personas padres, es decir, atractivas, admirables o encantadoras; una buena lectura o filme son padres y significa que ambas experiencias estéticas son, por lo menos, agradables, por ejemplo. En oposición, el uso adjetival de «madre» sirve para denotar apreciaciones extremas tanto negativas como positivas, pero su uso sin duda estigmatiza al hablante situándolo en la infracción lingüística al utilizar un término considerado «altisonante» y, por lo tanto, no tiene el paso franco de su contraparte, es decir, no se puede pronunciar en cualquier espacio o circunstancia, puesto que compromete al hablante.

Pero meditemos un poco en el uso adjetival de «madre»: como se ha notado, sirve para calificar tanto positiva como negativamente. En ambos casos el hablante se ubica en la incorrección lingüística, pero no hay adjetivación posible en el español de México que connote tal grado de involucramiento, compromiso y voluntad. Este uso para connotar posiciones extremas es ambivalente en grado superlativo, pues algo «con poca madre» se ubica un grado más allá de lo estupendo, admirable o encomiable. Por oposición, cuando algo es «una madre» se está calificando con sumo desprecio, desinterés o insignificancia infinita. Para el lector será fácil deducir de esta pequeña disquisición el hecho de que en la sociedad mexicana todo lo relacionado con lo masculino, con el padre simbólico y real, con lo macho-masculino resulta benéfico, atractivo, deseable. Mientras que, con su contrario, se experimenta una gran ambivalencia siempre hiperbólica; como si el aspecto «femenino» de la existencia mexicana solo se manifestara de forma extrema y en muchos casos negativamente. ¿Todo esto en qué contribuye a nuestros intereses?

Como habíamos señalado al inicio, la consideración del homoerotismo en cualquiera de sus manifestaciones está permeada por esta hipervaloración de lo masculino y la hiperbolización de lo femenino, propias de la cultura mexicana. De ahí que en una especie de corrección política se llegue a afirmar que para ser sexodiverso se necesite ser «muy hombre», es decir, muy valiente, queriéndose así restituir la figura del «joto» al adjudicarle un valor de lo «macho». Al mismo tiempo, cuando este «maricón» virilizado se comporta de forma reprobable a los ojos de quien lo juzga, se le despoja de los beneficios de esta valoración y de forma instantánea se le feminiza y ya no es el «puto respetable», sino la molesta «jota esa». No es de extrañar que la cultura homoerótica mexicana sea sumamente machista, misógina, racista y clasista. Cuando se trata de grupos marginalizados, las asimetrías sociales se presentan de forma muy palpable y no en pocos casos se presentan de maneras muy elocuentes e incluso grotescas. Por eso, aquí nos interesa descifrar, enumerar, destacar esas asimetrías con las que la cultura homoerótica ha tenido que transigir y que han marcado los derroteros políticos de las comunidades, así como los devenires existenciales personales. Lo cual nos muestra una especie de continuo personal y social muy matizado, pues no es lo mismo comportarse como «maricón» (en una actuación social) que ser muy «puto» (por la variedad y número de parejas sexuales), que comportarse como «joto» (por la cualidad desplegada en el lenguaje corporal, gestual y verbal), entre otros. No existe, en realidad, un modelo del individuo sexodiverso; por el contrario, hay toda una escala valorativa que tiende a fragmentar la identidad homoerótica en gran cantidad de gestos, decisiones vitales y comportamientos sociales. Por ello, el panorama reviste una complejidad y una ambigüedad de muy amplio espectro que deseamos contribuir a esclarecer en la medida que lo permiten nuestros acercamientos disciplinares.

En vista de la situación recién descrita y el número e intereses de los artículos, el panorama dista de ser limitado, pues hay una gran riqueza textual, social, plástica, cultural sobre las masculinidades mexicanas diversas, las cuales también pueden llamarse homoerotismos o «jotismos». De lo «joto» a lo «macho» no es privativo ni permanente de un individuo, más bien los homoerotismos están sometidos a un escrutinio personal, público y comunal que clasifica por separado al individuo y este a su vez procura revestirse, en un grado importante de casos, de una especie de machismo o rasgos considerados masculinos que en realidad parecen evidenciar aquello que se quiere borrar en la personalidad (es decir, cualquier rasgo «femenino» o «feminizador») porque esto disminuye a la persona en una línea de pensamiento que más o menos se expresa así: se será muy «joto», pero también se es muy «macho». En este sentido, los homoerotismos se han despojado de su poder provocador y crítico y se han hecho grandes aliados de una cosmovisión patriarcal y machista.

Es recomendable tener en cuenta esta peculiar coyuntura al momento de leer nuestras aportaciones. En un primer tiempo, se abordan los géneros literarios más abarcadores: la dramaturgia, el cuento, la novela y la autobiografía. El campo es vasto y si bien es rastreable desde el siglo XIX (en el caso del teatro subsisten sainetes del siglo XVIII con personajes masculinos sexodiversos y referencias al ejercicio homosexual en las crónicas de Indias del siglo XVI), hay una explosiva recurrencia del tema sobre todo a partir de las décadas de 1920 y 1930 que permite apreciar tanto las continuidades como las rupturas sobre la apreciación de los personajes, personas, situaciones, anecdotizaciones y perspectivas sobre el fenómeno de los hombres que sostienen lazos afectivos y eróticos con otros hombres. El panorama es muy diverso, enriquecedor y revelador de una comunidad que, a pesar de los machismos, se expresa incluso junto a estos ejercicios represivos y representacionales o inclusive gracias a ellos.

Hugo Salcedo Larios ofrece un recorrido desde finales del siglo XVIII hasta la segunda década del siglo XXI. El proyecto parece ambicioso y lo es, ya que el autor ha incluido en su recuento tanto a dramaturgos ubicados dentro del canon como otros que están en proceso de valoración. En el artículo se describen a autores señeros como Salvador Novo, Sergio Magaña o Hugo Argüelles; pero también rescata obras que por fortuna subsistieron pese las expurgaciones inquisitoriales o a la censura prejuiciosa. Salcedo parte de un señalamiento muy interesante, expresado por Julio Jiménez Rueda —fundamental historiador del teatro en México—, quien señala que el teatro popular tiene una presencia recurrente en este «tan repugnante tipo» joto, sin poder ver que dicha presencia constante se debía a la necesidad de refrendar la «normalidad» de la audiencia y servir de punto de entretenimiento y escarnio. Así, el drama mexicano sexodiverso presenta distintas estadías que quieren mostrar posibles facetas del personaje y la recuperación múltiple de los diferentes modos de ejercer esa heterodoxia sexual: el fatídico destino personal, el personaje cómico, el drama familiar, la resiliencia frente a la homofobia y el VIH/sida y la pertinencia de arreglos afectivos considerados políticamente incorrectos. Estas son temáticas que se dramatizan a través de los más variados registros como la pieza, el sainete o la performance, por ejemplo.

Por su parte, Luis Martín Ulloa se compromete con una encomienda igual de titánica al abordar la narrativa mexicana de temática homosexual en sus dos modalidades: cuento y novela. Pero para aquilatar los aportes y peculiaridades de la «invisibilidad» narrativa del personaje masculino sexodiverso, el crítico organiza el corpus en tres apartados: el del tormento y la culpa, el de la burla y el bufón y el de la reivindicación de lo «homo» como deseable y legítimo, donde la virilidad y la marginalidad caracterológicas son facetas de un mismo fenómeno y, por último, el actual, donde todo lo que parecía importante o tabú ahora se narra bajo parámetros más festivos, desproblematizados y relativizados. El recorrido, de proporciones muy amplias, comienza con la novelización del episodio porfirista de «Los 41» y el «Ánima de Sayula» hasta revisar la producción más consistente de autores como Luis Zapata, José Rafael Calva, Joaquín Hurtado o Enrique Serna, por mencionar cuatro momentos paradigmáticos de diferentes generaciones.

La virtud de la visión panorámica anterior es del todo trastocada en una profundización focalizada, pues César Cañedo contrapone, como método analítico, la identidad globalizada gay (sostenida por su apego a los valores más burgueses: la fidelidad, el éxito económico o el clasismo, entre otros) a la identidad jota, que no está regida por esos parámetros. Por el contrario, el académico y poeta sostiene que para entender las masculinidades diversas mexicanas hay que asumir un aparato teórico «joto» que dé cuenta de todo tipo de expresión que sale de la «norma gay»; es decir, la imagen «saneada» y «neoliberal» se contrapone a lo joto, que puede expresarse como promiscuo, proclive al fracaso económico y sentimental, moreno, negro, culpígeno, anclado en el presente gozosa y permisivamente y sin agencia económica. A través del examen de *El diario de José Toledo*, *El vampiro de la colonia Roma*, *Las púberes canéforas* y *Fruta verde* se enuncia la legitimidad de modelos vivenciales, afectivos y sociales que contradicen la lógica del capital neoliberal, globalizado, blanco y demuestran así que «lo gay» se está estableciendo como modelo paradigmático y represor del principio de respeto por la diferencia al asumirse como censor y único.

Humberto Guerra explora cuatro momentos clave de la autobiografía mexicana de tema homosexual. Cada uno de los autores considerados representa, de acuerdo con el crítico, una peculiar manera de abordar el tema homoerótico en clave personal. Mientras que Carlos Monsiváis ejercita un elaborado discurso del silencio a través de torrentes de palabras, Salvador Novo concibe su autobiografía en las coordenadas narrativas totalmente opuestas, es decir, quiere exhibir toda su vida afectiva y sexual de manera preponderante y desea hacer una búsqueda etiológica de su preferencia sexual. Mientras que José Joaquín Blanco se concibe como miembro de una comunidad política la cual tiene su sentido al ejercer una serie de derechos cuando ya se han reconocido o, de lo contrario, pugnar por ellos. Por último, Hernán Bravo Varela presenta una novedosa posición identitaria donde la diferencia sexual no se enuncia pero sí se experimenta de manera cotidiana echando mano de toda una serie de recursos vivenciales y retóricos. Por lo tanto, aquí se postula un corpus autobiográfico no pensado anteriormente de forma global y en el cual se presentan tantas rupturas como continuidades.

La meditación efectuada por las ciencias sociales sobre este fenómeno ayuda a dimensionar el significado de las homosexualidades en México, sus estrategias de expresión y de realización de vínculos vitales, es decir, su relación con el lado femenino del ser humano y la necesidad de guardar las formas sociales sin renunciar a sus vínculos homoeróticos. Estos temas se exploran en cinco de los artículos incluidos en el libro. Así como también se analizan los ajustes legales acerca de la posición que tiene el Estado frente a las minorías sexuales para cancelar un contexto que, si bien no exigía toda clase de atropellos en contra de estas poblaciones, sí los permitía. Por último, asistimos a un ejercicio de presencia y resistencia culturales, a través de una publicación periódica que vivió durante los años aciagos de la pandemia del VIH/sida, en un relato autobiográfico que quiere rendir homenaje a quienes conformaron el proyecto editorial e, igualmente, quiere entender en términos más objetivos el periodo en que transcurrió la revista *Vida de Camaleón*.

En este sentido, Mauricio List Reyes comparte una etnografía sobre una relación emocional entre dos hombres en la ciudad de Puebla. Su peculiaridad radica en que uno de ellos no tiene trazo alguno de identificarse en ninguna categoría de sexodiversidad: es más, tiene esposa e hijas, mientras que su contraparte goza y sufre con los altibajos que le depara la condición de su «pareja». Los hallazgos del antropólogo resultan sorprendentes y ratifican la vigencia de lazos emocionales que no se avienen a las características del modelo gay. Asimismo, toda la dinámica relacional desplegada sirve al investigador para ver la persistencia de los beneficios de la heterosexualidad social y el atractivo que la misma puede significar para algunas personas que deciden relacionarse con estos hombres con prácticas «homo» y que rechazan cualquier modalidad de identidad homoerótica. Por ello, el artículo demuestra que en la cotidianeidad la identidad social no está necesariamente determinada por las prácticas sexuales y cierto «clóset estratégico» puede reportar numerosos beneficios a quien lo elige.

Guillermo Manuel Corral Manzano ofrece un recuento de las modificaciones legales que resguardan la certeza jurídica de las poblaciones sexodiversas, aunque el abogado pronuncia un serio señalamiento que indica la pertinencia de las normas en contraposición a la imposición de la fuerza de la costumbre y los usos sociales, de tal manera que parece que se hablara de dos realidades desconectadas. A su vez, la investigación de Roberto Mendoza Benítez resulta paradigmática y poco estudiada por sí misma: la cultura mexicana refrenda (a veces con todas las evidencias en contra) la «naturaleza» femenina del hombre homoerótico mexicano y esta «cualidad» resulta sobradamente conflictiva para los mismos hombres que mantienen relaciones afectivas y/o sexuales con otros hombres. Este artículo parece complementar los hallazgos anteriores, puesto que si en el trabajo de List la masculinidad y virilidad reportan ventajas sustanciales, en este el ejercicio de la feminidad en hombres homosexuales parece estar muy cuestionada. El autor apunta que el estereotipo más prejuicioso y arraigado es aquel que señala que los hombres sexodiversos en realidad son una especie degradada de ser femenino o, de plano, quieren ser mujeres. Lo cual produce un conflicto muy profundo en los hombres que tienen la predilección por relaciones sexoafectivas con otros hombres, pues ellos mismos se minimizan y minimizan a otros señalando características femeninas en su comportamiento. El filósofo aplicó un cuestionario para averiguar el estado de la cuestión entre hombres homosexuales de la Ciudad de México con alto grado de escolaridad y que habían buscado opciones para educarse sobre cuestiones genéricas y sexológicas. El resultado es pasmosamente conflictivo, aun en este grupo que se considera de vanguardia.

Por último, de mano de Raúl García Sánchez (Raúl Sangrador) accedemos a un episodio reciente de resiliencia homo en clave autobiográfica. El pintor y académico formó parte medular de un proyecto editorial en medio de los años álgidos de la epidemia de VIH/sida; por lo tanto, en sus páginas relata las implicaciones personales que significó levantar una revista para un lector sexodiverso, sus aciertos y desaciertos al mismo tiempo que el grupo creativo se enfrentaba a nuevas condiciones existenciales, amistosas, amorosas y sanitarias debidas a la inesperada intrusión de la enfermedad no solo en el organismo, sino en el centro de las relaciones sociales y afectivas volitivamente establecidas. Estamos, en este caso, frente a una pequeña muestra de una historia oral de las homosexualidades en México que hay que aplaudir y fomentar. Cierra nuestra propuesta una oportuna contribución de Juan Martínez Gil, uno de nuestros queridos colegas españoles, pues ofrece una bibliografía pormenorizada de las cuestiones sexodiversas masculinas mexicanas que, sin duda alguna, es de gran ayuda a la hora de iniciar o profundizar en los temas que hemos abordado en este libro.

Como se puede apreciar, el volumen quiere contribuir al estudio del polimorfismo de los lazos afectivos y sexuales entre hombres en México. Ante la avasallante presencia y presión del modelo anglosajón, que se aboca a un ejercicio «homo» blanqueado, clasemediero (con estándares propios de sociedades centrales, inaccesibles para la mayoría fuera de esa órbita económica), pretendidamente monógamo y santificado por el Estado, notamos una variedad de arreglos sexuales, sociales, económicos y emocionales que se resisten a ser «normalizados» y que tienen tanto derecho a existir como el modelo predominantemente difundido y apoyado. Esperamos, pues, contribuir a un debate que continúa abierto y a darle al tema la dimensión que históricamente se le ha escamoteado o condicionado.[1]

Por último, esta introducción tiene que hacer justicia a nuestra tradición jota, marica, mexicana, y por ello debemos terminar con esta «invocación»: Queremas invitar a todas las perras (en potencia, en vigencia o en retirada «voluntaria») a leer con gran entusiasma, harta concentrancia y mayora espírita joteril estas reflexiones para que no sea su genitalia la única parte de todas ustedes que haya flexionado y re-flexionado en esta valle de lágrimas, así que a espabilarse, shiquillas, ¡y leer con fruición jotera!

CDMX, marzo de 2019

[1] La compilación de estudios y la edición se deben tanto a Humberto Guerra como a Rafael M. Mérida Jiménez. Forman parte del proyecto «Diversidad de género, masculinidad y cultura en España, Argentina y México» (FEM2015-69863-P MINECO-FEDER) del Ministerio de Economía y Competitividad de España.

HOMOS Y DRAMAS:
LA DIVERSIDAD HOMOERÓTICA, TRAVESTI Y CUIR EN EL TEATRO MEXICANO
Hugo Salcedo Larios

La veta de la literatura dramática transgresora, o al menos puesta como alternancia ante la cualidad sexual heteronormativa en México, se manifiesta tanto a partir de la estética de las épocas en que se escribe como de las estrategias y recursos de sus propios autores en torno al tema del «pecado nefando contra natura», práctica ya advertida con desprecio en las crónicas de aquellos recién allegados a las tierras del *Mundus Novus*. Las variaciones de estos tratamientos dramatúrgicos abrevan en las propias diversidades marcadas tanto por la predilección homoerótica, el travestismo como juego de roles sexuales o como forma elegida para la convivencia social. Lo trans y lo «raro», torcido o cuir aparece también apoyado por la expresión cultural que del ámbito literario se deriva a un esquema más complejo de índole performativa. En este artículo se realiza un registro de textos dramáticos y sus autores, tratamientos literarios y apuntes de resolución escénica, tanto de obras enmarcadas en las diversidades sexuales como también de algunos performances. Se pretende que este estudio pueda conducir a un esquema arbóreo, lleno de enramadas múltiples y complejas.

Diversión y escándalo

En la Jornada tercera de *Los empeños de una casa* representada por primera vez el 4 de octubre en 1683, como parte de «un agasajo ofrecido a los marqueses de la Laguna» (Paz, 1994, p. 434), Sor Juana Inés de la Cruz presentaba el gracioso soliloquio del criado Castaño con el presto afán de cumplir con la encomienda de su amo Don Carlos, a fin de aclarar un equívoco con el padre de su amada Leonor. Para poder cumplir a cabalidad el encargo, Castaño decide esconder su figura varonil a fin de no ser reconocido; se desprende de su propia capa, espada y sombrero y se trasviste con prendas femeninas. En su privado quehacer comienza con ajustes al cabello: «Lo primero, aprisionar / me conviene la melena, / porque quitará mil vidas / si le doy tantica vuelta. / Con este paño pretendo / abrigarme la mollera» (1985, p. 685). Después viene la faldilla. El personaje manifiesta el gusto por el tacto suave en la tela que se pone, mientras advierte lo bien que le va sentando el atrevimiento. Su decir ya lo coloca en voz femenina: «Ahora entran las basquiñas. / ¡Jesús, y qué rica tela! / No hay duda que me esté bien, / porque como soy morena / me está del cielo lo azul» (p. 685). Enseguida es el turno de ponerse los accesorios, por lo que considera incluir un elegante bolso para la guarda de los dineros: «Un serenero he topado / en aquesta faltriquera: / también me lo he de plantar» (p. 685). Es tan minucioso el preparativo, que echa de menos los polvos en la cara: «El solimán me hace falta; / pluguiese a Dios y le hubiera, / que una manica de gato / sin duda me la pusiera» (p. 685).

Castaño hace una clara interpelación con la audiencia —particularmente femenina— en un guiño de relación y coqueta complicidad, mientras presume a su aire el fino corsé. Más que romper las fronteras entre la ficción y la realidad señalada por Enrique Anderson Imbert (1970, p. 106) y reafirmada por Octavio Paz (1994, p. 436), se trata del mero uso de ese recurso escénico de buen provecho en el teatro barroco, que a su vez se deriva de los llamados «apartes» que aluden de forma directa el establecimiento de una comunicación estrecha con el espectador. Esta interpelación es, como menciona Patrice Pavis, «un medio para ampliar la comunicación interna de los personajes a través de una comunicación directa con el público» (1998, p. 252) que refuerza los efectivos canales de confabulación: «¿Qué les parece, Señoras, / este encaje de ballena? / Ni puesta con sacristanes / pudiera estar más bien puesta. / Es cierto que soy hermosa. / ¡Dios me guarde, que estoy bella!» (De la Cruz, 1985, p. 685). Luego de acabar de aliñarse con guantes, telillas de seda echadas al hombro y hasta el porte de un abanico de lienzo alechugado, advierte Castaño que, con tan logrado artificio, lo van a perseguir lindos galanes que saben bien dar su cuidado amoroso. Enfila el camino con grácil andar, aun sabiendo que corre el grato riesgo de que un varón quede prendado: «Vaya, pues, de damería: / menudo el paso, derecha / la estatura, airoso el brío; inclinada la cabeza, / un sí es no es, al un lado; / la mano en el manto envuelta; / con el un ojo recluso / y con el otro de fuera; / y vamos ya, que encerrada / se malogra mi belleza. / Temor llevo de que alguno / me enamore» (p. 685).

Esta graciosa escena de Castaño travestido es considerada como una de las más originales de toda la carpeta cómica de obras de capa y espada, aunque no rompe con las normas impuestas por Calderón de la Barca y cuya influencia la propia Sor Juana reconoce en su comedia. Como analizó Bravo-Villasante (1955), en el teatro barroco era frecuente que un personaje adoptara modales, maneras e incluso ropajes del otro sexo. Sin embargo, la incorporación de estos recursos en el teatro novohispano devuelve a la monja mexicana su culta apreciación y hace constar su conocimiento del espectáculo teatral de la propia época en que vive.

Durante el siglo XVIII convivieron en México las formas neoclásicas venidas desde España mediante sus fórmulas académicas, aleccionadoras y moralizantes. Se imponía, como menciona Sergio López Mena, «un teatro monitor, rector de costumbres, medio de corrección, espejo para ilustrar, para mejorar la vida social» (1994, p. 14), instalado como el nuevo reclamo del canon de su tiempo. Pero en contrapunto coexistió «un teatro que andaba entre las barriadas, en los patios de las vecindades, en las plazoletas y en las rinconadas» (p. 14); una forma popular más auténtica y apegada a los patrones de clase baja, con ocurrencias de tinte cómico a manera de sátira social o familiar. Se trataron de piezas de pequeño formato que se presentaban como intermedio a las largas comedias de enseñanzas morales. Dentro de esa fórmula tan apreciada por los espectadores, aparecieron los divertimentos de José Macedonio Espinosa, un comediante zacatecano autor de una piececita ejemplar, el entremés de *El alcalde Chamorro* (1803), en donde hace su aparición el amanerado, caracterizado tanto por un esmerado acicalamiento de su figura como por el ingenio de su verbo y su neto desparpajo, que resulta claramente transgresor ante la mirada de la afectada impostación neoclásica. En la brevedad de esta pieza se establece un diálogo que tiene lugar en el calabozo donde pagan los presos por sus actos pícaros y sinvergüenzas. Estos tunantes, quienes ejemplifican la conducta disoluta apartada de la norma, son un actor o «representante», como aquí se le nombra, una alegre fandanguera y un maricón de quien se advierte el grácil movimiento de abanico y que, aunque encerrado en la mazmorra, anda «tan afeitado y tan limpio» (1994, p. 44). Este no desaprovecha la oportunidad de hacer burla al Alcalde, a quien recita: «Cara de hombres he visto yo / Que de hembra me ha parecido; / Pero no como la suya, / Tan lindo mozo, alcaldito» (p. 44).

El Alcalde interroga con cautela al «ahembradito» y este responde con picardía a cada una de las preguntas. Al final, una retahíla de adjetivos (derivados de la apreciación de su alambicado amaneramiento) concluyen con la resolución condenatoria del caso:

ALCALDE: ¡Arre allá, hombre del diablo! / Ven acá, ¿cómo te llamas? / PUTO: Yo me llamo tan bonito. / ALCALDE: ¿Pues cómo te llamas? Di. PUTO: ¿A quién preguntas, bien mío? / ALCALDE: A ti, aputado del diablo. / PUTO: Yo me llamo... Pero si tengo /

vergüenza a todas mis enemigas. / ALCALDE: ¿Quiénes son tus enemigas? / PUTO: Las señoritas mujeres. / ALCALDE: Vaya, no tengas vergüenza, / y dime cómo te llamas. / PUTO: Yo, mialma, Pitiflorito. / ALCALDE: ¿Piti qué? ¡Hombre del diablo! / PUTO: Pitiflor. ¿Ya no lo he dicho? / ALCALDE: Pues llámate desde hoy, / Pitiputo, Pitidiablo, / Pitialcorza, Pitividro, / con más pitos que un pitón / tiene el diablo en los abismos. (p. 44).

Esta pieza forma parte de un grupo de documentos que en su momento fueron incautados por el intendente de Real de Minas de Zacatecas, y remitidos «al local comisario del Santo Oficio, quien a su vez envía a sus superiores los que juzga se deben retirar de la circulación» (Camastra, 2007, p. 34).

Durante las primeras décadas del siglo XX, en jacalones de madera o lona, y como parte de las ferias patronales, fueron emergiendo las carpas en los barrios populosos de la Ciudad de México. Las tandas eran los segmentos con que se reconocía a los espectáculos en donde predominaba lo burdo y lo grotesco, con representaciones de «personajes tipo» como el policía, el borracho, la suripanta o el homosexual (Merlín, 1995, p. 45). Con atrevidos bailes y ocurrentes sketches construidos bajo un ejercicio dialógico muy ingenioso, se hacían alusiones al deseo, la picardía, la libertad sexual, la transgresión a la moral vigente. Como menciona Socorro Merlín, el espectáculo de variedades carpero que incluía música, coreografías y representación fársica se consideraba «algo irracional, aberrante, equívoco, feo, cursi, morboso» (p. 48), pleno de visiones de rostros deformados, paisajes irreales, situaciones alteradas, mostrando —por parte del sketchero y la vedette— aspectos de mancha, ofensivos y denigrantes que fueron, sin embargo, gozosos para el multitudinario espectador. En estos teatros portátiles fueron reiteradas las presencias del maricón, del macho, la mujer dominante o el travesti, con quienes se integraban distintos números de corte satírico, muy abiertos a la improvisación.

Con un formato más depurado, una breve pieza teatral de Salvador Novo, *El tercer Fausto* (1934), daba presencia a un varón cuya urgencia lo hace invocar a Mefistófeles para que le cumpla el deseo de cambiar de sexo: «quiero transformarme en mujer» (1985, p. 110). El fuerte anhelo es debido a que está enamorado de otro hombre; por eso considera que tal transformación derribará la barrera para la consumación de su amor. Este sentimiento, por otra parte, lo presiente culpable y producto de una naturaleza difícil de expresar. Alberto advierte en su interés particular un hecho pecaminoso y de cierta perversión que genera la pulsación de su deseo. El Diablo, conmovido por el inusual pedimento, rechaza incluso el neto compromiso del alma de su evocador. Cual consultor profesional, propone al doliente varios caminos para aliviar su condición, como la sugerencia de afrontar la situación y entablar un diálogo franco con su querido que quizá permita la comprensión y el acoplamiento. Incluso como una medida extrema, anuncia tempranamente la intervención médica cuando le sugiere: «Váyase a Europa. Hágase depilar, cambie la voz, sométase a mutilaciones científicas» (p. 113). Todo consejo bien intencionado escapa de la decisión de Alberto, quien desprecia la recomendada seducción por medio del arte o la mediación científica. Ante la insistencia, el Diablo, muy conmovido, accede a conceder el deseo. Al día siguiente Alberto amanece transformado en una mujer. De inmediato, se entrevista con el amado, quien en un breve y sincero diálogo confiesa el callado amor que siente no por esa extraña chica que aparece de forma repentina en su despacho ni por ninguna otra, sino por el ausente Alberto, aquel que ya no es. Con esta explicación y el deseo ya cumplido pero irreversible, se cancela toda posibilidad de acoplamiento y consumación del amor. De esta manera, se exhibe el ridículo ante el esfuerzo sobrenatural realizado un día antes por el frustrado amante.

Hay en esta pieza una presencia del humor que se articula a manera de fábula, por supuesto no inocente, que alcanza relieve si tomamos en cuenta la fecha en que se escribe, donde hace galana aparición «el homosexual en el registro de la vida intelectual y social» (Monsiváis, 1986, p. 276) del país, y la consecuente persecución del gremio cuando «se reinstala en la Cámara de Diputados el porfiriano Comité de Salud Pública para depurar el gobierno de contrarrevolucionarios» (p. 277). Es precisamente en 1934, el año de la escritura del texto dramático, cuando un grupo de reconocidos intelectuales, entre los que figuran Mauricio Magdaleno, José Rubén Romero, Juan O'Gorman y Jesús Silva Herzog, va a solicitar a este Comité que «se hagan extensivos sus acuerdos a los individuos de moralidad dudosa que están detentando puestos oficiales y los que, con sus actos afeminados, además de constituir un ejemplo punible, crean una atmósfera de corrupción que llega hasta el extremo de impedir el arraigo de las virtudes viriles de la juventud...» (p. 277). En esa clara campaña contra los Contemporáneos, el nombre más citado es el del propio Novo, que responderá mediante ingeniosas composiciones líricas que dirige a algunos personajes de la política y la cultura de su momento. *El tercer Fausto* se presenta como un texto provocador e incómodo. El autor reconoce las obras de Marlowe y Goethe de las que se deriva esta tercera, trastocando la magnificencia de la tragedia isabelina y el alto espíritu romántico de la versión alemana, así como la complejidad de sus caracteres y situaciones, prefiriendo delinear la figura unívoca del personaje masculino y convirtiendo la transformación de uno de ellos en mujer. Como se explicó, el necio capricho resultará improductivo.

Como parte de la pugna interna entre los círculos de la excelsa cultura mexicana, el desprestigio va en contra del personaje homosexual. Así se lee en la referencia de don Julio Jiménez Rueda, de 1944, escrita a propósito del rescate y publicación del entremés de José Macedonio Espinosa antes referido, en el *Boletín del Archivo General de la Nación*. A razón de esto, escribe que «Se ha seleccionado —*El alcalde Chamorro*— por presentarnos al tipo maricón, raro en el teatro popular español y tan abundante en nuestros sainetes, zarzuelas y revistas. Particularmente en los últimos tiempos es difícil encontrar un sainete o cuadro revisteril en el que no aparezca tan repugnante tipo» (Jiménez Rueda en López Mena, 1994, p. 27).

Apenas empezando la década del cincuenta, se asoma de manera tímida en la literatura dramática un joven personaje homosexual. Se trata de la imprescindible obra *Los signos del Zodíaco* de Sergio Magaña, estrenada en el Palacio de Bellas Artes en 1951 precisamente bajo la dirección de Salvador Novo. La pieza revelará «un talento dramático desenvuelto y atrevido» (Gorostiza en Magaña, 1981, p. XXI). La pieza, ubicada en una vieja vecindad de la Ciudad de México, muestra los rostros de una clase urbana destinada al fracaso, los sueños hechos añicos y la experiencia del encierro como una forma de expiación inalcanzable. Andrés es el hijo de Ana Romana, la portera, en cuyo nombre se adelanta el sentido de una enjuta guerrera. Escondido el chico bajo un disfraz de payaso, ensaya en el patio de los lavaderos. Su agria madre, al enterarse del acto, lo despoja de su atuendo ridiculizándolo ante los vecinos. La mujer en sus diferentes intervenciones manifiesta la violencia física, el sarcasmo y la amargura por las predilecciones sexuales de su primogénito en frases como «Una madre siempre comprende lo que su hijo es» (Magaña, 1981, p. 308) o cuando expresa el odio contra su marido: «Tienes mala sangre. Me hiciste un hijo y ya ves cómo salió» (p. 311). Ana Romana, de quien ya avanzado el texto sabremos que cambió su nombre y apellido para intentar construirse un pasado de alcurnia, explica las razones por las que su hijo no quiere enrolarse en una fábrica como obrero: «¿Crees que no sé por qué buscaste este trabajo? ¡Para poder vestirte con encajes y lentejuelas, como mujer!» (p. 235). Tanto el imaginativo e inocente personaje de Andrés como el de todos los que aparecen en esta constelación de caracteres muestran un lado cruel, pobre y de alta carga melodramática, para dejar ver este rostro de la capital a mediados del siglo XX. El personaje, amanerado y con predilección por el mundo de la actuación y del teatro, se presenta muy retraído por la violencia que se construye a su alrededor; si bien no es el centro de la historia, su carácter apoya la construcción del contexto torturado y asfixiante.

En *Los albañiles*, la versión teatral estrenada en 1969 del propio Vicente Leñero a su celebrada novela homónima, aparece don Jesús, el velador del edificio donde se desarrolla la mayor parte de la acción dramática. Esta pieza se puede leer como una crítica a la hipocresía y la violencia que se erige en el mundo bien jerarquizado de la albañilería como un microcosmos de la sociedad: Isidro, el peón más joven, es seducido por ese viejo pícaro de edad indefinida, usando un ingenio mediado por el chantaje. Su estrategia encuentra eficaz resolución como no pudo ser antes con Jacinto, otro de los peones: «Si no te estoy pidiendo dinero —le había explicado don Jesús a Isidro—, nomás un poco de compañía. Se siente tan feo quedarse solo toda la noche, con los ruidos, con los recuerdos, con la canija soledad» (1980, p. 434). Hace don Jesús un atrevido toqueteo al muchacho luego de que en soledad lo abriga con su cobija: «Bien que se está aquí, ¿verdad? Calientito. Y bien blanda que tienes la carne, Isidro. Blandita, blandita...» (pp. 438-439). Aunque en principio hay una reacción de rechazo, la experiencia homosexual parece agradar al inexperto joven, quien en lo sucesivo pasará frecuentemente las noches con él, propiciando señaladas críticas que esconden el celo de otros obreros como Jacinto, quien recuerda ante la policía la reprobable decisión: «¿Por qué te quedabas con el viejo, Isidro? ¿Por qué no te diste cuenta, o qué? ¿Te gustaba el viejo, Isidro? [...] No debiste hacer amistad con él; debiste hacerla conmigo porque yo nunca te iba a tocar tu pellejo de hombre, que es muy tuyo y que sólo a una vieja se le ofrece» (p. 477).[1]

---

[1] Aunque se refiere a la novela de Leñero, el estudio de Gabriel Medina González tiene también aplicación al texto dramático: «El acercamiento homosexual es uno de los

En la pieza se plantea un esquema dual que ubica las acciones pecaminosas por un costado y la aplicación del castigo por el otro, derivados de la postura religiosa y el ambiente machista imperantes. En consecuencia, al error de su conducta, el personaje transgresor —don Jesús— sufre primero la persecución de sus propios demonios mentales, que se le aparecen en forma de espasmos epilépticos, hasta llegar a su aniquilación física. La sexualidad del velador que aflora con un tono libidinoso mientras avanza la realización de su acto será castigada con el asesinato que, mediante los diversos puntos de vista puestos en juego y expuestos mediante los interrogatorios de la policía, permiten poner a consideración del espectador una serie de razonamientos múltiples que se suman a la estrategia de rompimientos espaciales y saltos en el tiempo, proponiéndose como un texto atractivo para la resolución escénica.

Será en las décadas de los años setenta y ochenta del siglo pasado cuando se muestran numerosas y decididas recurrencias, frecuencias y variedad de los diversos tratamientos mayoritariamente homoeróticos y travestis en el teatro mexicano. Las piezas de Hugo Argüelles son punteras por cuanto la violencia exacerbada implícita y explícita que plantea en su carpeta dramática, donde el humor impertinente, la ocurrencia anecdótica, los inusitados giros dramáticos y el desbocamiento de conductas lamentables muestran el lado oscuro, impío e hipócrita de la sociedad de México. Con su obra *Los gallos salvajes* (1986), Argüelles explora la expresión del incesto entre padre e hijo, acondicionada a su idea de funcionamiento de la tragedia griega «a la mexicana», en donde el irrevocable destino, el carácter exacerbado de los personajes y la fatalidad son algunos de sus tópicos. Lu-

---

acontecimientos culminantes en esta relación de seducción» (2010, p. 26) entre el hombre mayor y el mozo, quien «asume por ingenuidad, necesidad de afecto y sentimiento de abandono [y en donde] se transgrede cierta moral conservadora expresada en las burlas homofóbicas de los albañiles» (p. 26).

ciano es el padre que ha estado sometiendo desde pequeño a su propio hijo en «una relación de sexualidad nunca hablada sino bajo presión extrema» (Bert, 1994, p. 38) e intentando justificarla a partir de un trastocado amor que describe otra vez el machismo y la «insaciable necesidad de dominio y sumisión del otro» (p. 94). El secreto entre padre e hijo se descubre de forma explícita con la felación que se da en escena, reprobable y dolorosa, que no puede sino concluir con la destrucción de ambos personajes. La trasgresión, crueldad y perversión construyen una amalgama de alto impacto que funciona en esta pieza como una herencia del mal que incontrolable se desborda sobre el declive de los agónicos contendientes. En *Los gallos salvajes* se intuye desde el título la figura del macho y la pelea sangrienta que los conduce a la muerte. Al final de la obra, Luciano hijo yace a los pies de su padre, mientras este se suicida ante el cadáver de su hijo.

Otras formas de sexualidades diversas se manifiestan en algunas otras piezas de Hugo Argüelles. En *Escarabajos* (1991), el dramaturgo incorporará de manera segmentada «un monólogo escrito muchos años después de la versión original. Otra clase de incesto, el travesti, minutos antes de interpretar a Medea, [el personaje masculino] confecciona su maquillaje con las cenizas de su madre. Juego de horror, de espejos de horror: la madre muerta, la madre actriz-actor, la madre que asesinará a sus hijos en escena» (Gorlero en Argüelles, 1995, p. 448). Se trata de un melodrama en donde la ocurrencia enfermiza del personaje bordea lo irracional debido al uso de los residuos memoriales de la progenitora para dar color a su propio maquillaje, con el que luego va a exhibirse públicamente. Si bien en el transcurrir del texto el joven homosexual recibió un marcado rechazo por el padre autoritario debido a su deseo de convertirse en actor, no va a ser así por parte de la madre, la hermana y la tía, quienes le muestran su cariño y el respeto a sus decisiones. Hacia el final de la anécdota, treinta años después, las aspiraciones del

fracasado actor explican y muestran un escenario decadentista pla-
gado de derrotas profesionales; sin embargo, a nivel personal alcan-
zará el éxtasis mediante el acto travestista y la actuación como la
Medea (1943) de Anouilh,[2] que realizará en memoria de su progenitora. «Siento que estoy empezando a ser «ella»... es decir: un mucho,
tú... ¡Eso! ¡Un mucho, tú! ¡Y voy a ofrecerte mi interpretación como
un homenaje a ti y a tu forma de amar! ¡Eso! Como el homenaje
que yo le debía a la inmensa capacidad de amor que me enseñaste,
porque... ¿Ves? ¡Ya soy cada vez más tú y cada vez más Medea!»
(Argüelles, 1995, p. 502).

Apartándose del realismo, estrategia que bien favorece la producción de Argüelles, en *El cocodrilo solitario del panteón rococó* (1981) se
hace una rápida alusión al convivio lésbico de dos personajes que
celebran su descubrimiento sexual y toman venganza contra el
hombre socarrón que las comparte. En esta misma pieza y como telón de fondo, «La torcacitas de Tultepec», dos travestidos amenizan
con sus boleros en la cantina del pueblo. Por su parte en la pieza
dramática *La tarántula art noveau de la calle de El Oro* (1991), otro joven
travesti solo está preocupado por su propia situación, por la justifi-
cación egoísta de su propio relato, otra vez en un marco decadentista
soportado por la inacción como reflejo de la mediocridad ante la pasión senil del padre. Y en el breve cuadro titulado «El Ángel», que
forma parte de *Alfa del alba* (*La Quimera de los Siete Sueños*) (1968), el
ser celestial hace su aparición repentina en el patio de la sacristía para
trastocar y corromper al inmutable sacerdote que sucumbe ante el
hechizo verbal. Aquí el amanerado ángel expresa su afán de hacerse
mundano ya que lo que desea en realidad es pasear y disfrutar de la

---

[2] El escritor francés Jean Anouilh (1910-1987) retomó la tragedia de Eurípides y ca-
racterizó a su *Medea* como necesitada de amor y felicidad, pero la imposibilidad de al-
canzarlos motivará su venganza con «consecuencias destructivas, en las que prima lo
irracional, lo salvaje y lo demoníaco que ella lleva en sí misma» (Guerrero, 1997, p.
61), aspectos de carácter que también se aprecian en la obra de Argüelles.

ciudad del Diablo; intercambia con el cura su vestimenta para que pretendidamente alcance el nivel etéreo, puro y abstracto que tanto invoca. El desenlace es desternillante: el Ángel logra su condición pecaminosa que tanto anhela, mientras el cura interrumpe de golpe su vuelo al cielo y cae de bruces en las puertas del infierno.

Semejante en algunos tratamientos de Argüelles, y que debiera ser comprendida en paralelo, la todavía poco conocida obra dramática de Abigael Bohórquez García, a quien la contundencia de su labor poética desplazó la atención a sus propias piezas teatrales, explora también en los límites de la conducta humana, particularmente en los inhóspitos pueblos mexicanos del norte. Construye dibujos del escarnio y caricatura mediante ejercicios y juegos lingüísticos, marcando preferencia por temas sexuales de gran voltaje como la pederastia, el crimen pasional y la zoofilia. En *Nombre de perro* (1993) se esmera por la traza física de sus personajes y su relación con el carácter. Le interesa la descripción de ciertos rasgos definitorios que permitirán contraponer la conducta de cada uno de ellos en la interacción con los demás. Aquí la fisonomía es importante porque de ella dependerá el rumbo que, en lo sucesivo, habrán de tomar las propias acciones de los personajes. Llama la atención el cuidado por la definición exterior de los personajes, con la apuesta de que así tendremos un mejor dibujo y, por tanto, mejor compenetración con la anécdota. La cabal descripción del personaje nos aproxima a un destacado juego simbiótico entre apariencia real y conducta. Notamos que, en efecto, los personajes se encuentran atrapados en el marco de su propia representación corpórea. Dicho de otro modo, tenemos que las acciones de los protagónicos se encuentran motivadas por sus propias condiciones físicas. La apariencia, la forma externa, el cuerpo son los que claramente impulsan el desarrollo de la trama.

En *Nombre de perro*, Jesús tiene 25 años. Es el «Chucho, nombre de perro», alto, de un metro ochenta de estatura —define la acotación—, de musculatura armoniosa y firme, de piel tostada al sol y cabellera crecida y ondulada. Ha aprendido el oficio de herrero, que se contrapone a la apariencia de Francis, quien le dobla la edad, y que, como anotan las didascalias, «es feo, desagradable, vulgar, de rompe y rasga, chaparro, panzón, de escaso pelo sobre la mollera» (Bohórquez, 2002, p. 94) y cuyo mujeril caminar se enfrenta a la viril figura del protagonista. Ante esta singular confrontación, los personajes tan opuestos en carácter lo son también a partir de su aspecto físico que limita cada uno de sus oficios: mientras Jesús se invierte en el uso de la fragua y el hierro candente, Francis vive de su pequeña galletería. Y si el primero trabaja para solventar parte de los gastos de su longeva familia en la que conviven ya tres generaciones, el segundo —con suficientes ingresos que le permiten una posición económica más desahogada— puede lucir sus variadas alhajas de oro en brazos, cuello, orejas y manos. Así, mientras al primero lo imaginamos tosco y de manos rudas, al otro ya lo vemos presuntuoso en el vestir y delicado en su caminar. El coqueteo de Francis con el mozo y el insistente ofrecimiento de dinero para gozar de su sexo no tendrá fortuna, de manera que el afeminado se ve obligado a practicar brujería. Y como esta tampoco le resulta, al final realiza acciones criminales. Ya no disfrutará físicamente del muchacho, pero con su muerte va a negarle la posibilidad de vida. En este degradante carácter el placer carnal se persigue a toda costa, lo urgente es la posesión del cuerpo derivada de la obsesión por el mancebo. Es precisamente la gana del disfrute de carne joven la que encara al cincuentón de Francis con Chucho, enunciando las prácticas sexuales ya extendidas y explicitadas en otras piezas de este mismo dramaturgo.

Así, en *La madrugada del centauro* (1992) se describe el ejercicio sexual iniciático que desde muy temprana edad los chamacos del pueblo llevan a cabo con los animales de labranza. En *Nombre de perro* también se describen estas prácticas: «si se cogen a las chivas, a las perras, a las yegüas, a las burras [...]» (p. 96), reclama Francis a su irresistible pretendido. Sin embargo, esa referencia no apoya al galletero, quien, como antes mencionábamos, no verá realizada la consumación de su gusto. Un curioso personaje hace múltiples y divertidas participaciones en la pieza. Se trata de Carroloco, sobrenombre de un joven que estudiaba en la universidad. Él era inteligente, pero los ácidos y el consumo de marihuana le atrofiaron el contacto con el mundo real, y por esa lamentable recurrencia está de regreso en el pueblo. Carroloco se refiere, por ejemplo, a las conductas amaneradas de Francis, a quien nombra también con infinidad de expresiones. Le dice «aniyoe'cuero, maritornes, invertido, pederasta, maricielo, sodomita, ninfo, fileno, cacorro, bujarrón, lilo, corrompiso, bardaje, nefandario, pervertido, mujercito, cachagranizo, jotito, desviado, tulatráis, leandro, putarraco, adelaida, canco, firi, guey, mariquita, adamado, fémino, fresco, maykuin» [*sic*] (p. 97). Treinta y una formas distintas para referirse al galletero, solo en una primera tirada, puesto que después será también el «frescolón, jotorrón, putorrón, suripantón, maricón...» (p. 98). El mismo recurso se aprovecha cuando se refiere al miembro viril, para el que utiliza en ese caso más de cincuenta equivalentes. Esta insistencia propone la exposición de un lenguaje desparpajado y rebosante.

Abigael Bohórquez también se sintió seducido por la teatralización de informes censados en la nota periodística. En *La sagrada familia* (1993) se da razón de un hecho real sucedido en 1950 en una comunidad indígena de Huatabampo, Sonora. La obra —aclara el propio autor— es una versión libresca de un caso criminal acontecido en la región algodonera del Río Mayo. Acto extraordinario que causó admiración, curiosidad y controversia. Y aunque para la construcción de la pieza se aprovechó la noticia publicada en *El Imparcial* de Hermosillo, el 22 de agosto de 1950, en donde se hizo referencia al proceso instruido contra varios aldeanos por los delitos de asociación delictuosa, homicidio y violación de las leyes de inhumación y exhumación, utiliza el acontecimiento como punto de partida a favor de la construcción de una obra original. *La sagrada familia* irónicamente hace mofa del testamento bíblico y da otro escopetazo contra la práctica católica tan exacerbada como hipócrita, así como a la costumbre tradicional, machista y mojigata de los pueblos —en este caso— del norte de México. El drama plantea la protesta de los ofendidos, la rebelión de los calumniados, quienes están cansados de las constantes burlas por los varones del pueblo. Los ofendidos se organizan para llevar a cabo un particular alzamiento. Los nombrados «putos viejos, feos, pobres, corrientes y borrachos» (p. 147) celebran la revancha: preparan las porras de mezquite, lustran sus marros y afilan las navajas de barbero para capturar, torturar y desollar a sus convenencieros amantes, los crueles abusadores. Luego de la captura, tortura y muerte, la parte del sexo va a ser cuidadosamente extraída del cuerpo de los gandallas; se les estira la piel, se tensa y rellenan sus miembros. Y si durante esta tarea alguno llora por los gozosos recuerdos que ya no van a disfrutar, los otros cantan y bailan en este concilio que celebra la «rebelión de las machas». Fiesta y crimen. Ritual orgiástico. Brujería y vampirismo. Texto duro. Pieza que reúne la efectividad de la trama y la evolución del personaje, el carácter drástico y la cruenta progresión de los acontecimientos. Obra que arranca en la nota policíaca pero que se adereza con motivos de múltiple colorido: sentencias y refranero popular, carnaval sangriento y feria religiosa. Escarnio a la manipulación informática. Liberación del «fémino» antes señalado con dedo acusador y espada flamígera que exclama orgulloso su hazaña: «no saben lo delicado que somos y lo cabrones que nos ponemos» (p. 149). Y si la justicia da su castigo a los maricones asesinos, el ajuste de cuentas ya lo consideran consumado.

Por otra parte, Vicente Leñero afirma que «[a] finales de los años setenta y principios de los ochenta en una época en que el espectáculo del teatro imponía una supuesta alternativa frente una dramaturgia supuestamente agotada, en plena polémica de directores contra dramaturgos [...], surgió en México una generación de autores dramáticos a quienes se agrupó bajo un membrete cómodo, pero convencional: Nueva Dramaturgia Mexicana» (1996, p. 9). Se trató del lanzamiento editorial y escénico de un amplio número de jóvenes escritores procedentes de diversos talleres y formaciones que hicieron uso de un lenguaje desenfadado, algunos con la influencia dinámica del cine mediante cortes anecdóticos, espaciales o temporales, y la trepidante evolución de la trama. Sus tratamientos, casi siempre violentos, hicieron también uso de temáticas de variaciones sexuales ya como referencia de fondo o como centro de su exposición.

A esta generación pertenece Víctor Hugo Rascón Banda, quien en la tetralogía «Armas blancas» emplaza su obra titulada *La daga* (1981), en donde aparecen Román, el masculino propietario de una modesta carnicería, y su amigo René, campeón de gimnasia olímpica, quienes se encuentran después de mucho tiempo. La pieza, que de modo sutil va dejando entrever la experiencia homosexual sucedida en el pasado, concluye con el asesinato de un tercer personaje mudo que atestigua el renacimiento de esta aventura sexual. El texto deja intuir que Román embarazó a la hermana del amigo recién llegado y que a la vez produjo el aborto que la condujo a la muerte. El personaje es bronco, machista, con su carácter exacerbado. Música bucólica, bebidas y camaradería tan explícita que pone en duda la virilidad, sirven para enmarcar a los dos personajes que disfrutan de la mutua atracción carnal, pero a escondidas, bajo el amparo del acto prohibido.

El sinaloense Óscar Liera (seudónimo de Jesús Cabanillas Flores) escribió el celebrado díptico *Dulces compañías* (1987), que ubica sus piezas en unos departamentos contiguos donde hace aparición el chichifo que asesina a sus incautos clientes: a ella primero, la maestra de un colegio para niños ricos; luego en otra ocasión a Samuel, el titiritero homosexual. Menciona Armando Partida que en el ejercicio dialógico de estas obras «los personajes mismos se encargan de desenmascararse, de entregarse» (Partida en Liera, 1987, p. 3). Por delimitaciones temáticas, valdría solo mencionar que en la segunda pieza del díptico, titulada «Un misterioso pacto», vuelve a ser patente la agresividad sexual expresada por los insultos y la tensión creciente que va a desembocar en el asesinato, proporcionando al sentido del título un indefectible carácter irónico: el ángel de la guarda de las *Dulces compañías* va a ser en realidad el ángel de la destrucción.

También miembro de esta «Nueva Dramaturgia Mexicana», Jesús González-Dávila tiene incursiones en las que aborda el tópico de las diversidades sexuales. *Pastel de zarzamoras* (1983) es la obra que manifiesta el asfixiante seno familiar clasemediero promovido por el autoritarismo del padre y las evasiones de la madre que tienen como telón de fondo los sucesos del 68. El hijo, aun siendo mayor de edad, soporta las humillaciones de su propio padre cuando, en compañía de su novio, quiere anunciar un viaje a San Francisco. El «nene gallina», abusado en la infancia por un plomero y amenazado de forma recurrente por su padre, será objeto del escarnio. Precisamente en la colección de piezas cortas de este autor, titulada *Los niños prohibidos* (1989), cabe el cuadro llamado «Inocente... para siempre», en donde se plantea el primer contacto del pequeño que fue corrompido por el entonces joven plomero en el comedor de su casa; el padre intuye el suceso y amenaza al pequeño con el cañón de la pistola en la boca mientras le grita: «¡Óyeme bien, cabrón; porque solamente te lo voy a decir una vez! ¡El día que yo sepa que un hijo mío es puto, le pego un balazo! ¿Entendiste, gallina? ¡Si tengo un hijo maricón, lo mato!» (González-Dávila, 1989, p. 154).

Carlos Olmos escribió *El dandy del Hotel Savoy* (1989), donde recrea algunos pasajes de la vida de Oscar Wilde a finales del siglo XIX, enfrentado al poder de su tiempo y defendiendo un estilo de vida distinto a la imposición victoriana, que lo consideró como un transgresor. Explica el propio Olmos: «Mi idea original consistía en mostrar a Wilde como un personaje trágico desfigurado por las fuerzas represivas de una sociedad que siempre advirtió el álgido poder de su palabra sin estar dispuesta a tolerarlo» (1989, p. 11). Se advierte en su tratamiento una rebeldía romántica que renuncia a un recuento biográfico y prefiere desdoblamientos del personaje y juegos temporales, encuadrados en un trazo de intolerancia y oscurantismo. En *El eclipse* (1990), otra obra de este guionista y dramaturgo, se anuncian los fenómenos naturales como el símbolo de la corrupción e hipocresía social que castiga a los varones que hacen práctica de sus preferencias sexuales distintas. El fenómeno celeste sirve de marco para descubrir los tabús de una familia provinciana.

Tomás Urtusástegui, el más longevo de este grupo, ha escrito docenas de textos que por su brevedad, brillantez y ocurrencias dramáticas encuentra múltiples montajes. Es el caso por ejemplo de *Drácula gay* (2002), un monólogo que abandona el real encumbramiento del Conde ahora sin colmillos y regresa de visitar al dentista. El antes malévolo personaje se ha convertido en un pobre diablo que busca un poco de sangre. Urtusástegui es autor también de la pieza *Ponte en mi lugar* (1991), por cuyas tensiones de la vida doméstica hacen que Abundio se transfigure en su propia mujer invirtiendo los roles de la pareja para resentir los desprecios y maltratos de su esposa a su vez transformada en hombre.

A las imputaciones expresadas desde el ámbito familiar y extendidas a otros contextos, se suma la aparición de la pandemia del sida en la década de los ochenta del siglo pasado, que, de manera tan conveniente para la heteronormatividad, se incorporará rápidamente como un argumento de repudio para las prácticas entre las personas del mismo sexo. La estigmatización de esta enfermedad abonará a la fusión discriminatoria integrada por el machismo, la concepción y valores de la familia tradicional, la hipocresía, la ignorancia y la religión. De la incorporación del VIH al teatro mexicano hay un amplio portafolio que lo integra, por ejemplo: *Un día nublado en la casa del sol* (1995) de Antonio Algarra, *Sida... así es la vida* (1988), la adaptación de Nancy Cárdenas a la pieza dramática *As is* de Hoffman,[3] que, ambientada en un contexto nacional, pretende hablar con dignidad acerca de esta enfermedad. También aparece Gonzalo Valdés Medellín con su drama *A tu intocable persona*, quien en esta pieza otorga a sus personajes una «complejidad humana que subyace en las sombras del deseo» (Castillo, 2014, p. 1), atravesando los límites binarios del canon de la sociedad heterosexual que tacha a los homosexuales como portadores de la enfermedad por promiscuos, viciosos y en definitiva inmorales.

El cabaret y el performance

Como respuestas creativas a los señalamientos acusatorios de índoles diversas, y mediadas a partir de la espectacularidad, van a desplegar su ingenio y originalidad expuestas de forma hilarante, necia y con un descaro presentido ya desde el género de la Revista los trabajos de Jesusa Rodríguez–Liliana Felipe y Tito Vasconcelos, quienes, con distintos espectáculos presentados sobre todo en el bar El Hábito y el Cabaré-Tito, darán pauta acusatoria y sarcástica de diversos tópicos de la vida e idiosincrasia nacionales. La dupla Rodríguez–Felipe ha entrado, con el apoyo de recursos del performance, a las cuestiones referentes a las diversidades y preferencias sexuales. En 2001 por ejemplo, en plena discusión de la ley llamada como Sociedad de Convivencia en el Distrito Federal, estas artistas, que

---

[3] El dramaturgo y director de escena neoyorkino William M. Hoffman (1939-2017) fue aclamado por la crítica cuando en 1985 estrenó *As is* en Broadway, una de las primeras piezas dramáticas en abordar la pandemia del VIH. Obtuvo varios premios e incluso nominación para el «Tony» como mejor obra de ese año.

forman pareja en la vida real, decidieron «casarse» públicamente en una acción celebrada en la calle frente al Palacio de Bellas Artes, secundada por otras treinta parejas homosexuales que realizaron allí sus respectivos contratos civiles. Rodríguez y Felipe eran solidarias con la decisión de los contrayentes, pero a su vez hacían mofa de la imposición o legitimidad promulgada por la Iglesia católica vaticana. Con risas, Jesusa declaró en una entrevista al respecto: «Es evidente que nuestra relación ha sido siempre tan pública que casarnos era un acto nada más de cumplir moralmente con la religión católica porque nos sentíamos en pecado» (Rodríguez en Ramírez-Cancio y Crosby, 2001, p. 2).

Con la utilización de estrategias performativas afincadas en la disidencia política antiasimilacionista y la crítica a la ideología religiosa enajenante, se han realizado confrontaciones públicas como alegato acusatorio que plantean un estrecho contacto con el observador que a veces hace también de participante. Ya no va a ser suficiente entonces, como menciona Leticia Sabsay, «mostrar la diversidad sexual cultural si la misma no es capaz de intervenir y cuestionar las estrategias fundamentales en las que esa epistemología se sustenta» (2014, p. 53). En esta directriz se ubica el Primer Laboratorio Transcontinental «La Pocha Nostra» de Guillermo Gómez-Peña, llevado a cabo en agosto de 2015 en Tijuana, Baja California, que colocó en el espacio una serie de dispositivos por donde los espectadores transitaron a voluntad. Se trató de una actividad realizada a nivel de piso y en plataformas sobre las que se ejecutaron y rolaron varios trabajos contra toda mirada convencional, como cuando Lukas Avendaño, que deambula en tacones altos entre la audiencia y quien solo cubre su sexo con una pequeña bolsa de terciopelo negro, recibe de uno de los espectadores el dildo que es introducido en su ano.

Estas acciones recolocan el esquema de la cepa homoerótica para instalarse en la concepción y configuración de lo grotesco. Y es allí, en este eje desbordado y apabullante, donde pueden considerarse algunas participaciones de Lechedevirgen Trimegisto, que es como se hace llamar Felipe Osornio. Este artista queretano se ha interesado más en la exploración de tipo performativa que en la propiamente dramática o escénica tradicional, quizá como una derivación de su formación en las artes visuales. Algunas partes de su texto titulado *Pensamiento puñal* (2014) las incorpora en sus propias ejecuciones. Se trata, como anuncia Antoine Rodríguez, de «un texto explosivo, radical, entre el grito, la caricia y la expresión mágico-poética» (2014, p. 6). Esta pieza, escrita en una cama de hospital en el periodo de una difícil recuperación médica, plantea la experiencia personal desde «el filo de la tierra, desde el fin del mundo, el borderline de los últimos tiempos» (Trimegisto, 2014, p. 14), un lugar donde ya no se es, sino solamente texto que —deja entrever su autor— cobra presencia como un breve y doloroso espasmo al momento de la lectura, para luego diseminarse como un vaho imperceptible. La pieza tiene una larga dedicatoria para los marginados de los marginados: los sangrantes, los autotorturados, los travestidos con rasguños, los practicantes sexuales furtivos que buscan el placer en los vagones del último metro y que participan de una fiesta de violencia en el convivio de la fauna urbana decadente y posapocalíptica.[4] En el texto hay una larga enunciación de autodefiniciones a partir de la tradición religiosa y popular, la práctica sexual disidente, la herencia cultural o el mestizaje, en donde se leen declaraciones como «Soy Puñal porque cuando doy sexo oral soy faquir» (p. 15) o «Soy Puñal

---

[4] Por ello la obra está dirigida a Putitos, Vestidas con tacones de aguja, Chichifos deliciosos con vergas erectas empalmadas al abdomen, Mariquitas conangel-face, Jotas, Peluqueras, Vaqueros, Locas, Azotadas, Mayatoneszumbantes, Muerdealmohadas emplumados, Soplanucas sudados, Chacales rabiosos, Padrotes jorobados, Machorras en motocicleta, Bigotonas, Traileras, Machas, Marimachas, Tortilleras, Guerreras, Guardaespaldas, Quimeras, Trans_formers, Operadas, Momias, Maniquís, Mantícoras, Nosferatus con maniquiur (p. 15).

por la cruz que cargo, por las siete espadas que atraviesan el corazón a la virgen dolorosa» (p. 15), o «Soy Puñal barroco, churrigueresco, estofado a mano en hoja de oro» (p. 15), o «Soy Puñal de bronce, ciborg chapado a la antigua» (p. 15), o «Soy Puñal y herida. Penetrador y penetrable» (p. 16), etcétera.

El «ser Puñal» de Lechedevirgen va también a contracorriente de la homonormatividad, por no querer o no poder identificarse con las lógicas maricas, por no seguir los juegos y las convenciones de «la jotez misógina heterofóbica» (p. 18). Sin embargo, en un perfil de aliento ontológico, no pretende establecerse este «ser puñal» como categórica identidad única ni determinante; se trata de volverse verbo, ser acción más que apropiación, «hacer» primero para luego entonces «ser». Y de esa intencionalidad del ser resultará un atentado doloroso, ambiguo y contradictorio, desbordado de los límites corporales y culturales, bordeando la anarquía, en cuyos recursos se encuentra «la psicomagia, el acto mágico y poético, el epifenómeno, la alquimia prehispánica y las fiestas paganas de los pueblos católicos, del tiempo sano y de la verbena» (p. 20). En este sentido la propuesta estética parte de la experiencia individual. El actor/performancero nos explica de sí mismo, se autodefine y expresa su concepción de la práctica sexual para después personificarse mediante el dispositivo de la autorrepresentación que se liga a tópicos como la conciencia identitaria y la hoja de vida personal.[5] Este trabajo se lee como un discurso de crítica política contra la homofobia institucional que parte de la experiencia del cuerpo transgredido que —como señala Alcázar— habla de sí mismo a manera de autobiografía (con el cuerpo y desde el cuerpo) y de su entorno: «su historia

---

[5] Por este camino se explica la nota de Josefina Alcázar: «Los artistas del performance hacen un arte vivo, un arte ligado a la vida cotidiana donde la presencia física del autor es fundamental, donde la experiencia real, corporal, es fuente de autoconocimiento» (2014, p. 97).

personal y su historia social; dan testimonio de su vida y su contexto» (p. 84).

La acumulación y exacerbación de sus manifestaciones conducen a una apreciación cuir de su formato, a través de la desestabilización corporal que va a contracorriente de la concepción normativa convencional. Lo «raro», extravagante o anómalo en Lechedevirgen se anuncia a partir de su propio seudónimo, apelativo asumido como talismán y nombre de guerra, como expresión de la sustancia inmaculada y vital; y Trimegisto porque le importa el sentido mitológico, la referencia al dios mitológico de la alquimia, el carácter esotérico de este primer iniciado. Por otra parte, con su *Inferno Varieté* (2017) vuelve a expresar la violencia, la injusticia y el directo rechazo a la homofobia depredadora. Este espectáculo dedicado a los que llevan su propio infierno en vida se resuelve por medio de un espectáculo chocante, pleno de imágenes grotescas y contorsiones maricas que contraponen la masculinidad del varón mediante la exposición de un estado doliente de lo cotidiano, la vulnerabilidad y el cuerpo trastocado. Con estas expresiones incómodas, torcidas y recargadas se prefigura la naturaleza de esta literatura-teatralidad transgresora que sirve para manifestarse contra los atropellamientos de las diversidades de índole sexual.

Si para Sor Juana el caso del travestismo de sus personajes fue una adecuación de las formas barrocas de su época que como hábil lectora e insigne escritora pudo fabricar, con la aparición del «puto» en el teatro del siglo XIX de la mano de José Macedonio Espinosa, que, como se decía, hace gala de un lenguaje disoluto y chancero, como pasa con su obra *El alcalde Chamorro*. Esta fórmula desenfadada y zahiriente va a triunfar sobre la expresión neoclásica y derivar en el teatro de carpa mexicano, lugar del espectáculo popular de notable concurrencia particularmente en el periodo de 1930 a 1950, donde intervienen ocurrentes intérpretes que con soltura y altas dotes de improvisación provocarán la carcajada del público. El tono de estos espectáculos estará marcado por los caracteres ingeniosos, disolutos y desparpajados de los personajes. Debido a las fórmulas efímeras de la representación, no se cuenta con una literatura dramática en sentido estricto, pues las maneras están más sostenidas en el diálogo ocurrente, las situaciones chuscas y los juegos del lenguaje. Esta peculiaridad obligó a poner en ejercicio altas cuotas de histrionismo. Los actores representan a personajes chuscos, quienes aprovechan su presencia en la escena «para mostrar al colectivo su vientre, a veces grotescamente deformado, exhibir su cara, ojos, nariz, boca, senos, vientre, trasero; aludir con ellos sus órganos reproductores y aparatos excretores, sugerir escenas de coito, necesidades fisiológicas, groserías e insultos» (Merlín, 1995, p. 49). La manifestación de los deseos sexuales, la transgresión de las normas morales y la explotación de la morbosidad mediante breves cuadros fársicos o «sketches» darán espacio al personaje homosexual que convive con el travesti o la mujer dominante con la finalidad de avivar las risas entre los asistentes.

En ese sentido, lo cuir se presenta como un atentado al orden convencional; lo suyo es el delirio, el barroquismo, la imagen abyecta, el orden trastocado. En este capítulo aparece el personaje indómito colocado en situaciones desquiciantes, mezcla de irrealidades, incólume y reciclado, transgresor, híbrido, etéreo o hasta multiforme. Se trata de la presencia dionisíaca y liberadora, una declaración frontal e incómoda en franca disidencia contra los referentes dogmáticos institucionales y contra la heteronormatividad que impone una sexualidad única y aplastante.

Las referencias hiperbólicas del espectáculo carpero como en el performance serán definidas por el exceso, el contraste, la paranoia y la intencionalidad sexual declarada que delinean la imagen cuir de la escena mexicana, matizada por supuesto a partir de la época o el estilo de sus respectivos autores. Xavier Villaurrutia por ejemplo, en *Invitación a la muerte* (1943), presiente la cualidad del personaje dubitativo, austero y agobiado a quien se le hace imposible abandonar el clóset; pero esta timidez se traduce en un juguete fársico y ocurrente de *El tercer Fausto*, tan apropiado a la conducta belicosa de Novo, su autor, y a la necesidad de legitimar la libertad expresiva distante de la férrea postura postrevolucionaria y homofóbica de la época.

En lo sucesivo, los autores irán sumando diversas propuestas realistas, estilizadas, simbólicas o hasta «alocadas»: *Y sin embargo se mueven* (1980) de Tito Vasconcelos y José Antonio Alcaraz, *Ámsterdam bulevar* (1994) de González-Dávila, *Hacer la calle* (1982) de Tomás Espinosa, hasta llegar a las obras travestis de Alberto Arteaga Olguín (*M.M. un mito*) (1984) y José Dimayuga (*Afectuosamente... su comadre*) (1993), que en conjunto visitan algunas condicionantes de homosexuales, travestidos, transexuales, bisexuales y chichifos. La carpeta dramática se abre por supuesto también hacia la dilatada expresión lésbica en el teatro mexicano que no es el objeto de este trabajo, pero que es digna de mencionarse porque presenta el otro «lado oscuro» de la misma moneda.[6]

Alejándose de su expresión meramente literaria, la aparición de la fórmula cuir apoyada con su parafernalia performativa y posdramá-

---

[6] En contrapartida a la nutrida presencia del tema homoerótico entre varones en el teatro mexicano, son menos conocidos los materiales que refieran o infieran el asunto lésbico. Ya Rosario Castellanos en su *Tablero de damas* (1952) coloca la cuestión mediante una estrategia discreta, no como eje principal de su pieza pero sí de apoyo a las tensiones entre los personajes, mientras que en *El cuadrante de la soledad* (1950) de José Revueltas se explicita esta práctica entre carcelarias, cuando Piedad confiesa los episodios de su pasado. En décadas recientes se han publicado y representado con éxito de la crítica piezas sáficas escritas por mujeres que, conocedoras de la naturaleza femenina, escriben desde sus propias condiciones y convicciones. Algunas de estas obras son: *Bellas atroces* (2002) de Elena Guiochins, *Primera mudanza* (2002) de Gilda Salinas, *Colette* (2013) de Ximena Escalante y *Casa de adobe* (2016) de Gabriela Ynclán, entre otras, logrando importantes espacios como manifestaciones culturales y de visibilidad a las preferencias diversas.

tica es una clara transgresión en muchos órdenes instituidos no solo como desestabilizadora de la sexualidad heteronormativa sino también en contra de la actitud complaciente y superficial del gremio, contra los estereotipos y los lugares comunes, contra la putería rosa *light* y la «jotez misógina heterofóbica» (Trimegisto, 2014, p. 18). Ante la estupidez de gobernantes que en sus propios discursos públicos manifiestan que les «dan asquito» las relaciones homoeróticas, la descarada corrupción ventilada en las redes informáticas y, en definitiva, el fracaso institucional, aparece lo grotesco y lo monstruoso, planteando el desajuste contra la comodidad. La estrategia cuir en el teatro, ya como literatura o acontecimiento escénico, se posiciona como una bocanada de libertad creativa, plena de provocaciones, concebida bajo los patrones de una estética molesta, recalcitrante y con un posicionamiento de asunto político disidente y decadentista, que se erige ante la intolerancia, la homofobia y la propia decadencia política.

Referencias bibliográficas

ALCÁZAR, Josefina (2014): *Performance. Un arte del yo*, Siglo XXI, México, D.F.

ANDERSON IMBERT, Enrique (1970): *Historia de la literatura hispanoamericana I*, Fondo de Cultura Económica, México, D.F.

ARGÜELLES, Hugo (1995): *Obras premiadas II*, UNAM, México, D.F.

BERT, Bruno (1994): «La lengua de la serpiente», en Édgar Ceballos (ed.), *Hugo Argüelles. Estilo y dramaturgia*, Gaceta–INBA, México, D.F., pp. 31-45.

BOHÓRQUEZ, Abigael (2002): *Noroestiada. Textos dramáticos*, Hugo Salcedo (ed.), CAEN, Tijuana.

BRAVO-VILLASANTE, Carmen (1955): *La mujer vestida de hombre en el teatro español (siglos XVI-XVII)*, Revista de Occidente, Madrid.

CAMASTRA, Caterina (2007): «El Entremés de Luisa, de los papeles incautados al maromero José Macedonio Espinosa», *Boletín del Archivo General de la Nación*, 18, pp. 34-50, <bit.ly/2PTtHSY>.

CASTILLO VILLANUEVA, Blanca Eunice (2014): «Una mirada queer *A tu intocable persona*», *Siempre!*, 12, pp. 1-4, <bit.ly/2WxCtIT>.

DE LA CRUZ, Sor Juana Inés (1985): *Obras completas*, Porrúa, México, D.F.

ESPINOSA, José Macedonio (1994): «El alcalde Chamorro», en *Teatro Mexicano. Historia y dramaturgia X. Escenificaciones neoclásicas y populares (1797-1825)*, CONACULTA, México, D.F., pp. 42-45.

GONZÁLEZ-DÁVILA, Jesús (1989): «Los niños prohibidos», en *Los sobrevivientes de la feria*, Árbol, México, D.F., pp. 131-173.

GUERRERO, Patricia (1997): «Medea, en la visión de Eurípides y Anouilh», *Signos*, 30, pp. 55-61.

LEÑERO, Vicente (1996): *La nueva dramaturgia mexicana*, El Milagro-CONACULTA, México, D.F.

— (1980): «Los albañiles», en Antonio Magaña-Esquivel (ed.), *Teatro mexicano del siglo XX*, tomo V, Fondo de Cultura Económica, México, D.F., pp. 419-482.

LIERA, Óscar (1987): *Las dulces compañías*, UAS, México, D.F.

LÓPEZ, Sergio (1994): «Teatro entre dos siglos, entre dos caminos», en *Teatro Mexicano. Historia y dramaturgia X. Escenificaciones neoclásicas y populares (1797-1825)*, CONACULTA, México, D.F., pp. 11-33.

MAGAÑA, Sergio (1981): «Los signos del Zodíaco», en Celestino Gorostiza (ed.), *Teatro mexicano del siglo XX*, tomo III, Fondo de Cultura Económica, México, D.F., pp. 208-325.

MEDINA, Gabriel (2010): *Marginalidad y poder en la novela* Los albañiles, *de Vicente Leñero. Un acercamiento analítico a los personajes*, UDG, Guadalajara.

MERLÍN, Socorro (1995): *Vida y milagros de las carpas. La carpa en México 1930-1950*, INBA, México, D.F.

MONSIVÁIS, Carlos (1986): *Amor perdido*, Era-SEP, México, D.F.

NOVO, Salvador (1985): «El tercer Fausto», en *Diálogos. Teatro breve*, Editores Mexicanos Unidos, México, D.F., pp. 107-119.

OLMOS, Carlos (1989): *El dandy del Hotel Savoy*, Katún, México, D.F.

PARTIDA, Armando (1987): «Introducción», en *Las dulces compañías*, UAS, México, D.F.

PAVIS, Patrice (1998): *Diccionario del teatro. Dramaturgia, estética, semiología*, Paidós, Barcelona.

PAZ, Octavio (1994): *Sor Juana Inés de la Cruz o Las trampas de la fe*, Fondo de Cultura Económica, México, D.F.

RAMÍREZ-CANCIO, Marlene / CROSBY, Clara (2001): «Entrevista a Jesusa Rodríguez y Liliana Felipe», *Hemispheric Institute*, pp. 1-16, <bit.ly/2PX9DiM>.

RODRÍGUEZ, Antoine (2014, julio-septiembre): «Indecentes y disidentes obras queer de teatro latinoamericano», *Tramoya*, 120, pp. 5-12.

SABSAY, Leticia (2014): «IV. Políticas queer, ciudadanías sexuales y decolonización», en Diego Falconí Trávez / Santiago Castellanos / María Amelia Viteri (eds.), *Resentir lo queer en América Latina: diálogos desde/con el Sur*, Egales, Barcelona / Madrid, pp. 45-58.

TRIMEGISTO, Lechedevirgen (2014, julio-septiembre): «Pensamiento puñal», *Tramoya*, 120, pp. 13-20.

DE JOTITOS, MACHAZOS Y COMUNES. REPRESENTACIONES DEL HOMBRE HOMOSEXUAL EN LA NARRATIVA MEXICANA DE LOS SIGLOS XX Y XXI

Luis Martín Ulloa

En México el reconocimiento a las sexualidades no hegemónicas ha tenido un camino accidentado, pues no fue hasta las últimas décadas del siglo XX cuando las disidencias sexo-genéricas comenzaron a tener cierta visibilidad. Para hacer una revisión de las representaciones del hombre homosexual en la narrativa mexicana, hemos dividido su estudio en tres periodos que, si bien son de extensión bastante irregular, constituyen las diferentes etapas que pueden identificarse en la evolución de estas mismas representaciones. El primero va de los inicios del siglo XX hasta finales de la década de los setenta, un lapso en el que predominan la parodia y el escarnio, un abordaje por completo prejuicioso y estereotípico, y del cual se aleja solamente la novela *Después de todo* (1969), de José Ceballos Maldonado, una obra transgresora para su época. El segundo periodo, en el cual acontece una verdadera explosión del tema y que significó su entrada definitiva al contexto global de la literatura mexicana, se inicia en 1979 con la publicación de la novela *El vampiro de la colonia Roma* de Luis Zapata, y llega hasta los primeros años del siglo XXI. En el tercer periodo convergen por primera vez una diversidad real de visiones, de actitudes y concepciones acerca de la homosexualidad masculina, y se extiende hasta los días en que hoy nos situamos.[1]

---

[1] José César del Toro (2015) ofrece una panorámica diversa, dado el objetivo de su investigación, centrada en las novelas *Los Cuarenta y uno* (1906), *El diario de José Toledo* (1964), *El vampiro de la colonia Roma* (1979) y *Las púberes canéforas* (1983).

Primer periodo

Antes de llegar a las representaciones del tema que ofreció el *boom*, el homosexual como personaje transitó por la literatura mexicana bajo dos únicas imágenes, que lo ubicaban en posiciones extremas: la euforia o el sufrimiento. Por una parte, estaba el homosexual festivo y bullicioso, lúbrico y afeminado, que solo podía aspirar a ser un remedo de la figura femenina. Por la otra, el homosexual afligido, atormentado por reconocerse como un ser inadaptado, impelido a moverse en la clandestinidad para reconocerse entre sus similares, y que en muchos de los casos tenía un final trágico.

Estas representaciones estereotípicas aparecen incluso antes de comenzar el siglo XX. Los primeros ejemplos son textos de escaso valor literario provenientes de la cultura popular, cuyo objetivo era divertir al grueso de la población. Uno es «El ánima de Sayula», leyenda del sur de Jalisco, en la cual ni siquiera la muerte es capaz de detener la lascivia del personaje central. Se transmitió durante mucho tiempo de manera oral hasta que fue transcrita en los últimos años del siglo XIX, conviniendo en otorgarle la autoría a Teófilo Pedroza. En esta leyenda, un espíritu juguetón continúa penando en busca de algún ser vivo que le haga un favor particular. Cuando un valiente se atreve a encararlo, se devela la pretensión del ánima: «El favor que yo te pido / Es un favor muy sencillo, / Que me prestes el fundillo / Tras del que ando tiempo ha» (Pedroza, 2003, p. 10).

El siguiente ejemplo, que inaugura formalmente la centuria y el primer periodo, es «El baile de los 41 maricones». El 17 de noviembre de 1901 en la ciudad capital de México aconteció un hecho que alimentaría el morbo de la población por varios días: la irrupción de la policía en una fiesta privada concurrida solo por hombres, la mitad de ellos vestidos con prendas femeninas. El suceso causó gran revuelo y el grabador mexicano José Guadalupe Posada hizo una ilustración alusiva, acompañada de varias estrofas que reconstruían los hechos, publicadas en el periódico *Hoja Suelta*, que era, en efecto, una sola hoja de papel impresa. Miguel Hernández Cabrera describe así esta publicación: «La primera entrega [...] se tituló: "Los 41 maricones encontrados en un baile de la calle de la Paz el 20 de noviembre de 1901." Conformada de un anverso y un reverso, presenta sendos grabados de José Guadalupe Posada ilustrando la noticia redactada en forma de cuartetos debidos a la pluma de alguno o algunos poetas de la época» (2001, s.p.). La consulta de esta composición se ha tomado usualmente de las mismas imágenes de las ilustraciones del periódico, aunque el investigador Luis Mario Schneider transcribió algunas estrofas en su libro *La novela mexicana entre el petróleo, la homosexualidad y la política*: «Hace aún muy pocos días / que en la calle de la Paz / los gendarmes atisbaron / un gran baile singular. / Cuarenta y un lagartijos / disfrazados la mitad / de simpáticas muchachas / bailaban como el que más. / La otra mitad con su traje, / es decir de masculinos / gozaban al estrechar / a los famosos jotitos. / Vestidos de raso y seda / al último figurín, / con pelucas bien peinadas / y moviéndose con chic» (1997, p. 68). Es de notar que el escarnio va dirigido de modo exclusivo a los travestidos, quienes además, para colmo de perversiones (como se lee en otras estrofas, y según la imaginación desaforada del autor de los versos), pretendían realizar un sorteo donde el premio era un adolescente de 14 años. Todavía en 1906 este hecho tendría una réplica con *Los cuarenta y uno: novela crítico-social*, de Eduardo A. Castrejón, un texto de inexistente valor literario, que no merecería ser llamada novela, pues, según afirma el crítico Sergio Téllez-Pon, se trata de «un panfleto escrito circunstancialmente y, por si fuera poco, denigratorio y humillante, con ese propósito fue escrito» (2010, s.p.).[2]

---

[2] Muy alejadas de estas representaciones estaban las otras obras latinoamericanas, como *Bom-Crioulo*, de Adolfo Caminha (1895) y *La pasión y muerte del cura Deusto*, de Augusto D'Halmar (1924). En la novela de Caminha es quizá donde encontramos la

Estas obras fueron el preludio de más de siete décadas en las cuales los personajes homosexuales, con algunas variaciones mínimas, correspondían de manera invariable a esta única representación dual. No hubo texto literario que no imprimiera ese matiz desesperanzado, que no dejara como únicos caminos el repudio, la soledad o el papel de bufón. Una novela de un gran narrador escapa apenas de esta visión: Juan José Arreola es una figura esencial, uno de los seis escritores que Christopher Domínguez Michael (1989, p. 1003) nombra como «padres fundadores» de la literatura mexicana contemporánea, junto con Octavio Paz, Agustín Yáñez, Fernando Benítez, José Revueltas y Juan Rulfo. En un fragmento de su obra polifónica *La feria*, de 1964 —líneas que, por cierto, han sido prácticamente ignoradas por todos los estudiosos del tema—, Arreola presenta algunas voces, podemos suponer masculinas, que hablan acerca de los «otros» (eufemismo popularizado hacia la mitad del siglo XX para nombrar a los homosexuales) del pueblo, algunos de los cuales parecen justificar su existencia al desempeñar de modo eficaz labores típicamente femeninas: «—Pues mire usted, a mí me dan risa. / —A mí me dan lástima. / —A veces son muy buenas personas. / —Son buenos cocineros. / —Son buenas costureras. / —Son muy trabajadores. / —Deberían caparlos. / —Ponerlos a todos a vender tamales en la plaza, con mandiles blancos manchados de mole» (Arreola, 1987, p. 95). Otros, aunque sean discretos,

representación más transgresora, con el personaje de ese buen negro, un marinero hosco y colérico, de apariencia feroz, que pareciera verse redimido por el amor que experimenta por un joven grumete de su misma embarcación. Aunque el autor cede finalmente a la imagen oscura y negativa cuando, acorde a su filiación naturalista (Caminha es uno de los más importantes escritores de habla portuguesa de esta escuela), con sus personajes de clase baja, la novela desemboca en un final trágico por la pasión y los celos exacerbados del *crioulo*. En México, en cambio, se continuó prefiriendo la imagen del sufrimiento, como lo confirman dos novelas publicadas ya en los sesenta, hacia el final del primer periodo que hemos establecido, y que destacan por diversas razones.

igualmente son delatados por su proceder furtivo. En el fragmento siguiente, aunque repite esa representación dual «gracioso/ator-mentado», Arreola introduce ya un sesgo novedoso, pues esa voz narradora anónima está cuestionando a su vez ciertos atributos ex-clusivamente masculinos, al reconocer la existencia de esos seres que, aun siendo homosexuales, pudieran parecer hombres:

> —Pues mire, yo prefiero que sean así como Celso, maricas con ganas y de a deveras, como unos que vi en la frontera con la boca pintada y con la ceja sacada, y no como esos que parecen hombres y que andan por allí con la mirada perdida, mordiéndose los labios. No se les nota nada, si usted no se fija, pero la apariencia de sus rostros testifica contra ellos, como Sodoma publican su pecado. Se hacen señas unos a otros y se reconocen sin hablarse y quedan de verse quién sabe dónde. (Arreola, 1987, p. 96)

En *El diario de José Toledo* (1964) de Miguel Barbachano Ponce, en-contramos por primera vez un protagonista homosexual que a tra-vés de una narración autodiegética hablaba desde su propia visión. Es el diario que escribe un joven de 20 años, preso de la autorrepre-sión y conflictuado por los agravios y mofas de quienes le rodean, incluso su propia madre; su situación es a tal punto insoportable que se arroja de un edificio. El suicidio se evidencia desde la prime-ra página de la novela, circunstancia que brinda un matiz singular, pues de inicio el lector se enfrenta al escrito de un muerto, un hom-bre ya anulado. Los personajes homosexuales ya no eran encarcela-dos como los asistentes de aquel ágape de principios del siglo, sino que eran orillados al suicidio por una sociedad acusadora. Otro as-pecto interesante surge a raíz de una entrevista (Ulloa, 1991) reali-zada a su autor. Barbachano Ponce, acaso para desvincularse del tema, enfatizó de manera reiterada el origen real del texto: un diario que había encontrado en un autobús y tomó para darle forma literaria. De cualquier manera, como mencionó el autor, en efecto la obra testifica la condena avasalladora que imperaba entonces.

A partir del mismo patrón del personaje desdichado, pero a la vez superándolo por medio de una representación inédita hasta su momento, José Ceballos Maldonado publicó en 1969 *Después de todo*, una de las novelas más importantes en México sobre la homosexualidad masculina. El protagonista, un profesor universitario, es un personaje complejo: tiene plena convicción de atender su deseo —aunque sin el menor indicio de asunción de una identidad—, pero a la vez admite pertenecer a una categoría inferior en una sociedad donde la homofobia es una práctica institucionalizada. No se refugia en la conmiseración de sí mismo y, a pesar de consentir que la suya es una conducta reprobable (tener relaciones sexuales con sus alumnos) que lo conduce a la ruina profesional, afirma: «desde siempre, sabía que en cualquier momento habría de pagarlo todo» (1986, p. 154). El profesor Lavalle es uno de los personajes homosexuales más sólidos de la literatura mexicana, con una certeza transgresora, un adelantado a su época al declarar: «"Eso" no se adquiere por antojo; ni es posible desecharlo a voluntad, como todo el mundo supone con cierta ligereza; ocurre simplemente que uno es así. Seré como soy hasta la ausencia completa del apetito sexual o hasta la muerte. Y confieso: me gusta mi estado; pero al mismo tiempo puntualizo: yo no lo elegí» (p. 95). En las líneas finales de la novela se dirige a los futuros lectores de esas memorias que está escribiendo y su posicionamiento es contundente: «he vivido sin inhibiciones. ¿Pueden entenderlo? No durante algún tiempo, que es por lo que opta la mayoría de ustedes, sino eternamente. He vivido así y no me siento amargado a pesar de los numerosos reveses. Porque, después de todo, es lo que importa» (p. 195).

Pero a pesar de la vocación transgresora de esta novela, era una época temprana para que esta representación del homosexual tuviera eco en otros autores. Debieron pasar diez años más para que surgieran de nuevo otras obras con esta visión y, al filo de este cambio, aún publicarse novelas como *El desconocido* (1978), de Raúl Rodríguez Cetina, que perpetuaba la imagen del adolescente delicado y desolado, en eterna aflicción por el deseo que le provocaban los chicos. Además, su misma autorrepresión desembocaba en una homofobia internalizada y proponía discreción a los homosexuales exhibicionistas: «hagan el amor entre ustedes, o fichen si lo desean, pero con discreción. Aun en la heterosexualidad es ridículo comportarse agresivo. Dense a conocer, y esperen la felicidad» (1977, p. 114). Un aspecto para resaltar aquí es cómo esta homofobia —consecuencia de la sujeción a ciertas políticas de tolerancia establecidas por un orden heteronormativo por supuesto—, se repetirá en otras obras con diferentes matices, incluso en algunas de las que revisaremos posteriormente en el periodo de explosión del tema.

Segundo periodo

En los últimos años de la década de los setenta comenzó en México la lucha por la defensa de los derechos de homosexuales y lesbianas. Ian Lumsden reseña el hecho que marcó este punto de partida:

> El despido de un empleado de Sears en 1971 a causa de su conducta supuestamente homosexual fue el catalizador que reunió al primer grupo de gays y lesbianas en la historia de México que cuestionó su estigmatización y su opresión social. Varios grupos de concientización y de estudios políticos surgieron en los años siguientes, ayudados y promovidos por prominentes intelectuales como Nancy Cárdenas y Carlos Monsiváis, que tenían nexos con comunidades gays inglesas y norteamericanas. Algunas personas, como Juan Jacobo Hernández, que posteriormente se volvió un destacado activista gay, que había vivido también en los Estados Unidos durante un

tiempo y recibieron una gran influencia de la explosiva reivindicación de los derechos de los homosexuales que habían tenido lugar ahí. (1991, p. 64)

Sin embargo, el ambiente social y político era todavía tenso en la capital del país. Aún estaba muy presente el desenlace trágico que tuvo el movimiento estudiantil de 1968 en la Plaza de las Tres Culturas, en Tlatelolco, y esto tal vez minaba esos incipientes ánimos combativos. Fue a finales de la década cuando se organizaron los primeros grupos en la capital del país: Frente Homosexual de Acción Revolucionaria (FHAR), Lambda de Liberación Homosexual y Oikabeth. De esta manera, la presentación del primer contingente homosexual en una manifestación pública fue el 26 de julio de 1978, durante la conmemoración del Asalto al Cuartel Moncada en Cuba; mientras que el primer grupo lésbico-gay apareció meses después, el 2 de octubre, durante la marcha que recordaba el primer decenio del fin del movimiento estudiantil. Y la primera marcha que celebraba el orgullo cabalmente se realizó el 30 de junio de 1979 (Lizarraga, 2012, pp. 202-209).

En este mismo año de 1979 aparece la novela que significó un parteaguas en el abordaje del tema de la homosexualidad en la literatura mexicana, *El vampiro de la colonia Roma* de Luis Zapata. Este autor fue quien sacó del clóset de manera definitiva la vida y el ser gay, con esta obra y otros volúmenes que han conformado hasta el día de hoy una amplia y comprometida producción que abarca más de dos décadas. El vampiro es Adonis García, un chichifo (hombre que se prostituye con otros hombres) que frente a la grabadora de un supuesto interlocutor cuenta su vida. Fue una novela polémica, por las historias que abordaba, sobre el mundo gay y la prostitución masculina, así como por la ausencia total de puntuación (sustituyéndola por espacios en blanco, que representaban las pausas en el habla) y la utilización de un lenguaje directo. La crítica más fuerte que recibió esta novela fue desde el punto de vista moral (Teichmann, 1987, p. 367); lo que no sucedió cuando se tradujo al inglés, apenas dos años después, convirtiéndose en la primera novela latinoamericana específicamente gay que apareció en Estados Unidos (Foster, 1991, p. 37).

El protagonista —que además presentaba los rasgos esenciales de los personajes de la picaresca—, a la vez que narraba su vida aportaba una visión global del ambiente homosexual en el entonces Distrito Federal, ofreciendo con detalle las dinámicas y los lugares de ligue. *El vampiro de la colonia Roma* dio inicio a una representación del personaje masculino homosexual que rompió con todas las pautas anteriores en la literatura mexicana. El autor lo dijo de manera clara en una entrevista: se planteó la necesidad de presentar un homosexual que no fuera el personaje típico, el que ha aparecido en el cine o en la literatura, ya sea ridiculizado como objeto nada más de burla, ya sea desde un punto de vista como muy atormentado por su sexualidad. En este sentido, el propósito de la novela era presentar un personaje libre, que ejerce su sexualidad, como le da la gana, sin culpas (Teichmann, 1987, p. 370). En efecto, Luis Zapata dibujó por primera vez un protagonista que ejercía de manera resuelta y gozosa su sexualidad, sin restricciones ni remordimientos. Y también, alrededor de ese vampiro, había toda una galería de personajes que contribuyeron a minar los estereotipos anteriores y proponían una diversidad de representaciones. Además del travesti o el muchacho delicado, fue la primera ocasión en que aparecían hombres comunes y corrientes que, siendo homosexuales, no debían justificar su presencia con algún rasgo extraordinario que los distinguiera. No eran seres atribulados por su sexualidad, no vivían en una búsqueda obsesiva del sexo, no se les toleraba solo porque desempeñaran labores esencialmente femeninas, no recibían una mirada condescendiente porque divirtieran con su conducta jocosa. Y, en fin, no padecían otras desgracias particulares más que las sufridas por cualquier otro ciudadano. Así, están por ejemplo el joven que no se atrevía a salir formalmente con otro porque tenía novia, el policía rudo que pacta y se marcha con un automovilista, o el tipo que no era de ambiente pero deseaba con fervor que alguien lo penetrara. Esta diversidad de representaciones podría resultar hoy, a cuarenta años de su publicación, incluso ingenua, pero en su tiempo fue un recurso decisivo que liberó la imagen hasta entonces inmutable del hombre homosexual en la narrativa mexicana.

Si *El vampiro* se centró en develar la gran vitalidad de un mundo que había permanecido oculto, en sus obras posteriores Zapata dejaría esa visión panorámica para orientarse hacia lo particular, a la problemática de pareja, lo cual es patente en *Melodrama, En jirones* y *La más fuerte pasión*. Esto adquiere otra connotación, si recordamos que, de manera habitual, en las obras anteriores el personaje homosexual parecía estar proscrito a la soledad. *Melodrama* (1983) es un homenaje al cine mexicano, del que el autor retomó los recursos estilísticos. Una madre descubre a su hijo único hablando por teléfono refiriéndose a sí mismo en género femenino, lo que despierta sus sospechas y contrata a un detective para que consigne sus andanzas. Y es precisamente el personaje del detective el que sobresale: después de haber llevado hasta ese momento una vida heterosexual, al conocer al muchacho comienza con él una intensa relación sexual, abandonando a su esposa e hijos para involucrarse por completo en ese recién descubierto amor. De esta manera daba un giro al perfil determinista del hombre homosexual.

Desde los inicios de su obra narrativa, Luis Zapata no buscó forjar un estilo único, no le interesó descubrir una fórmula y aplicarla de manera continua, sino que cada texto cambiara de expresión: «no hay una búsqueda de un estilo concreto, sino al contrario, la búsqueda de un estilo que funcione para un texto, y después una ruptura con esa fórmula» (Teichmann, 1987, pp. 370-371). Esto lo llevó a abordar la identidad homosexual en muy diversas formas narrativas:

la entrevista en *El vampiro de la colonia Roma*, la parodia del género en *Melodrama*, o la novela dialogada en *Por qué mejor no nos vamos* y *La más fuerte pasión*. Incursionó también en el teatro, con la obra *La generosidad de los extraños* (1983), escrita en conjunto con José Joaquín Blanco.

En la novela *En jirones* (1985) Zapata enfrenta dos personajes de perfiles opuestos: uno (Sebastián) que vive su sexualidad plenamente, y otro (A) sujeto a los atavismos sociales que lo orillan a aparentar un rol heterosexual. Entre ambos surge el acuerdo tácito de una relación sin definiciones. A opta por casarse con su novia y provoca la decadencia de la relación, siempre accidentada a causa de sus temores, hasta llegar a un final abrupto. Desde cierto punto de vista, esta imagen de la relación conflictiva y fallida podría considerarse como un señalamiento moralista. Y si bien esa homofobia internalizada ya mencionada que conmina a llevar una conducta discreta para tener cierta aceptación social (aquí llevada al extremo en A) magnifica el carácter conflictivo de la relación, también resulta admisible cuanto señala David William Foster:

> La principal preocupación de Zapata ha sido describir resueltamente los angustiantes conflictos de las relaciones humanas. Si las relaciones gay son de hecho sólo variaciones de la característica esencialmente intensa y conflictiva de la sexualidad humana que la sociedad burguesa busca disminuir y disfrazar, no es más impropio para un escritor como Zapata plasmar la desastrosa relación amorosa de Sebastián y A. como lo es para Ernesto Sábato plasmar el romance igualmente destructivo de Martín y Alejandra en *Sobre héroes y tumbas*. (1991, p. 38)

Aproximadamente una veintena de títulos de diferentes géneros componen la obra de Luis Zapata hasta el día de hoy, y así como suscribió esa novedosa representación del hombre homosexual, también fue quien varios años después marcó el debilitamiento del tema. A través de la gran mayoría de sus textos, se puede advertir la evolución que tuvieron estos personajes: vemos, por ejemplo, que en sus publicaciones en los años noventa han envejecido y madurado, y contemplan su propia sexualidad y su contexto con otra mirada, nostálgica o acaso desencantada; a la vez, aparecen otros más jóvenes, con una visión fresca y acorde a los tiempos nuevos. Y son precisamente cuestiones generacionales las que provocan el conflicto interno en *La más fuerte pasión* (1995).

Esta novela dialogada gira en torno a un hombre de 50 años que se obsesiona por un joven de 18. Las leyes que rigen a esta pareja son simples y reconocidas por ambos: Santiago, el maduro, posee los recursos que proveen a Arturo, el joven, de las comodidades y privilegios que este desea, a cambio de su compañía y su cuerpo. La juventud de Santiago transcurría al iniciar el movimiento de liberación gay (fines de los setenta), pero estas ideas de liberación no lo tocaron, a pesar de haber sido una época de represión y ocultamiento. En cambio, Arturo creció en un entorno donde, si no hay ya una aceptación plena, sí hay cierta tolerancia y la homosexualidad se ha incorporado un poco más a la experiencia vital de la sociedad. De todos los personajes de Zapata, es uno de los más jóvenes y también quizá en el que se plasma de manera más clara la apatía y el desencanto de una generación que ya no padeció la situación adversa que sus antecesores. Esta misma apatía lo torna un personaje más ambiguo y desdibujado que Santiago.[3]

---

[3] A lo largo de esta época inicial de su obra, Zapata expuso una galería de personajes que trazaron un camino indispensable para la representación del hombre homosexual en la narrativa mexicana. Tras un periodo de silencio al borde del siglo XXI, en los últimos años ha continuado publicando más títulos, siempre insistiendo en estas diversas representaciones, e incorporando nuevos motivos y preocupaciones. Óscar Eduardo Rodríguez (2006) ha consagrado una monografía al estudio de sus personajes gais.

A partir de la publicación de *El vampiro de la colonia Roma*, otros autores retomaron (si ya habían escrito antes sobre este asunto) o abordaron por primera vez la homosexualidad, animados tal vez por el camino que Zapata había trazado. También ellos hicieron suyo el empeño de dar amplias dimensiones al personaje homosexual, cada uno desde sus propios intereses y recursos narrativos, iniciando de esta manera un periodo en que se produjo toda una explosión del tema. Fueron varios los narradores que publicaron en este periodo, de los cuales abordaremos a José Joaquín Blanco, Luis González de Alba, José Rafael Calva y Jorge López Páez.

José Joaquín Blanco se ha desenvuelto en casi todos los géneros literarios. Su crónica «Ojos que da pánico soñar», publicada por primera vez en el suplemento *Sábado* del periódico *Unomásuno* el mismo año que apareció *El vampiro de la colonia Roma*, se convirtió en un texto fundacional que abordó la cuestión de asumir con entereza una identidad homosexual en la vida cotidiana. Una de sus obras de ficción más importantes es *Las púberes canéforas* (1983), donde aporta una visión descarnada y agresiva de la Ciudad de México, «descubierta desde sus sótanos, desde los truculentos laberintos y pasillos donde la vida civil y policíaca revelan los instintos más canallescos, más bestiales» (Schneider, 1997, p. 86). Esta novela es una crónica de la homosexualidad urbana, la que se vive en los ambientes nocturnos siempre sombríos y sórdidos, y es precisamente la creación de personajes uno de sus aciertos más notables.

Guillermo es un cuarentón desencantado de la vida y de su trabajo que mantiene una relación ambigua con Felipe, un joven prostituto, entre el comercio y la amistad, y de manera más improbable el amor. Por un lado, se encuentra el burócrata ilustrado con aspiraciones literarias, y por el otro el muchacho que idealiza una clase alta a la cual quiere ascender. Ambos son las figuras centrales de toda una fauna decadente que se despliega a partir de una anécdota policíaca: la Cacahuata, un gánster de medio pelo que lo mismo regentea antros de ínfima categoría que suplica amor de los prostitutos que contrata; la Gorda, un dentista obsesionado con la fisicultura, y otros personajes siempre ligados a los bajos fondos y la clandestinidad. Pero el aspecto que más resalta en esta novela es el énfasis que Blanco dio a la representación del homosexual que padece una doble discriminación: por su pobreza y su sexualidad, y que debe sobrevivir en una sociedad cruel y ajusticiadora. Por ejemplo, la de esos «jotitos de barrio»:

> huérfanos en casa ajena, donde sus mismos iguales de clase los habían intimidado y humillado desde sus primeros años, descargando en ellos el ejercicio de poder que no tenían oportunidad de lanzar contra los patrones y los ricos, volviéndose con los más ínfimos del barrio patrones brutales, mandones, matones, violadores, hasta dejar al jotito aterrorizado, reducido no sólo a parodia de mujer para victimarlo mejor, sino a parodia de criada, a esclava. (Blanco, 1983, p. 136)

Gracias a su capacidad de observación y la solvencia que le aportó el ejercicio de la crónica urbana, en *Las púberes canéforas* Blanco supo captar, como no se ha vuelto a hacer en obra mexicana alguna, la experiencia del homosexual en estos ambientes paupérrimos, y logró desglosar la complejidad (por sus diversas connotaciones racistas, clasistas, sexistas, etc.) de la homofobia padecida en ellos. En otras obras ha utilizado diversas imágenes de homosexuales, pero siempre en todos ellos hay un antecedente poderoso que los remite a un pasado donde padecieron la homofobia. *Las púberes canéforas* no es definitivamente una obra de exquisiteces y sí una visión del ejercicio de la violencia que con frecuencia tiene consecuencias trágicas.

Luis González de Alba introdujo en la narrativa mexicana de tema homosexual la imagen del hombre hiperviril. En su tercer libro, *El vino de los bravos* (1983), fue donde abordó por primera vez el tema de la homosexualidad, un volumen de cuentos con episodios que se desarrollan en diversas ciudades del mundo. A González de Alba no le interesó abordar un ambiente plural donde pudieran caber diversas imágenes del homosexual. El suyo es un universo totalmente masculino, compuesto de hombres que de manera invariable ostentan su masculinidad y buscan la compañía de semejantes. Atrás queda «da pegajosa femineidad», los jovencitos delicados o atormentados. Un aspecto importante de estos cuentos es también la recreación de espacios donde se percibe la sexualidad de manera latente y cotidiana:

> las estaciones de ferrocarril donde los hombres se miran unos a otros en los mingitorios y entran apresuradamente a los gabinetes para bajarse los pantalones; los baños, los clubes, los cines en los que después de dos miradas un muchacho se abre sin más la bragueta y hace una señal de invitación; los bares en los que, después de tres horas, cuando se tiene casi perdida la esperanza y se va a pedir la cuenta, entra un hombre que no pisa el suelo [...] y de codos en la barra pide una cerveza mientras sonríe con gracia y levanta su vaso para brindar con el desconocido que lo observa fascinado: discreta coquetería masculina. (González de Alba, 1983, pp. 48-49)

Otras constantes en su obra son, por ejemplo, la idea del sexo casual y anónimo como una alegoría de la pureza: «una forma de castidad porque no hay gula ni preparación, no hay lujuria cuando, entre la primera mirada y la rápida despedida ha pasado un cuarto de hora apenas» (p. 55). Y de igual manera, una manifiesta apología de la belleza masculina, ligada a la pasión por la cultura helénica:

> Hay negros y mulatos que debieran ir siempre desnudos, rubios de antebrazos velludos y cejas infantiles sobre los ojos azules, morenos que abrirían en dos las aguas del Atlántico [...] aún quedan los que no

conmueven salvo por el bulto enorme que llevan entre las piernas como si fuera un gato adormecido, los de brazos perfectos, los de piernas de gladiador, los de hombros poderosos que bajan en triángulo hasta la cintura firme, los de nalgas pequeñas y duras como duraznos. Y todavía los que no poseen nada de esto, pero caminan como si lo tuvieran y al pasar miran con una sonrisa entre irónica y supremamente viril metiéndose la mano entre las piernas. (pp. 48-49)

Para muchos de sus personajes, el arribo (físico o meramente emotivo) a Grecia, como país y civilización, representa una culminación anhelada y un proyecto vital. La novela *Agapi mu* (1993) es el ejemplo perfecto de esta pasión desde el título ('Amor mío' en griego). En ella, el protagonista, al cabo de una decepción amorosa y como paliativo de la misma, se marcha al Monte Athos (o Agion Oros, una de las tres penínsulas griegas), una región que no admite ningún ser de sexo femenino, para cumplimentar su fantasía de un mundo absolutamente masculino. Con historias situadas en varios países, González de Alba introdujo en su obra un orden hegemónico sobre el ser gay no solo en México, sino en el mundo globalizado.

José Rafael Calva es quizá el autor que creó las representaciones más extremas del personaje homosexual. En *Utopía gay* (1984), por ejemplo, abordó un tema que hoy nos ocupa y ha tenido una amplia discusión: la homopaternidad. Pero en esta obra lo retomó en clave de parodia: en una pareja de hombres, ambos cisgénero, uno de ellos está realmente embarazado pues está gestando otro ser humano en su vientre. Al partir de esta suposición (utópica para una época en que las discusiones y estudios sobre cuestiones sexo-genéricas e identidades trans eran en absoluto remotas en nuestro país), el autor construyó una historia en la cual trasladaba las aspiraciones hegemónicas de una pareja heterosexual a la formada por dos hombres: el establecimiento de una vida feliz, el hogar, los hijos. Las únicas personajas que aparecen en la novela son la madre de Adrián y su sirvienta. Es también un mundo esencialmente masculino, donde incluso los futuros padres calculan que su primogénito será, por supuesto, un hombrecito.

En cambio, en *El jinete azul* (1984) Calva deja atrás las bondades familiares para presentar al protagonista más perverso de toda la literatura de tema homosexual en México. Keith Lawless es un médico ya retirado que ha hecho de su casa una fortaleza donde nadie escapa, sobre todo los jovencitos que conoce en la calle y después lleva a ella. Desde las primeras páginas —incluso la novela abre con un epígrafe del Marqués de Sade—, el autor expone de manera clara la directriz que ha de seguir la narración: «Lo que hace falta es restituir el pensamiento de Sade como forma de vida para protestar contra todos los regímenes políticos por igual —no como una forma más del hedonismo neocapitalista— e ir minando esa comunidad humana» (1985, p. 7). A los muchachos que atrae a su casa los conduce por rumbos paroxísticos que mezclan dolores gozosos y placeres que se sufren, hasta asesinarlos y llegar después a la antropofagia. Así se acerca a un estado de pureza:

¿quién se atrevería a llamarme perverso, si mis pasiones son un ejercicio de ascesis para alcanzar la perfección? ¿Quién puede llamarme criminal si a mis amantes les administro los placeres más exquisitos (por eso se han prohibido) para purificar sus almas y una vez limpios y listos a la presencia de la eternidad perfecta, el vacío total, tener la piedad inmensa de acortar sus días en atención a su pureza y para evitarles nuevas ocasiones de pecado? ¿Cómo podrían tildarme de perverso si en mi voluntad de alejarme de Dios di rienda suelta a deseos que al final me han acercado a un estado similar al de la santidad? (p. 18)

La historia construida alrededor del personaje de Keith Lawless guarda ciertamente algunas similitudes con la de Jeffrey Dahmer, asesino serial de la década de los ochenta en Estados Unidos. *El jinete azul*, además de contener una sucesión de imágenes inquietantes y perturbadoras, es una obra excepcional en la narrativa que ha retomado el personaje masculino homosexual, y tal vez en el contexto general de toda la literatura mexicana. Dos libros son suficientes para situar a José Rafael Calva como uno de los autores más propositivos de este periodo. El énfasis puesto en la creación de estas historias extremas y sus personajes que se alejan por completo de la imagen del buen gay, en un contexto donde la asimilación a un orden hegemónico es un componente usual, lo convierten sin duda en uno de los escritores más significativos.

Durante este segundo periodo, y hasta antes de su muerte, Jorge López Páez fue el narrador de más edad (Huatusco, 1922 - Ciudad de México, 2017) y en él acometió también la representación del hombre homosexual, y lo hizo desde dos visiones que parecerían complementarias, pero son realmente opuestas. En algunos de sus textos la homosexualidad es solo un atributo más de los personajes, lo cual podría dar a su obra un matiz más transgresor que la de cualquier otro autor, pues son personajes que pasan de hacer apología alguna sobre su condición sexual, viviéndola como debería ser experimentado cualquier aspecto de la sexualidad humana: de manera absolutamente natural y libre. Y, por el contrario, otro registro en la obra de López Páez son las amistades varoniles y las intenciones homoeróticas que guardan. Sus personajes son hombres viriles —sin llegar al grado superlativo que manejó González de Alba— que asumen su deseo, pero también son conscientes que deben encubrirlo en una sociedad intolerante, que los conduce a llevar una doble vida y confinada a la clandestinidad. Un texto que incorpora ambas visiones es el cuento «Raúl Ballesteros» (1993, pp. 186-191), donde dos amigos tienen un grave altercado cuando uno pide en matrimonio a su novia. La discrepancia crece hasta desembocar en un duelo armado, en el cual, evitando herirse uno a otro, matan por accidente a un tercero. Son aprehendidos, y en la prisión, paradójicamente liberados de los compromisos sociales a los que se sentían atados, pueden consumar su relación y toman la decisión de marcharse a otro pueblo para vivir juntos. Otro ejemplo se encuentra en la novela *Los cerros azules* (1993), donde un joven médico regresa a su pueblo y comienza a relacionarse sexualmente con un colega, una de las figuras respetables del lugar. Ante las presiones del joven, y el temor de que su esposa e hijos descubran el verdadero carácter de su amistad, el otro decide concluir la relación. El muchacho, también incapaz de asumir ante los coterráneos su propio deseo, termina por involucrarse y casarse con una mujer del pueblo.

Sin duda el texto más conocido de López Páez es el cuento «Doña Herlinda y su hijo», publicado en 1980 en el suplemento *Sábado* del periódico *Unomásuno*. En este relato se observa de manera patente la doble vida que un hombre homosexual es orillado a llevar en una sociedad heteronormativa —en este caso con la complicidad total de la madre—, que excluye de manera sistemática cualquier manifestación de sexualidad no hegemónica. Aunque el personaje que sobresale es, más que los masculinos, esa doña Herlinda del título: una madre singular, posesiva y manipuladora, que incluso hace convivir bajo un mismo techo al hijo, a la mujer que se convierte en su esposa y a la pareja masculina del hijo. En la recopilación de cuentos del autor de 1993, apareció otra pieza que complementa esta historia: «Herlinda primera o primero Herlinda» es una larga conversación entre la protagonista y una amiga, donde se evidencia que la madre es quien prácticamente confecciona la vida del hijo único, hasta el punto de que es ella quien propicia el acercamiento entre el hijo y el muchacho que sería su pareja. La maniobra maestra se la sugiere un profesor del hijo, quien le comenta que será difícil que él destaque en puestos oficiales si no se ha casado. Entonces, preocupada por ellos («No los dejaré aislados, mal vistos, sino incrustados en la sociedad de Guadalajara y en las sociedades científicas y artísticas del mundo» —1993, p. 315—, le comenta a su interlocutora), le sugiere a Rodolfo que debe casarse con una mujer, aunque eso no signifique que deba renunciar a su pareja masculina. De esta manera, Rodolfo y Ramón son dos personajes homosexuales a quienes no les interesa poner en entredicho el orden social en que están inmersos, porque precisamente —ateniéndose a sus reglas engañosas, donde lo que lo transgrede, si se oculta, no existe— les ha permitido encontrar un espacio para poner a salvo su deseo.

Joaquín Hurtado es el autor que cierra el segundo periodo. Su obra, inaugurada hacia el último quinquenio del siglo XX, a la vez que se conecta con quien lo inició (Luis Zapata), es el puente que tiende lazos hacia el tercer periodo, e introduce otra importante temática: el sida. Desde su primer libro, *Guerreros y otros marginales* (1993), continúa aquella idea que animó la obra de Zapata, pero lo que en este era la urgencia por emprender una desmitificación, en Hurtado es ya la constatación de las diversas representaciones del homosexual. En «La reina del Texano» por ejemplo, el narrador es un hombre casado que se considera un señor serio, al igual que otros asiduos al lugar donde se desarrolla la acción: «ese güero también es muy reservado, nada de andar como las otras que llegan muy machas y al rato las ves con sus poses, chorreando silicones. Pobres lobas, todos les hacen el feo» (1993, p. 22). O en «Los magueyes», que presenta una escena de desamor y su posterior reconciliación, entre un oficial de ejército y un travesti. Y en «Recintos de lo sagrado», una oda a los cines viejos que son catedrales de la pornografía, donde un hombre casado busca desahogar en esa oscuridad cómplice sus pulsiones sexuales.

Laredo song (1997) también prolonga esta galería y los personajes pueden ser una jotita niña, el conductor hiperviril de un tráiler, un sacerdote travesti de clóset o un anciano en compañía de su hijo que, junto a una prostituta y otro hombre que igualmente ha salido de cacería, montan una lujuriosa escena dentro del automóvil del anciano. El autor sabe identificar las particularidades y arma toda una tipología: «Las posibilidades están bien definidas. Locas, tortilleras, mayates, chacales, mirones, chichifos en día franco, bugas turísticos, bonitas, vestidas, tapadas, inters, divas, bis, mujeres… pero no biológicas. La flora del Santa [el autor se refiere al lecho seco del río Santa Catarina, situado en la ciudad de Monterrey —norte de México—, donde se ubican casi todas las narraciones de Hurtado y que es un enorme espacio que divide en dos la ciudad] sirve como ornato del carnaval» (1997, p. 11). Aquí el hombre afeminado ya no es una subcategoría. «Loca», «jota» o «vestida» no son más términos despectivos, y sí, como fue en los años setenta el surgimiento del término «gay», un asunto de autodefinición. La conclusión podría ser obvia, pero debía enunciarse: un hombre homosexual es un ser humano cualquiera.

> No esperemos a que el hijo de la vecina del tendajo se le ladee la piragua entre floripondios y amaneramientos. Los susodichos son como usted. Son, para empezar, o para acabar pronto, gente. Estudian, trabajan, sueñan, visten tenis, mocasines o botas. Casados, solteros, novieros, comprometidos o divorciados. Empresarios, cobradores, sacerdotes, arquitectos, torneros o albañiles. Son como todos. Son lo que somos. (p. 24)

Crónica sero (2003) es hasta el momento el libro más importante de Joaquín Hurtado, uno de los testimonios fundamentales en Latinoamérica sobre el sida. Es una recopilación de las crónicas que comenzó a publicar en el suplemento *Letra S* del periódico *La Jornada* a partir de 1996, cuando él mismo supo que era seropositivo. Entonces «la literatura se convirtió en esa vía para paliar mi sensación de desarraigo» (Brito, 2003, s.p.) y en estos textos concisos y duros, cuya brevedad llega a ser una virtud de estilo, se propuso exponer y exponerse a la mirada de los lectores, ahondar en las vivencias, contradicciones y obsesiones alrededor de la enfermedad. De esta manera, aparece por primera vez un personaje inédito en la narrativa mexicana: la del hombre homosexual enfermo, que hablaba desde sus propias vivencias. Esta representación, vista siempre a través de una mirada crítica y desacralizadora, resultaba igualmente diversa, pues junto a la voz del autor se unieron otras con las que él mismo tuvo contacto. De esta manera, la diversidad ya no se daba en función de la apariencia física o la identidad asumida, por ejemplo, sino por su relación directa con la enfermedad: por su actitud frente a ella, por la manera en que la acometía cada uno de los personajes (de diferentes formaciones, o condiciones socioeconómicas).

Tercer periodo

En los primeros años del siglo XXI, el *boom* de la narrativa gay se había extinguido por completo. De los escritores que lo habían conformado, solo Luis Zapata seguía publicando de manera esporádica. Además, las condiciones y reconocimiento de la población gay y lésbica habían progresado notablemente, a la vez que comenzaban a ser consideradas otras identidades disidentes. La prefiguración de la homosexualidad que imperaba en la sociedad había cambiado, sin duda. Por lo tanto, también en la literatura se había diluido esa necesidad imperiosa de transgresión que había estregado en los rostros de las buenas conciencias: por ejemplo, aquellas narraciones que describían con detalle el acto sexual y la revelación de que el homosexual no era solo el jotito simpático o el pervertido atormentado. Pero a cambio de ese carácter explosivo que se fue apagando, el tema de la homosexualidad se incorporó de manera paulatina al corpus general de la literatura mexicana.

Es significativo que algunos textos que destacan en esta época, encabalgada entre los siglos XX y XXI, hayan sido escritos por autores que no se identifican especialmente con las sexualidades no hegemónicas (como sucedió en el segundo periodo, donde narradores como Zapata, Blanco o González de Alba mostraron un posicionamiento muy definido frente a la comunidad homosexual, desde la misma literatura y desde otros ámbitos también). Ejemplos de esto son los cuentos «Nomás no me quiten lo poquito que traigo» (1999) de Eduardo Antonio Parra, y «Tía Nela» (2001) de Enrique Serna, los primeros textos que presentaban como protagonistas a mujeres trans, si bien no ponderaban una identidad cabal pues aún retomaban la sucesión anecdótica hombre homosexual/mujer trans. Las circunstancias estaban dadas para que se diera una convivencia entre autores de diferentes generaciones, para aportar nuevas imágenes no solo del hombre homosexual sino también de otras identidades, como lo hacen *Paso del Macho* (2011) de Juan Carlos Bautista, *Toda esa gran verdad* de Eduardo Montagner (2006) y *Travesti* (2009) de Carlos Reyes Ávila, con tres representaciones diversas, diferentes entre sí.

Juan Carlos Bautista es un escritor que cronológicamente se conecta con la generación anterior. Antes de esta novela, había publicado ya tres poemarios homoeróticos. *Paso del Macho* fue su primera novela, una desaforada «fábula tropical» según el subtítulo, que con una prosa barroca también parodia algunos elementos de la literatura fantástica y del realismo mágico. En esta obra un joven y confundido marinero llamado Ulises desembarca en un pueblo costero veracruzano, para desatar y exacerbar las ansias sexuales de los chotos del lugar. En el estado mexicano de Veracruz existe un municipio llamado Paso del Macho, aunque este se sitúa en la zona central, alejado considerablemente de la costa. No obstante, el autor retomó el nombre sin duda por la connotación que adquiere al ligarse a la historia que presenta. Bautista evidencia en esta novela un tipo de personaje que no es nuevo, pero aquí es visto desde otra perspectiva: la loca. Estos seres que se desenvuelven en medio de toda una parafernalia carnavalesca —y, en efecto, en las páginas finales acontece el carnaval del pueblo, que es el preámbulo del final apocalíptico de la novela—, no se identifican exactamente como homosexuales, pero tampoco como mujeres. Tienen nombres y apodos femeninos: la Gallina, Tania Christopher, la Culomacho, la Dama del Beso Negro; no tratan de ocultar sus atributos genitales masculinos, sino que por el contrario hacen ostentación de ellos. De hecho, gran parte de la carga homoerótica de la novela radica precisamente en una intensa falofilia, en la que se ven inmiscuidos tanto las locas como los mayates, es decir los hombres heterosexuales pretendidos por estas. La figura del hombre afeminado estuvo presente ya desde un siglo atrás en la literatura mexicana, pero aquí es obvio que el punto de vista es radicalmente opuesto. Bautista no recurre a la imagen agotada de un estereotipo: lleva al extremo la misma representación, se apropia de ella y la revierte. Lo que en *Los 41* había de escarnio hacia esos hombres travestidos, en las locas de *Paso del Macho* es sobre todo una declaración de principios.

Toda esa gran verdad es una de las obras que representan de manera más consumada la ruta que habrá de seguir la narrativa homosexual en el siglo XXI y Eduardo Montagner personifica el perfil de esta nueva generación de autores. Descendiente de inmigrantes italianos que llegaron a México en el siglo XIX y desarrollaron la industria de lácteos en el estado de Puebla, Montagner es el escritor más atípico de todos los que hemos revisado en este trabajo. *Toda esa gran verdad* es la única obra que ha escrito en español hasta el momento, pues su labor escritural la ha encaminado sobre todo al rescate y la supervivencia de su lengua materna, el véneto. Se mantiene al margen de los círculos literarios y continúa desarrollando su obra literaria desde Chipilo, Puebla. La historia se afianza en una inquietud constante de la narrativa homosexual, que es la revelación de la propia sexualidad (cercada, por supuesto, por una sociedad generalmente homofóbica) y los ritos de iniciación que se han de experimentar a partir de ello. Parte de esta inquietud, pero a la vez se abre a una nueva perspectiva, pues hay otros motivos anecdóticos de igual o más importancia, estudiados por List Reyes (2011). Carlo, el protagonista, un joven también descendiente de italianos, se siente atraído por Paolo, un vecino. La asunción de su homosexualidad no aparece revestida de ninguna connotación negativa. Desde corta edad fue percibiendo que no le interesaba ser como los otros niños varones y, a través de pequeñas experiencias, fue adquiriendo, si no la certeza, sí cierta experiencia del desasosiego que le provocaban. De tal manera que al llegar a la adolescencia y posteriormente en la juventud, sin ningún resabio de culpa o remordimientos, y aun enfrentándose a su madre y al orden heteropatriarcal que impera en su pueblo (al fin una localidad pequeña y conservadora), asume su deseo por Paolo y otros hombres.

Pero la novela se proyecta también hacia otros ámbitos, en virtud de esa liberación de atavismos de Carlo. Aquello que preocupa al personaje, más que reconocerse como un disidente, es la implicación que tendrá precisamente en su vida sexual la presencia de un fetichismo inédito en la literatura mexicana: las botas negras de hule que se utilizan en las labores ganaderas. No se trata de un fetichismo escénico, que se pueda representar; solo tendrá efecto si quien porta ese objeto ignora las sensaciones que produce en el otro. De esta manera, Montagner ofrece una representación del homosexual que vive una nueva época, del hombre cuya existencia ya no se desarrolla ni rige en función de la incertidumbre que le provocaría reconocer que su sexualidad recae en la anormalidad, según el orden heteronormativo de una sociedad que lo repele. Hacia otras direcciones se dirigen sus preocupaciones, sus obsesiones e intereses, pues *Toda esa gran verdad* representa las exequias del personaje homosexual atormentado y de final trágico.

La última obra que abordaremos en este trabajo es *Travesti*, de Carlos Reyes Ávila. Esta novela, además de intentar ser una especie de revisión histórica de la presencia de las vestidas en Torreón (la ciudad natal del autor), presenta la historia de furor sexual entre el personaje Óscar, que con fines literarios comienza a investigar sobre las particularidades del ambiente de éstas, y Paulina, a quien conoce en un bar en ocasión de esta búsqueda. La relación que se plantea aquí presenta un giro poco explorado en la narrativa mexicana: un hombre heterosexual que se apasiona por una vestida (término usado en la novela). Esto es, no porque Paulina logre una caracterización tan acabada que provoque en él la ilusión de que sí es mujer. Es la vehemencia de un hombre hetero por otro hombre, travestido, según ha analizado Guerra (2017). Paulina resplandece los fines de semana con sus atuendos femeninos, mientras que los demás días viste ropa masculina. Se asume esencialmente como una mujer trans, que también se permite vivir como hombre, dualidad presente a lo largo de toda la novela. Por su parte, Óscar reconoce el deseo que le provoca Paulina sin dejar de asumirse como heterosexual. Recuerda que, antes de conocerla, «todavía tenía muchos prejuicios en mi mente y uno de ellos era precisamente clavarme con un hombre, aunque estuviera muy bonita» (2009, p. 32), pero al final cede ante ella. Y aunque el pretexto inicial para inmiscuirse en ese entorno había sido obtener material para escribir una novela —las entrevistas, notas y narraciones históricas insertadas en la narración son en apariencia producto de esa investigación—, es patente la pasión que experimenta por Paulina.

Ambos personajes son representaciones singulares, que revisamos aquí tomando como punto de partida la imagen del hombre homosexual, pero a la vez las rebasan, ya que no se asumen precisamente como tales. En el caso de Paulina, la manera como se concibe ella misma es contundente, sin lugar a réplica: es una mujer. En cambio, Óscar se relaciona sentimental y sexualmente con ella sin considerar que su identidad de hombre heterosexual se haya alterado, pero también aludiendo en todo momento que, aunque sea más mujer que una mujer, al final no deja de ser un hombre. Afirma:

«¿Cuántas veces tengo que decirte que no me gustan los hombres?» (p. 84), o «¿Qué más podía yo buscar en una mujer? Era mi complemento» (p, 108). Y sigue refiriéndose a ella en algunas ocasiones en términos masculinos. Así, en las indagaciones que hace para su novela, como en un juego de espejos, reproduce una escena del bar donde se conocieron:

> Es fascinante observar cómo en La Rueda los cholos y mayates se mueren por que una vestida les haga caso. Las sacan a bailar, les invitan algunas cervezas, las tratan de conquistar, como si en verdad se tratara de mujeres. No lo son y no les importa. Ellos juegan el juego, se comprometen, se fascinan, se entusiasman. Sábado a sábado lo siguen intentando con la misma, pues se llegan a obsesionar con una en especial. No les importa que la persona que los rechace sea un hombre. (p. 89)

La novela *Travesti* es un ejemplo de la fluidez de las identidades sexuales, de las múltiples maneras de cómo se asumen hoy los diversos caminos de la compleja sexualidad humana.

Cuarenta y siete años hay entre *El diario de José Toledo* (1964) de Miguel Barbachano Ponce y *Paso del macho* (2011) de Juan Carlos Bautista. Un lapso breve, pero en el que se han dado cambios radicales en la representación del hombre homosexual en la literatura mexicana, que ha seguido una trayectoria marcada por momentos importantes en la historia contemporánea del país. De esta manera, tras los personajes desolados y escarnecidos que predominaron durante las primeras siete décadas de la pasada centuria, conscientes ellos mismos de que a causa de su conducta impropia tendrían inevitablemente un fin siniestro, surgió hacia el final de los setenta —al mismo tiempo que se daba en México el inicio del movimiento de liberación homosexual— toda una galería de personajes que contrarrestaba por primera vez aquella imagen de inevitable sufrimiento: el hombre hiperviril, el embarazado, el enamorado, y aún el que vivía a la sombra del rol heterosexual. Hasta llegar al siglo XXI, cuando ya hay cierto avance (no del todo satisfactorio, es cierto) en el reconocimiento de las sexualidades disidentes, y esta representación ha ofrecido una diversidad más amplia, con ejemplos que van desde la reapropiación de la imagen de la loca, el hombre fetichista o el heterosexual que corteja a un travesti. Serán los autores jóvenes, con la publicación de nuevas obras inscritas en el espíritu de esta nueva época, quienes deberán seguir ensanchando la diversidad de estas representaciones del homosexual en la literatura mexicana.

Referencias bibliográficas

ARREOLA, Juan José (1987): *La feria*, Joaquín Mortiz / SEP, México, D.F.

BARBACHANO PONCE, Miguel (1988): *El diario de José Toledo*, Premià, México, D.F.

BAUTISTA, Juan Carlos (2011): *Paso del macho*, Quimera, México, D.F.

BLANCO, José Joaquín (1986): «Ojos que da pánico soñar», en *Función de medianoche*, Era / SEP Cultura, México, D.F., pp. 183-190.

— (1983): *Las púberes canéforas*, Océano, México, D.F.

— / ZAPATA, Luis (1983, 18 agosto-22 septiembre): «La generosidad de los extraños», *Suplemento Sábado, Unomásuno*, 672-677, páginas varias.

BRITO, Alejandro (2003, 4 diciembre): «Con el diablo en el cuerpo», *Letra S*, <bit.do/eWpQL>.

CALVA, José Rafael (1984): *Utopía gay*, Oasis, Oaxaca.

— (1985): *El jinete azul*, Katún, México, D.F.

CAMINHA, Adolfo (1987): *Bom-crioulo*, Posada, México, D.F.

CASTREJÓN, Eduardo A. (2010): *Los cuarenta y uno: novela crítico-social*, UNAM, México, D.F.

CEBALLOS MALDONADO, José (1986): *Después de todo*, Premià, México, D.F.

DOMÍNGUEZ MICHAEL, Christopher (1989): *Antología de la narrativa mexicana del siglo XX*, tomo I, Fondo de Cultura Económica, México, D.F.

FOSTER, David William (1991): *Gay and Lesbian Themes in Latin American Writing*, University of Texas Press, Austin.

GONZÁLEZ DE ALBA, Luis (1983): *El vino de los bravos*, Katún, México, D.F.

— (1993) *Agapi mu*, Cal y Arena, México, D.F.

GUERRA, Humberto (2017): «El imposible escape de la voz patriarcal. Lectura falocrática de la novela *Travesti* de Carlos Reyes Ávila», *InterAlia. A Journal of Queer Studies*, 12, pp. 219-229.

HERNÁNDEZ CABRERA, Miguel (2001, 9 diciembre): «Los cuarenta y uno, cien años después», *La Jornada Semanal*, 353, <bit.do/eWpXU>

HURTADO, Joaquín (1993): *Guerreros y otros marginales*, CONACULTA, México, D.F.

— (1997): *Laredo song*, CONACULTA, México, D.F.

— (2003): *Crónica sero*, CONACULTA / CONARTE, Monterrey.

LIST REYES, Mauricio (2011): «Una manera de nombrar el deseo en *Toda esa gran verdad*», *Lectora*, 17, pp. 79-92.

LIZARRAGA CRUCHAGA, Xabier (2012): *Semánticas homosexuales*, INAH, México, D.F.

LÓPEZ PÁEZ, Jorge (1993): *Doña Herlinda y su hijo*, FCE, México, D.F.

— (1993): *Los cerros azules*, Joaquín Mortiz, México, D.F.

LUMSDEN, Ian (1991): *Homosexualidad, sociedad y Estado en México*, Solediciones / Canadian Gay Archives, México, D.F. / Toronto.

MONTAGNER, Eduardo (2006): *Toda esa gran verdad*, Alfaguara, México, D.F.

PARRA, Eduardo Antonio (1999): *Tierra de nadie*, Era, México, D.F.

PEDROZA, Teófilo (2003): *El ánima de Sayula*, Arlequín, Guadalajara.

REYES ÁVILA, Carlos (2009): *Travesti*, CONACULTA, México, D.F.

RODRÍGUEZ, Óscar Eduardo (2006): *El personaje gay en la obra de Luis Zapata*, Fontamara, México, D.F.

RODRÍGUEZ CETINA, Raúl (1977): *El desconocido*, Duncan, México, D.F.

SCHNEIDER, Luis Mario (1997): *La novela mexicana entre el petróleo, la homosexualidad y la política*, Nueva Imagen, México, D.F.

SERNA, Enrique (2001): *El orgasmógrafo*, Plaza & Janés, México, D.F.

TEICHMANN, Reinhard (1987): *De la onda en adelante (conversaciones con 21 novelistas mexicanos)*, Posada, México, D.F.

TÉLLEZ-PON, Sergio (2010): «Los 41: un panfleto crítico-social», *Replicante*, <bit.do/eWpYM>.

TORO, José César (2015): *El cuerpo rosa. Literatura gay, homosexualidad y ciudad. Los espacios de entretenimiento de la Ciudad de México a través de la novela*, Verbum, Madrid.

ULLOA, Luis Martín (1991, 29 diciembre): «Entrevista con Miguel Barbachano Ponce», *La Jornada Semanal*, pp. 32-36.

ZAPATA, Luis (1984): *El vampiro de la colonia Roma*, Grijalbo, México, D.F.

— (1985): *En jirones*, Posada, México, D.F.

— (1987): *Melodrama / De pétalos perennes*, Posada, México, D.F.

— (1995): *La más fuerte pasión*, Océano, México, D.F.

CUATRO NOVELAS JOTAS MEXICANAS: LECTURA CUIR DE LAS MASCULINIDADES DISIDENTES

César Cañedo

Las novelas que en México han abordado la identidad homosexual masculina como problema y cuestionamiento identitario han sido notables. En 1997 el crítico Luis Mario Schneider publicó su ya clásico *La novela mexicana entre el petróleo, la homosexualidad y la política*, en donde destacaba su compromiso por ofrecer un panorama general de la homosexualidad como un «tema» en la narrativa mexicana desde la década de los sesenta a finales de los noventa. En este trabajo pretendemos revisar la construcción de las masculinidades disidentes y la confrontación de las categorías «joto» y «gay» a partir de un enfoque cuir en cuatro novelas mexicanas: *El diario de José Toledo* (1964) de Miguel Barbachano Ponce, *El vampiro de la colonia Roma* (1979) de Luis Zapata, *Las púberes canéforas* (1983) de José Joaquín Blanco, y *Fruta verde* (2006) de Enrique Serna. Aunque nuestro enfoque no es necesariamente cronológico, las obras elegidas atraviesan distintos periodos históricos en los que es palpable una manera de ser hombre que se opone y relaciona con otros modelos posibles. La elección de las novelas tiene que ver con el impacto que estas han tenido en términos de recepción y su importancia en la tradición literaria mexicana, así como porque presentan diversas maneras de experimentar la disidencia masculina.

Pretendemos mostrar una aproximación y refutación a la categoría «gay» tratando de enmarcarla en las contradicciones que ha llevado la posibilidad de agenciarse así, a partir de que la categoría se vuelve visible y habitable. Dentro de estas contradicciones estará la lucha u oposición a otras categorías cercanas, como «joto» y «bisexual». Enmarcaremos estos conceptos de identidad en la situación en que se presentan en cada novela. Nos interesa la literatura de la que es posible problematizar la identidad disidente, aquella que no aparece como un modelo positivo de ser, sino que se permite explorar posibilidades de no ser, o de ser a veces, o de ser pese a lo gay o lo joto; es decir, la representación de los problemas internos de construcción de las categorías que conforman masculinidades específicamente disidentes. Para abrir en teoría la divergencia entre los dominios de lo «gay» y lo «joto», en términos de posibilidades de agencia identitaria, proponemos una serie de rasgos e ideas que se acercan al «ideal normativo» o estereotipo que fija los valores de una categoría experiencial, como la homosexual masculina, de acuerdo con Ernesto Meccia (2006) en su modelo sociológico relacional. Asumimos el riesgo de que las ideas acerca de lo gay y lo joto que se expondrán son subjetivas y estereotípicas; pretenden, en todo caso, ser situadas y operar en la realidad mexicana confrontada con una realidad social, cultural y geográfica de mayores privilegios, que es donde el ser gay funciona o puede funcionar sin tantas reservas.

Las condiciones para poder ejercer una masculinidad disidente cambian con el tiempo, son relacionales con el contexto social y su visibilidad también está mediada por factores económicos y políticos. Consideramos que la nuestra es una propuesta de aproximación —no exhaustiva ni determinante— entre los valores privilegiados de un contexto ideal gay y el contexto cercano que se traduce en joto. Consideramos que cuando lo «gay» se trasplanta en nuestra escala de privilegios —mexicana, colonizada, clasista, racista y empobrecida— muchos de los valores no pueden caber en el modelo, por lo que las subversiones que quedan fuera, más otras propias, son expresiones de lo «joto». Lo «gay», desde el ideal normativo, puede asociarse más al dinero, a la juventud, al blanqueamiento de clase y estatus social; si bien en un principio fue un modelo festivo y alegre, poco a poco los valores de identidad han cambiado desde la postura que permite a la categoría «gay» integrarse a la sociedad, con lo que nuevos valores como seriedad, compromiso y éxito son asumidos por esta identidad, que se acerca mucho a la masculinidad hegemónica heterosexual y se convierte en una masculinidad disidente hegemónica.

Esta hegemonía se traduce en una mayor posibilidad de agencia social y política, reconocimiento público, posibilidad de obtener mayores ingresos económicos y puestos de trabajo. Además, expresa un pensamiento tendencialmente conservador que busca una integración total a los valores de la sociedad tradicional. Lo «gay» como masculinidad disidente ha perdido su agencia en los contextos en los que es posible su realización plena, y en contextos como el local sirve como un ideal aspiracionista al que no podríamos encajar del todo pero al que no importa tanto encajar, sino sentirse parte. Con lo gay en el contexto mexicano, y presumiblemente latinoamericano, sucede algo similar a la sensación de pertenecer a una «raza blanca» —por tener el tono de piel claro—, actitud que encubre, en el imaginario social, las múltiples mezclas y pacta un sentido de pertenencia simbólico a una clase social. Tradicionalmente, lo joto puede verse como un chiste o una parodia, pues se asocia con la pobreza, lo cursi y melodramático, con una brecha social que no acorta su distancia y que se representa en profesiones estereotípicas: salón de belleza, cocina, manualidades. Se presume una identidad muy cercana a los valores que el pensamiento heterosexual asocia con lo femenino, de ahí el riesgo y peligro (expresado en rechazo y discriminación) que puede representar para la masculinidad disidente hegemónica, la cual se ha fortalecido al aspirar a una masculinidad camuflada con la masculinidad heterosexual.

Presentamos a continuación el modelo de contraste de las dos categorías con la advertencia de su valor aproximativo y subjetivo, y considerando que se muestran aquellos rasgos que en sumatoria dan la idea del ideal normativo, es decir, la manera de ser de esa identidad que se fija colectivamente por los valores asociados a ella:

GAY	JOTO
□ juventud □ poder adquisitivo □ festivo-orgulloso □ integración social □ blanqueamiento □ urbe □ masculinidad hegemónica □ corporalidad hegemónica □ seriedad-compromiso □ modelo de éxito	□ intergeneracional-efebismo □ pobreza: clase media-baja □ obviedad, descaro, desafío □ brecha social □ chiste y parodia □ pueblo-sordidez-marginal □ feminidad □ corporalidad monstruosa o debilitada □ ridículo-melodrama □ improductividad, actividades decorativas □ modelo de fracaso

Debemos considerar, por último, que ambas categorías ejercen violencia desde sus ideales normativos, y desde la agencia posible que presentan. Sin olvidar que la categoría «gay» es mucho más privilegiada y exitosa, por lo que su nivel de violencia interna y externa es mayor, ya que la presión de pertenencia resulta mucho más exigente. Ante esta coyuntura, la categoría «joto», además de presentar una carga de rechazo social, se activa mucho más disidente y más cercana a nuestra realidad económica y social, pues aparece y se representa como un modelo de fracaso social, muchas veces desde un regodeo de esta conciencia de fallar: en la *improducción*, en las relaciones afectivas melodramáticas, en el humor que siempre está presente, en el empuje al gozo. En la medida de lo posible se procurará el acercamiento a las novelas elegidas desde la jotería como concepto para hablar de una masculinidad disidente reapropiada para nuestro tiempo y para nuestro contexto.

Nuestro objetivo es analizar y cuestionar la construcción de las masculinidades disidentes en el espacio de representación literaria y las dificultades y ventajas de asociarse a una categoría de identidad y de agencia discursiva y social: gay, joto, bisexual, y cómo estas posibilidades están atravesadas por condiciones sociales, contextuales, políticas, históricas, económicas y afectivas, que atraviesan el discurso de construcción de las novelas mencionadas en relación con el momento en el que fueron producidas y en relación con su enunciación desde la urbe, en este caso desde la Ciudad de México. La localización del concepto «joto» nos permitirá proponerlo como un modelo de análisis de identidad situado en la realidad mexicana y por supuesto en sus productos culturales; en este caso en cuatro novelas que pretendemos analizar como «novelas jotas».

La perspectiva cuir se dará confrontando las categorías identitarias en función de su agotamiento contextual y su reformulación cuando los personajes se apropian de las mismas; además se considerará el trasvase cultural de lo gay, lo joto y lo bisexual con los contextos que las novelas mencionadas presentan en función de la mexicanidad, el espacio urbano, el fracaso y el alejamiento de la lógica del logro. *El arte queer del fracaso* (2018) [*The queer art of failure* (2011), de Judith [Jack] Halberstam, servirá como base teórica para analizar las relaciones entre la improductividad, la pérdida, la insatisfacción, lo cursi, el inacabamiento, que en distintos niveles de la construcción novelística se presentan en las obras en cuestión, dado que se considera el fracaso social como una característica fundamental que distingue el impacto (positivo o negativo) y la historia de un concepto como «gay» frente al concepto «joto»; a partir de la lectura de Halberstam es posible reformular ese fracaso en términos de permisividad y agencia.

Seguiremos a Raweyn Connell con su clásico *Masculinidades* (2015) y a Susana Vargas con su ensayo «Saliendo del clóset en México: ¿queer, gay o maricón?» (2016) para considerar los factores de clase y raciales que determinan algunas de las posibilidades que la masculinidad tiene de expresarse en nuestro contexto y para aproximarnos a la realidad mexicana desde las palabras que designan nuestra diversidad. De ahí que presentemos el conflicto y los matices entre gay y joto en relación con condiciones sociales, económicas y afectivas que permiten o cancelan la manera de vivirse. En nuestra realidad social tenemos una escala de privilegios distinta a la que da origen al término «gay» y a sus posibilidades de reconocimiento social. Ser joto representa otro horizonte expresivo; uno de los objetivos de este ensayo es mostrar su potencia en la representación literaria mexicana, además de que ejercemos su militancia al apropiarnos del insulto para volverlo modelo de interpretación y análisis de la masculinidad disidente en México, al menos en el discurso literario. Sea, pues, esta aproximación de análisis jota en forma y contenido.

Soñar la pesadilla del amante frustrado: *El diario de José Toledo*

Schneider va a considerar que las novelas de la década de los sesenta presentan modelos de relación y de identidad inestables (1997, p. 74). La inestabilidad y la imposibilidad de vivir una homosexualidad serán algunas claves de lectura que acompañen la novela de Miguel Barbachano Ponce, *El diario de José Toledo*, publicada en 1964.[1] Para

---

[1] La novela ha sido considerada por la crítica tradicional como la primera de tema homosexual en México. El riesgo de aspirar a colocar la etiqueta del «primer algo» es que siempre puede moverse. Más allá de una pugna por la etiqueta y su fetiche —conocerla, saber cuál fue—, se vuelve muy pertinente un análisis que se aleje de ese aspiracionismo crítico y se enfoque en entender las obras literarias como ejercicios y posibilidades de un contexto enunciativo específico.

el momento en que fue publicada, las categorías identitarias «gay» y «joto» son inoperantes desde la autoafirmación. Esta obra retrata un acercamiento a la experiencia homosexual de dos jóvenes, Wenceslao y José, desde una postura enunciativa *dentro* del clóset, que hace que lo referente a la masculinidad disidente sea velado, lleno de homofobia internalizada, desde un discurso de ocultación, simbólico y pesado a partir de un sentimiento de culpa y remordimiento. La relación de los protagonistas es caótica, fragmentaria y fallida, y constituye el punto de inflexión narrativa que lleva a José Toledo a actuar: tanto a tomar la decisión de escribir su diario, como a la de suicidarse. Presentar la novela con la forma de diario permite al protagonista el recurso de la secrecía y de la expresión sin que su vida pública corra riesgo. La escritura del diario ha sido utilizada así por otros sujetos marginados a lo largo de la historia, como Virginia Woolf y Gertrudis Gómez de Avellaneda.

Desde la categoría del fracaso es posible articular su discurso de resistencia a la norma, a pesar de que la propuesta del autor sea presumiblemente condenatoria de la homosexualidad, lo que haría de la obra no solo una novela que no reivindica la postura de los homosexuales, sino un ejercicio moral que se regodea en lo fatídico, trágico, deleznable, improductivo, sórdido, abyecto, asqueado y asqueroso de las relaciones «contra la naturaleza». Ahora bien, desde nuestra propuesta es posible voltear al macho moral que de manera metafórica se construye desde la intención del autor, a partir de los mismos elementos con los que ha construido su proyecto condenatorio de las relaciones eróticas y amorosas entre varones.

Consideramos que, desde sus primeras representaciones en el imaginario cultural, el acto de fallar ha sido una de las propuestas desestabilizadoras por parte de la tradición literaria homosexual masculina en México. Fallar, perder, perderse, olvidar y enojarse son, de alguna manera, actitudes contestatarias que implican romper con el orden establecido y también una distancia con la lógica del logro y del progreso de nuestra sociedad que nos invita a acumular, permanecer, fijar, aumentar, vivir a futuro, y todos los eslóganes de las empresas vendedoras de seguros. Esta lógica, sobre todo desde los modelos posibles de masculinidad, incide en nuestras relaciones afectivas, nuestras aspiraciones, nuestras nociones de felicidad, de bondad, de logro y de éxito y las dirige a un solo camino que supuestamente todos los sujetos perseguimos. Tomar esta postura de resistencia implica dibujar las alternativas a la lógica del éxito y demostrar otras maneras de ser y estar en el mundo. De ahí que, en términos de discurso, el fracaso del protagonista José Toledo y el universo de representación del tema homosexual en la novela puedan considerarse como constructores de esta alternativa.

La profesión del protagonista está en relación con la masculinidad que puede agenciar: un joven burócrata. Por otra parte, Wenceslao es un personaje ambiguo que se presume más cercano a la masculinidad hegemónica e internamente más contradictorio, ya que es presentado sin profesión, además de que es alcohólico y llega a travestirse por placer. Contextualizar el drama de la homosexualidad en México a profesiones no estereotípicas representa un aporte para el momento en el que la novela es publicada. No son artistas, ni intelectuales, ni se dedican a rubros de la sensibilidad, no son personajes chistosos ni pretendidamente exagerados. José es contador, es oficinista y empleado; un hombre de traje y corbata que expresa y vive relaciones homosexuales y es asediado por problemas de la cotidianidad: exceso o falta de empleo, checar tarjeta, entregar informes, contar con horas libres para dedicarse al amor, además de afrontar los vaivenes de la convivencia diaria en el trabajo. Ahora bien, los modelos de masculinidad que se muestran en la novela son evasivos. La entrada de José Toledo en el sistema productivo y la relación de ocultamiento que los protagonistas tienen con la ciudad hacen, en parte, que esa masculinidad no pueda ser expresada a nivel político —visible— en el entorno que los rodea, dado que al burócrata le interesa conservar su puesto de trabajo e integrarse a la sociedad. Wenceslao presenta rasgos de la masculinidad hegemónica en su evasión, al ser un joven borracho itinerante, violento y con su parte afectiva encubierta. La homosexualidad va a ser representada desde la esfera más íntima de los personajes y va a ser mostrada como una suerte de insatisfacción crónica desgarrada; a pesar de ello, no dejan de colarse momentos que expresan ternura desde esta masculinidad disidente aunque sumamente encubierta y violentada en sí misma.

La ternura de José al permitirse llamar a su amado «flaco» o «chaparro», así como el acto de componerle una canción y dedicarle otras, son muestras de un discurso cursi y romántico que lleva al protagonista a descuidar su trabajo, pues deja de lado la búsqueda del dinero como prioridad. El espacio laboral es el lugar en el que José reflexiona sobre su amor por Wenceslao, el espacio para escribir su diario. Así, se presenta la ruptura con la exigencia del trabajo como motivo en sí mismo de la felicidad en el modelo burocrático y de ascenso. El tiempo, en la estructura del diario en este caso, tampoco presenta una linealidad cerrada, sino que opera en función de la inactividad de Toledo o de su relación con Wenceslao, pues los días se narran a partir de la caótica y fragmentaria evocación de un romance tórrido y fallido entre varones. A la lógica del consumo no le es favorable el uso de la imaginación y la ensoñación por el carácter de rebeldía, inestabilidad y caos que podrían conllevar. Usar los sueños y la imaginación han sido dos herramientas que favorecen discursivamente el cambio social; este uso del tiempo es ajeno a la lógica del consumo que nos invita a trabajar todo el tiempo, es decir, a actuar, a hacer, pero un hacer dirigido por el modelo de acumulación y bienestar. Imaginar suspende ese tiempo y puede llevar implícita la improductividad, uno de los modelos de rechazo que se asocia con la homosexualidad, pero que, como deja ver la novela, también permite a algunos personajes ser creativos, construir una ensoñación no para triunfar, sino para conocerse, reconocerse y de alguna manera liberarse de las cadenas de la norma autoimpuestas.

El protagonista aparece desde esta lectura como José «el soñador», quien utiliza la fuerza de la ensoñación para empezar a construir en la realidad la utopía de su libertad, que será la utopía de la libertad homosexual, enunciada como la esperanza de la normalización, es decir, en buena medida José es un protogay que aspira al reconocimiento de la homosexualidad visible y pública. Los sueños de José, mientras está esperanzado en el reencuentro amoroso, son hermosos; tiene incluso la habilidad de reconstruir un sueño y volver a él. Sus sueños diurnos también están encaminados por la fuerza de construir otro mundo posible. Utiliza las horas de su trabajo para evocar, para soñar despierto la relación que hubiera querido que fuera con Wenceslao. Sabe que esa relación está cancelada, por lo tanto representa un acto completo de inutilidad y sabotaje al dominio del éxito ligado al trabajo duro y constante:

> Llegué a la casa, estuve viendo la televisión; adormilado tuve un sueño tan bonito, que cuando me despertó mi papá para ir a la cama, sentí tristeza, pero, aunque no lo creas, volví a soñar lo mismo: discutíamos porque no querías ir a ver la película «Codicia», y para variar te salías con la tuya; de repente, estábamos besándonos en pleno cine, con la luz prendida y nadie se fijaba en nosotros, en ese momento ya no importaba nada el que lo hicieran. (Barbachano Ponce, 1964, p. 50)

Durante casi toda la narración, José es el único personaje que se presenta soñando, y además con sueños placenteros, es quien puede manipular los sueños, volver a ellos, ya que es movido por un ideal grande y legítimo, el de la integración de las relaciones homosexuales masculinas al espacio social visible. El impulso anterior lleva a José el soñador Toledo a realizar la utopía en sueños nocturnos satisfactorios y en sueños diurnos fracasados, pero que construyen ambos otra realidad en la que no es preocupante trabajar, ganar dinero ni ascender, sino lograr construir relaciones sinceras, duraderas y sólidas entre hombres, soñar con relaciones en las que el amor homosexual se da de día y a la luz pública:

> Esa noche sucedió algo increíble: soñé que chiflabas desde la calle y me asomaba por la ventana. De pronto, estábamos platicando abajo, sentados en el pasto de enfrente de la casa, pero era de día. Así estuvimos algún tiempo; de repente desperté, sabía que había sido pura imaginación, pero la curiosidad me hizo levantar de la cama para cerciorarme si en realidad estabas allí. (p. 62)

Vivir fuera de la estabilidad no solo cancela en términos sociales, sino que permite una serie de libertades para la pareja de la novela: por ejemplo, escribir en el caso de Toledo, romper con el tiempo del trabajo, explorar sus pulsiones y deseos conscientes e inconscientes. Por otro lado, viajar, ser promiscuo e intentar el amor tanto con hombres como con mujeres en el caso de Wenceslao, modos de acción que se potencian al ser ambos expulsados del esquema de lo sólido de las relaciones tradicionales.

La pérdida del diario al final de la novela representa el fracaso de Toledo por testimoniar su amor homosexual. El protagonista fracasará en su empeño y tomará la internalización de la culpa y la insatisfacción como propias suicidándose, por lo que la novela también propone el fracaso de la utopía propuesta, la de las parejas estables homosexuales, pero el ambiguo narrador recupera y contextualiza la historia desde la pérdida. Si la pérdida es la moneda de cambio de las relaciones homosexuales, estas pueden ser dignificadas a partir de que son narradas, y dignas de ser reconstruidas en un ejercicio fragmentario que suspende la noción de pérdida y olvido y recupera la historia de amor desde ese horizonte. No desde una memoria gozosa inscrita dentro del marco de la permanencia que es la que sustenta a los amores tradicionales, sino desde las fracturas de un sistema normalizador que permite al cancelar.

Para la época de *El diario de José Toledo* no era posible hablar desde muchos frentes en defensa de la homosexualidad, y a pesar de que la novela en términos generales no se inscribe dentro de una visión reivindicativa de lo homosexual, es posible realizar una serie de ejercicios críticos a partir de una resignificación del fracaso como elemento que ayuda a desmontar los prejuicios sobre el imaginario del homosexual que había hasta entonces, y empezar a dibujar una utopía posible de representación del homosexual que buscará ser aquel hombre que pueda, para seguir con el tono cursi de la novela, amar y ser amado por otro hombre hasta que la muerte los separe. Las utopías del amor romántico que se presentan tienen que ver con una actitud de José Toledo que desde la tradición se ha considerado como un valor femenino. El personaje espera todo del amado, se entrega incondicionalmente en sueños que se encaminan al dolor y a la frustración. Es posible leer la improductividad de este personaje como un desafío que fuga y libera a esta masculinidad de los candados autoimpuestos.

Ese vampiro que muerde el deseo: la masculinidad como producto de consumo en *El vampiro de la colonia Roma*[2]

1979 pareció un buen año para ser gay en la Ciudad de México, al menos desde la literatura. *El vampiro de la colonia Roma*, éxito editorial publicado en ese año, se inscribe en el marco paulatino de liberación homosexual y del afianzamiento de la categoría «gay». El problema es el poder de exclusión de este concepto, que en términos generales representa juventud, poder adquisitivo, clase social media

---

[2] La propuesta inicial de este apartado es retomada de mi ensayo publicado en la revista *Opción* (Cañedo, 2016).

o alta y estilo de vida. Podemos pensar el concepto de gay ligado a nociones como orgullo, alegría, posibilidad o libertad, pero con límites y prejuicios sólidos: cierto fenotipo viril, cierta clase social, cierto código postal. En la novela, desde una visión de triunfalismo y gozo enmarcados en la hipersexualizada Ciudad de México (de nuevo: solo ciertos barrios y para ciertos sujetos), aparece un optimismo de la libertad del deseo homoerótico; las ganas de ejercerlo se manifiestan hasta entre los policías, algo que genera en la narración una óptica irónica en la que todo el mundo se permite tener sexo, incluso entre hombres. Zapata propone la crítica de este modelo de orgullo que se vive en el ambiente de finales de la década de los setenta.

Hay por un lado la necesidad de dar voz al orgullo para dar mayor visibilidad al proceso de conquistas simbólicas, de resignificación de los espacios públicos, de la comunidad imparable y organizada que se ha construido y que permite que haya un «ambiente» disfrutable y cada vez más visible; pero al mismo tiempo aparece la crítica a este modelo a partir de un personaje complejo que subvierte y abreva de la tradición literaria del vampiro, del pícaro y de la novela de aprendizaje, para construir al abyecto Adonis García, quien representa —desde nuestra lectura— la conciencia de que ningún modelo de vivir la homosexualidad debe dominar y que la resistencia se encuentra en la ajenidad al estereotipo: en la posibilidad de ser pobres, de ser promiscuos, de visibilizar el orgullo del empuje al goce sexual ilimitado y evitar el encajonamiento de clase y de espacios sociales, porque el Vampiro puede estar en todos y atravesarlos a todos, puede coger donde sea y cuando sea, con o sin protección, por lo general sin protección (recordemos que esta noción de orgullo deriva de la circunstancia de que el sida no había hecho su aparición en escena).

Al construirse como objeto de deseo, los estereotipos aparecen cuando al objeto deseado, Adonis García, se le exigen ciertas características fijas de autorrepresentación, como ser más masculino, ser

solamente activo y de preferencia que no se le note la homosexualidad, opacada en símbolos como la chaqueta de cuero y la motocicleta. La visión triunfalista de lo gay, por un lado, encubre el
sufrimiento, la frustración y la idealización de los sujetos que son
aplastados por un modelo festivo y de éxito para vivir la homosexualidad, y por el otro permite hacer la crítica a esos valores. El
Vampiro —en su confesión que tampoco busca el arrepentimien-
to— no reconoce que sostuvo relaciones afectivas, que pasó por el
fracaso, por la enfermedad, por el rechazo, por la burla, por la soledad y la frustración porque ya es en sí mismo un estereotipo, existen
límites autoimpuestos a su construcción identitaria y esa es una de
las subversiones de *El vampiro de la colonia Roma*, porque es claro que
al casarnos con estereotipos no vemos qué hay más allá de construcción. Somos cegados, como rené (*sic*), la primera relación afectiva de
Adonis, quien vivió un rato autoengañado pensando que al Vampiro
no le gustaban los hombres, que solo estaba con él por amor, el
amor romántico mal digerido como la fuerza que transforma a
hombres en homosexuales, sin perder el estereotipo de machos:

> rené tenía algunos muebles bueno una cama que en realidad era lo
> más importante porque éramos amantes y me decía «mi amor» y yo
> era su marido ¿mentiendes? Era su marido sin darme cuenta porque
> el cuate este pensaba que yo era realmente su marido ¿no? ya ves la
> mentalidad de las locas bueno de algunas locas o sea piensan que
> pueden encontrar un tipo que no gustándoles los hombres se acueste
> con ellos ¿ves? por eso te digo que algunas locas están de atar entons
> él [rené] pensaba que yo era machín y que lo del talón y eso nomás
> era por sacar la billetiza y que sin embargo a él sí lo quería y en reali-
> dad sí me sentía a gusto con él. (Zapata, 1979, p. 62)

Es posible percibir un grado de homofobia internalizada en el estereotipo de rené, que vuelve objeto de deseo el hecho de que la pare-

ja sea heterosexual o que tenga la pinta, la actitud y la vida de un «macho», lo cual se vive también como una suerte de superioridad moral y que es parte del encanto y la seducción que puede utilizar a su favor el personaje Adonis García.

El estereotipo del homosexual se apropia de los espacios urbanos en la novela a partir de la develación de los espacios de homosociabilidad, con lo que se dibuja una cartografía del deseo en la Ciudad de México como paraíso posible. Al incluir esta visibilidad muchos lectores lograron identificarse y reconocer los espacios de encuentro, como se menciona en los testimonios que incluye Rodrigo Laguarda en *Ser gay en la ciudad de México* (2009), donde algunos sujetos confiesan haberse enterado de prácticas clandestinas y lugares de encuentro homosexual gracias a la novela de Zapata. La lectura que democratiza el conocimiento geográfico de los lugares donde se permitía expresar o ejercer afectos diversos fue una conquista en la representación simbólica de lo que aspiraba cubrir, en aquel entonces, el asumirse gay.

La novela de Luis Zapata representa una apertura del lenguaje, a partir de que se construye bajo el formato de testimonio ficcional simuladamente oral de un prostituto homosexual, acto que representa hacer circular la historia de los que no tenían ni podían conformar una historia desde el registro de una democrática y supuesta grabación que permite otra temporalidad y otro espacio narrativo, cuyos límites son supuestamente marcados por la duración de la cinta. El acto de lectura en este ejercicio se confronta en la disposición textual que propone la novela, lo cual representa una tendencia a lo inacabado, incompleto, fuera de los cánones de puntuación, de las exigencias de la lengua escrita ante el simulacro testimonial de Adonis García.

La estructura está dividida en siete cintas, grabaciones ficcionales que suspenden el tiempo narrativo. Cada cinta está titulada con una breve frase llamativa que anticipa el motivo o da destellos de la trama «cinta tercera y que te den de repente la cogida de tu vida» (p. 75) y que subvierten los modelos para apelar al lector. Adonis García, el Vampiro, está contando a alguien específico su vida, como lectores no somos su referente y no le importa. Dialoga con el ficcionalizado interlocutor, lo interroga, se ríe con él, lo alburea, construye un pacto de supuesta confianza y cercanía y distancia con los lectores-escuchas indirectos: «¡puta madre! ¿contarte mi vida? y ¿para qué? ¿a quién le puede interesar? además yo tengo muy mala memoria estoy seguro de que se me olvidarían un chingo de detalles importantes» (p. 15), y más adelante: «ni siquiera tuve una infancia feliz digamos para recordar cuando esté ruco es más ni siquiera tuve infancia bueno claro que tuve infancia no seas pendejo» (p. 15).

El protagonista empieza a contar su vida de manera tradicional, desde los modelos de la novela de aprendizaje y de la picaresca: infancia, familia, viaje y traslado a la urbe. Se describe como un niño que juega solo, introvertido, que tuvo buenas calificaciones. Después rompe con la estructura tradicional del recuento de una vida al suspender el presente enunciativo de un Adonis inacabado y prostituto que no planea ni proyecta a futuro; pero que alcanza otro modelo de realización y logro alternativos desde la decisión de ser quien es sin peso ni culpa y con fecha de caducidad debido a que vende una idea de macho y un cuerpo que corresponda en todo sentido a esa idea. Su infancia y su familia no son felices ni convencionales, no hay credibilidad en la estructura familiar, y eso no es una carga sino que libera por la intervención del humor: «aparte teníamos una abuela la mamá de mi mamá pero sólo la vi una vez un día que venía yo llegando de la escuela y estaba una señora ahí sentada entós mi mamá me dijo "mira esta es tu abuela" pero no sé ¿no? a lo mejor nomás era la señora que vendía gelatinas y la llevaron para que no creciéramos con el complejo de no tener familia» (p. 17). La desacralización de la sagrada familia dibuja alternativas relacionales, que se cristalizan en los modelos «familiares» que tendrá Adonis, con otros hombres con los que comparte departamento; crear comunidad a partir de lazos no sanguíneos representa otras posibilidades para fomentar la unión interpersonal desde otras nociones de hogar: relaciones afectivas dadas por lazos de camadería, de conveniencia, de identidad y de deseo sexual.

Es recurrente la pérdida de la memoria en la propuesta narrativa de la novela. Olvidar construye líneas narrativas que rompen la linealidad y abren las posibilidades de distanciar la credibilidad en función de la posible invención ante la falta de memoria. Vemos al describir la muerte de su perra: «se murió —le salió sangre así como gelatina pero no sentí tan feo como pude haber sentido hasta me acuerdo que no lloré o sí a lo mejor lloré después en la noche antes de dormirme ya ves que es la hora en que se chilla ¿no? pero no me acuerdo» (p. 20). Partimos de un pacto en el que el narrador puede olvidar a conveniencia, en una dinámica en la que se oculta/visibiliza el dolor, pero también dejar ver que hay convencionalismos que deciden sobre nuestros sentimientos y los regulan; por ejemplo, hay horas para llorar (la noche, en la cita anterior de la novela), entonces la convención social sobre cómo y cuándo expresarnos puede decidir sobre lo que se narra, independientemente de que haya sucedido o no, porque era la manera en la que se espera que se narre.

Se presenta también una postura subversiva sobre el amor y sus manifestaciones públicas: «y es que el amor pues como que es una cosa de dos personas o más si se quiere pero que no debe salir de esas dos o tres o seis personas porque a nadie le puede interesar a nadie le debe interesar ¿verdad? lo que esas personas hagan con su vida privada ora sí que el amor es un asunto privado ¿no?» (p. 26), la idea del amor para el Vampiro es abierta, y no se exhibe. Mucha de la fuerza de la idea tradicional del amor radica en su exhibición pública, como parte de un ritual vigente; Zapata, por otro lado, propone romper con ese esquema en un personaje que no va a hablar de amor porque no lo considera la fuerza de la vida pública. El acto de recordar y registrar acontecimientos con el sentido de fijar, así como la exhibición pública del amor tradicional (pensemos en la vigencia de lo anterior en esa especie de «deber» de ostentar una relación sentimental en Facebook) son marcas convencionalizadas para asegurar la reproducción y la vigencia de modelos sociales, del mundo ordenado y regulatorio de la norma. La postura cuir y la novela favorecen la desmemoria y los amores subversivos, privados, en desorden y sin registro obligatorio para romper con la idea cerrada de continuidad y tradición en términos sociales.

Las fallas personales, el perderse, el cambiar de ruta o simplemente decidir no avanzar dibujan siempre alternativas, nuevas posibilidades se abren con la última opción de una vida digna y de triunfo para el protagonista: la grandeza del prostituto homosexual. El Vampiro llega a la Ciudad de México junto con un amigo y se pierden, son pendejos, despistados, no saben a qué van pero van; la resistencia se da a partir de un tránsito sin brújula. No importa llegar sino atravesar. No importa lograr sino perderse en el intento y explorar posibilidades diversas de ser, trabajar, amar, gozar, dislocar el éxito, que no sea una sola idea la que domine cualquiera de las nociones anteriores, lo que posibilita abrir así la noción misma de novela.

Adonis defiende los valores de libertad e independencia desde esta postura en contra del trabajo estable y digno y valorado en positivo por una sociedad, lo que nos podría llevar a cuestionarnos qué es un trabajo digno. Para el Vampiro fracasar es perder clientes. Llega a tener mucho dinero y no puede adaptarse a la lógica del ahorro, cambia de planes, no hay inversiones ni planes fijos, hay oportunidades y fallas, frustraciones que dibujan alternativas altamente efímeras. De ahí que el Vampiro elija el cambio y la adaptación como propuesta subversiva identitaria, que ligamos con la postura cuir: no hay una idea fija de cómo o qué ser, sino que la adapto en función de mis intereses. Con este ya clásico de la literatura jota mexicana se abre la noción de inmediatez y seducción de un cuerpo pobre y viril que aprende a vivir de la seducción que representa su masculinidad y sexualidad hiperbólicamente punzantes.

La violencia de las masculinidades disidentes en *Las púberes canéforas*

De las novelas presentadas, *Las púberes canéforas* de José Joaquín Blanco es la que muestra mayor diversidad de modelos de disidencia dentro de las posibilidades de ser homosexual en la urbe mexicana. Asimismo, es la que enmarca o pretende enmarcar muchas contradicciones internas, inconveniencias, violencia y homofobia internalizada. Muestra de manera cruda el poder del mercado y de la corrupción sobre la posibilidad social de ser homosexual en la clase media urbana en México. De alguna manera es una novela de tesis que pormenoriza las advertencias que Blanco había lanzado en su monumental «Ojos que da pánico soñar».[3] El dinero media las relaciones entre los personajes principales.

El problema amoroso de la relación principal es intergeneracional y mercantil. Guillermo (40 años) está obsesionado con Felipe (18 años), un joven que aspira a una masculinidad de éxito, por lo que vive en una bisexualidad que no asume como tal pero que encarna. Felipe es una suerte de «chichifo», es decir, ejerce la prostitu-

---

[3] En marzo de 1979 José Joaquín Blanco emprende un acto enunciativo valiente al salir públicamente del clóset —antes fue Nancy Cárdenas en televisión con Jacobo Zabludowsky— y publica en *Sábado*, el suplemento cultural de *Unomásuno*, el ensayo «Ojos que da pánico soñar», que es la primera llamada de alarma directa sobre los efectos del mercado en la comunidad homosexual y la indignación ante la conciencia de que se ha alcanzado tolerancia pero no aceptación por parte de la dominante heterosexual. La invitación de Blanco es a no integrarse a la lógica de la globalización, que por su carácter individualista consume las expresiones colectivas, y a renunciar a la *gaycidad* que se vende a una identidad estereotípica y fija.

ción masculina y a la vez sostiene una relación afectiva inestable e indeterminada con Guillermo, quien es un homosexual aspiracionista que se inclina por el mundo de lo gay, aunque muestra siempre una crítica a las masculinidades disidentes; el personaje se vive disidente pero siempre atormentado. Para Guillermo es frustrante la cantidad de contradicciones que conlleva el ser homosexual. Además, su modelo de construcción también es fallido y frustrado: es un personaje atormentado porque ha postergado la vida que habría querido vivir para un futuro que nunca llegará. Guillermo asimila la soledad y la insatisfacción homosexual desde la frustración. Habría querido ser escritor, pero decide tener una vida de abogado que le permite estabilidad económica. Se asume como «fracaso de escritor», como un hombre que no hace nada y que deja la acción para después, y escribe un borrador fragmentario e inconcluso de una supuesta novela que representa un nivel narrativo de *Las púberes canéforas*.

En esta novela, la violencia acecha todo tipo de relación entre hombres, parece que es parte constitutiva de la dinámica entre los personajes masculinos, incluso entre las masculinidades disidentes. La relación entre Guillermo y Felipe se caracteriza por una ambigüedad que también violenta las posibilidades afectivas que pueden llegar a desarrollar, y que afecta sobre todo a Guillermo, dado que Felipe de alguna manera manipula las expectativas del amante:

Había sido ésa la primera vez que Felipe insinuaba, o mejor dicho declaraba, que quería a Guillermo. Y después de meses de que andaban, de que ya no, de que mejor eran chichifo y cliente; de que ahora como amigo nada más, que no, que nada más estaba viviendo con él como huésped; de que no: ahora iban a vivir juntos; no, mejor réntame un cuarto, no: mejor me quedo en la sala; de que ahora sólo vamos a vernos los fines de semana, bueno no.... Felipe había decidido que amaba a Guillermo. (Blanco, 1983, p. 53)

Guillermo sufre la imposibilidad de separar la transacción económica del rubro del afecto. No puede separar ambos valores y Felipe se aprovecha de esa situación y especula con el afecto de su torcida pareja. La relación es indefinida entre negocio, amistad y amor, aunque siempre violentada en las omisiones y cambios de Felipe, quien después de manifestar su amor por Guillermo lo abandona para entablar una relación heterosexual con Analía —posible guiño irónico y juego de palabras con lo anal que persigue al personaje.

El personaje de Felipe aspira a un modelo de vida que sea el más aceptado para la masculinidad, el más hegemónico, dado que sus intereses son económicos. De ahí que la idealización que Guillermo presenta de él se da en los términos de una juventud que busca a su par amoroso en la misma escala de valores superficiales, con cuerpos hipermasculinizados y mercantilizados que aspiran a elevar sus esferas sociales, así como el poder y sus privilegios:

Pero a veces Felipe se desesperanza un poco, pierde la paciencia: su futuro brillante tarda, tarda en llegar: ¿cómo es que, siendo tan profundamente uno de ellos, esos semidioses lo tienen abandonado, Hermes o Apolo extraviado entre la muchedumbre astrosa? (Claro, eso se preguntaría si supiera que Hermes o Apolo son algo más que nombres de cines de barrio y cabarets baratos). Debe tener un amor ideal, un Novio Por Venir, un semidiós rubio, hermoso y debilísimo, que necesitaría de su fuerza y de su inteligencia; se ligarían un día, claro, por Reforma; y harían un amor como partnership. A veces debe desesperarse, tanto homosexual semidiós buscando verga por las calles, y él sin encontrarlos, demorándose en la pinchi mala suerte de ir a dar con lo más remputecidamente clasemediero [...] (p. 51)

Felipe mantiene relaciones con hombres para ascender socialmente. Se percata de que habrá mayores privilegios al entablar una relación de pareja con una mujer, porque sigue la fórmula hegemónica del éxito: «Tan solo llegar con ella [Analía], tan atractiva y seria, con una seriedad que le daba como una elegancia adicional, lo hacía sentirse más distinguido a sí mismo, más próximo al éxito, más hábil y seguro» (p. 79). A pesar de ello, sus condiciones sociales siempre terminan por aplastarlo y devolverlo a la cara de la miseria y violencia de su contexto. Su masculinidad se representa como objeto de deseo y la trampa es que no lo percibe al seguir ciegamente un modelo de posibilidades infinitas que en realidad lo han etiquetado como mercancía de consumo.

La Gorda es uno de los personajes más complejos y contradictorios de la trama. Se acerca al desafío que representa feminizarse del modelo del joto: «Y yo que siempre fui el fortachón de harto deporte y madrazos, y todavía, salí florecita...» (p. 60); pero también refuerza los valores exteriores de la masculinidad hegemónica al intentar conservar un cuerpo musculoso, aunque desde un cuerpo bajito, por lo que las contradicciones que ejerce el modelo físico de masculinidad hegemónica se dibujan: no será posible llegar a esa corporalidad porque la media de estatura en nuestro contexto es menor al ideal que se espera; alto y fornido, no solamente fornido: «La Gorda no lo era tal; por el contrario, era un chaparrón fuerte y bastante esbelto, con un espeso y tieso bigote como de revolucionario zapatista del Archivo Casasola. Hacía gimnasia, jogging y pesas tres veces a la semana, seguía dietas y no se dejaba echar el cuerpo a perder» (p. 55). El personaje asimila la violencia y las contradicciones del incipiente mundo homosexual urbano desde el desafío y la aceptación de esos parámetros. No le interesa soñar o aspirar a un mundo mejor o a un modelo digno, sino que encuentra esa dignidad en la violencia. Su disidencia responde más al estereotipo de «musculoca», que remarca los rasgos viriles exteriores y los exagera, incluyendo una aceptación brutal de la violencia. Una de las reflexiones más críticas del mundo homosexual es manifestada en voz del personaje de la Gorda:

Mientras Guillermo insistía en que la homosexualidad era un modo de vida perfectamente natural y libre, sin nada de fatalmente perverso o sucio en ella; y en que por ello dependía de la voluntad y del talento de los propios homosexuales no solamente repeler la opresión ajena, sino sobre todo ennoblecer y airear sus vidas personales, la Gorda defendía con garras y dientes sus prestigios infernales. Se llamaba a sí mismo puto como si dijera Mariscal de Campo. No había escogido esa perra vida, decía, para convertirla en miembro de los coros angelicales, sino precisamente por lo que tenía de perra, de sórdida, de delincuencial. Los reinos infernales de la delincuencia, de la violencia y del desorden: Claro que la homosexualidad no es natural: es lo más antinatural del mundo, afirmaba, su principal chiste es violentar la naturaleza; sí, es contranatural y artificiosa; y además ¿dónde está lo natural, dónde está la naturaleza? Haber inventado la rueda, el cultivo de maíz; haber contravenido la naturaleza de la caverna para hacer la casa, y la de los pies para ponerles tenis, son actos perfectamente antinaturales. Sólo los débiles y los pasguatos se andan con el cuento de la naturaleza y la normalidad; los bravos violentamos, forzamos la naturaleza, para vivir en un mundo artificial. Y todo es artificio. El amor monogámico más puro es igualmente un refinado artificio. (pp. 143-144)

Ante modelos de asumir la homosexualidad que aspiran a la normalización y naturalización, la Gorda opta por vivir su disidencia como una decisión que desafía los valores tradicionales. Al remarcar una antinaturalidad, deconstruye el modelo que ha validado la homosexualidad normalizándola y recupera el carácter combativo de la disidencia al agenciarse como delincuente que debe corromper al sistema para ejercer su homosexualidad. No es un modelo prometedor desde la dignidad, aunque recupera la dimensión crítica y los conflictos internos que llevan a ser homosexual a un sujeto, puesto que los presenta como decisiones que impactan el entorno social, afectivo, político y económico.

La Gorda y Guillermo son amigos y se permiten jotear y hablarse en femenino como parte de los códigos de socialización que se retratan en la novela. Estas prácticas dibujan complicidad y cercanía entre los personajes masculinos, aunque tampoco debemos soslayar la violencia con la que son producidas y la desvalorización de lo femenino que ejercen. El modelo del joteo converge con el modelo gay en el rechazo a la vejez y el terror del envejecimiento. Como señala una estudiosa de la novela, «uno de los factores comunes en la formación de las identidades de Felipe, Guillermo y la Gorda es la obsesión por no envejecer» (Pérez de Mendiola, 1994, p. 141). La preocupación por la edad, por la decrepitud física, está muy presente en la novela y habla de la violencia interna con la que se presiona a las masculinidades disidentes que se conciben a sí mismas disfuncionales e inoperantes a partir de cierta edad. Guillermo y la Gorda tienen 40 años y se saben fuera del mercado homosexual como objetos de deseo, y asumen su rol de consumidores de los nuevos objetos, el primero desde el desencanto y la agonía por romper con un mundo idealizado, mientras que el segundo desde la crudeza de la aceptación.

En personajes secundarios también es posible observar otros modelos de dignidad y disidencia de la masculinidad. A José Joaquín Blanco le preocupa retratar vivencias y experiencias de la homosexualidad en esferas sociales bajas. Fabián e Ignacio son dos jóvenes de clase media baja, amigos del barrio, que se reconocen en el deseo homosexual y después de una noche de mutuo descubrimiento fantasean con una vida de complicidad y camaradería sin renunciar a su pública condición heterosexual:

Se habían prometido ser como hermanos, «pero cogelones». Lo de Margarita era aparte: un rollo la mujer, el cuate otro muy diferente, ¿no? Incluso, Ignacio debía de buscarse ya una chava padre, seria, que cogiera bien —pero no demasiado bien porque entonces Fabián se iba a poner celoso— y para toda la vida, o por lo menos para muy buen rato. «Y lo nuestro, pues acá de vez en cuando, muy entre nos». Así podrían salir los cuatro de vacaciones, al cine, a bailar, como una familia, ¿no? y hasta conseguirse un departamento decente para los cuatro, con cuatro sueldos: cada pareja su recámara y lo demás para todos; en vez de irse a arrejuntar con parientes hijos de la chingada: mejor hacer casa como dos hermanos de corazón. (Blanco, 1983, p. 121)

En la escala de valores y escasos privilegios de estos personajes no es definitorio asumirse públicamente como homosexuales. Es posible establecer una crítica al pensamiento «progresista» que considera que todas las vidas diversas deben estar fuera del clóset. Desde la novela se perfilan posibilidades de establecer una relación con hombres y mujeres, incluso compartiendo gastos como desafío capitalista, desde el encubrimiento de la parte homoerótica, porque la estabilidad de la masculinidad hegemónica es aprovechada para obtener privilegios y recursos económicos, al plantearse la posibilidad de vivir juntos y compartir gastos entre las dos parejas (heterosexuales) visibles, y la pareja oculta homosexual que se presume complemento afectivo y no fin último. Se representa, en este caso, la bisexualidad desde otros horizontes ajenos a un conflicto de visibilidad política.

Las púberes canéforas se construye desde una postura crítica al retratar los riesgos de los estereotipos y la violencia que pueden ejercer los modelos de masculinidad si se busca encajar en el ideal normativo. Violencia que muchas veces es misógina y que atenta también contra las posibilidades del cuerpo masculino, al exigirse ser trabajado, exigirse clandestinidad, al considerarse a sí mismo desecho después de cierta edad. La violencia sistémica de la masculinidad hegemónica se cuela a las masculinidades disidentes y afecta sus posibilidades de constitución. Aparentemente el deseo homosexual solo podría realizarse de manera interclase, como una infracción más a los imperativos que prohíben el acercamiento tanto de género como de clase.

El arte de jotear en *Fruta verde*

Fruta verde, del prolífico narrador Enrique Serna, es la novela que más permite una lectura desde lo joto, razón por la cual nos detendremos sobre todo en la construcción del personaje Mauro Llamas. Es la novela más reciente de la muestra, aunque está ambientada en los años setenta, también dentro de las posibilidades de masculinidad que permite el contexto de la urbe, la Ciudad de México. En esta, la provocación y la seducción de un hombre no tan joven por otro joven e inexperto constituye parte fundamental de la trama. Se presenta la fascinación por el acompañamiento a las primeras veces de los mundos del placer, por la posibilidad de transitar la iniciación hacia una masculinidad disidente: el joto.

Mauro Llamas es un dramaturgo con cierta reputación en su promisoria carrera y Germán Lugo es una joven promesa de escritor de 17 años —al inicio de la obra— y a quien acompañamos por el tránsito de una juventud abierta a la experimentación, rebelde e idealista. En las masculinidades de ambos personajes se presenta el estereotipo del artista, que es una de las características que permite también el contacto afectivo. El encuentro erotizado y deseante de un Mauro efebista que seduce al joven hace explosión en el melodrama, clave de lectura a partir del título de la novela, que es un bolero que narra una relación similar a la de los protagonistas, y similar también a la relación a punto de consumarse entre la madre de Germán y uno de sus mejores amigos. Las dos parejas son presentadas como espejos en una divertida y melodramática ironía que adereza con altos tintes autobiográficos la narración de Serna.

Germán Lugo presenta una masculinidad hegemónica en deconstrucción. Como parte de su juventud, sus aspiraciones artísticas y su rebeldía respecto a la figura materna se permite transitar por la heterosexualidad, la jotería y la bisexualidad, sin llegar a asumirse ni establecerse en ningún modelo, ni identificarse con ninguna opción política. Su masculinidad se mueve de lo hegemónico a lo personal, que curiosamente también es cercano a lo hegemónico, pero después de haber transitado por la homosociabilidad y adquirir rasgos de esta que aplicará para su vida profesional y privada: «Tengo una licencia para jotear y lo mejor de todo es que me estoy atreviendo a usarla» (Serna, 2006, p. 263). No se asume bisexual pero también lo ha sido. La búsqueda de Germán tiene que ver con el atreverse, con la inestabilidad identitaria asociada al proceso de conformación de la juventud a la adultez que se exige a la masculinidad y, sobre todo, con disfrutar el proceso de tránsito y adquirir herramientas y habilidades que quiten estereotipos y eviten la violencia de las categorías; de ahí que su conformación, o al menos esto pretende, no sea modélica sino personal.

Mauro es una jota obvia que nos recuerda que mientras que lo gay pugna por convertirse en una categoría del espacio privado, lo joto satura el espacio público con franco desafío. La primera descripción del dramaturgo es iluminadora al respecto:

Llevaba botas de ante azul, corbata ancha color frambuesa y un llamativo saco de terciopelo malva, más propio de un dandy tropical o de un cantante de salsa que de un dramaturgo. Se anunció en el vestíbulo con una voz enérgica y viril que hacía un ríspido contraste con su lenguaje corporal femenino. No le sorprendió que la recepcionista y el policía de la entrada lo miraran con estupor y luego se rieran a sus espaldas: la hostilidad que a diario encontraba por todas partes era su principal acicate para jotear. Pobres idiotas, pensó ¿nunca habrán visto a un puto? ¿O más bien les molestaba ver a un puto tan arrogante? Sabía por experiencia que la gente estaba dispuesta a tolerar a una loca agachada, no a un homosexual de voz mandona y carácter fuerte. Pero él no era un marica de maneras suaves, ni se dejaba intimidar por el repudio de la masa. Al contrario: cuando provocaba muecas de asco en la calle sentía la satisfacción del deber cumplido. (p. 45)

Mauro Llamas incluye la exhibición y el descaro a su construcción identitaria y los usa, por un lado, como armas para desafiar las convenciones de la época; por otro, para seducir a jóvenes y para obtener puestos de trabajo acordes a lo que se espera de su personalidad obvia, escandalosa y mordaz. En este caso hay una gran relación también presente en la novela, entre el ingenio, la creatividad verbal y la posibilidad de jotear que a Germán se le revela —cuando se permite explorar su parte jota— como una habilidad más para convertirse en un buen escritor:

Cuando le digo manita a la Chiquis o nos ponemos a hablar con la letra «i» en las juntas de la oficina («quíbírbirimijir») me siento como pez en el agua. Sospecho, incluso, que esa capacidad de desdoblamiento me será muy útil para escribir. Cuando quiera inventar personajes femeninos, de aquí en adelante sólo tendré que observarme a mí misma. (p. 264)

De acuerdo con la propuesta de la crítica Raewyn Connell, podemos reflexionar acerca de a qué modelo de vida se puede aspirar desde una masculinidad que elige lo gay, o desde otra masculinidad que ejerce lo joto, en qué pueden trabajar y cómo pueden establecer sus relaciones afectivas, sociales y económicas.[4] Mauro y Germán se encuentran porque los dos empiezan a trabajar en una agencia publicitaria: para el más joven representa su primera experiencia labo-

---

[4] Según el modelo de Connell (2015, p. 108), para estudiar el género es necesario revisar las relaciones de: a) poder b) producción y c) catexis (vínculos emocionales).

ral y una oportunidad de desarrollar sus habilidades de escritura, para el dramaturgo representa una caída y devaluación de su talento, pero lo acepta por necesidad económica. Por otro lado, el trabajo también le permite seguir demostrando su ingenio y seducir a Germán. La actitud ante el tiempo y el compromiso laborales desde una masculinidad u otra también es significativa, Germán quiere mostrarse serio y responsable —en un principio—, Mauro quiere demostrar que se divierte, que no se toma en serio nada, y que el desenfado, descaro y humor con los que exhibe su masculinidad impacta todas sus áreas, incluso la laboral:

—Me gusta la literatura fantástica —tartamudeó Germán, muy cohibido—. Pero apenas soy un aprendiz de escritor.

—Estás a tiempo de arrepentirte. Yo en tu lugar sería médico o ingeniero. Pobre de ti si quieres vivir de la pluma.

—Por eso quiero trabajar en publicidad —Germán se aflojó el cuello de la corbata—. ¿Tú ya tienes experiencia en esto?

—Para escribir estas baratijas no hace falta experiencia, solo un poco de ingenio.

—Pero las medias son algo muy femenino —se quejó Germán—. Deberían encargarle esta campaña a una mujer.

—¿Por qué? Todos los hombres tenemos dentro una mujer coqueta y de buena pierna. Quítale la mordaza y déjala hablar.

—¿Cómo Flaubert cuando escribió Madame Bovary?

—Sí, pero no te pongas tan culto. Trata de ser una nena frívola.

Bajita la mano, Mauro ya le estaba hablando en femenino, y apenas acababan de conocerse. Debía mantenerlo a distancia, porque esos jotos se cogían la mano cuando les daban el pie. Basta de chacotas, muéstrale con hechos que estás aquí para trabajar. (p. 78)

Las contradicciones de la supuesta masculinidad hegemónica que pretende mostrar Germán se evidencian, en el caso de la cita anterior, en el hecho de que hacer bien el trabajo significará jotear, ser creativo con el lenguaje y desdoblarse en femenina para sacar una campaña publicitaria sobre medias, lo que cumplirá a cabalidad, y que será parte del proceso de deconstrucción de su propia masculinidad. El espacio del arte y la literatura serán propicios para que estas masculinidades disidentes desarrollen sus habilidades, trabajen y también para que puedan establecer un intercambio simbólico de conocimiento y afecto, como también señala el crítico Michael Yahve Pineda.[5]

Mauro representa un modelo de fracaso que tiene que ver con el dramatismo de la inestabilidad económica, como si esta fuera de la mano con la inestabilidad emocional y afectiva. Los momentos de crisis del personaje son mostrados como una especie de búsqueda y como un empuje al gozo desde esa aceptación de fracasar en varios niveles, especialmente en las relaciones eróticas y amorosas con otros hombres. Mauro le cuenta a uno de sus mejores amigos, Juliette Miranda, la situación con la que como lectores lo encontramos: recién rechazado por las esferas de poder cultural del país que se niegan a apoyarlo con sus obras y montajes, sin trabajo, después de haber tenido una ruptura amorosa, que anticipará también la dinámica relacional con Germán, a quien para este momento todavía no conoce:

> —Te lo dije desde que empezaste a andar con él: ese tipo nunca se va a definir —le recordó Julio, en tono de mamá regañona—. Pero te encantan los chavos azotados y neuras. Lo que tú necesitas es un novio bien asumido.
> —Dios me libre de andar con una loca.
> —Una loca no, pero sí un gay varonil.

---

[5] «El aprendizaje y el diálogo intelectual se concibe como otra forma de acercamiento emocional y erótico, sobre todo porque pareciera que el arte (ya sea como hacedores o espectadores) les permite mayores libertades homoeróticas» (2014, p. 78).

—Si es puto ya no me interesa, yo necesito un macho jalador.

—Entonces no te quejes cuando se case. A ti lo que te gusta es seducir bugas, como a las locas de los cuarentas, y encima les pides fidelidad eterna. Por eso te metes en tantas broncas. Ya no seas anticuada, por Dios.

Mauro pensó que tal vez Juliette tuviera algo de razón. ¿Pero cómo hacerle caso al sentido común si la libido le ordenaba buscar a sus opuestos? La idea de vivir en pareja con otro gay declarado le inspiraba horror. Sería algo parecido a un matrimonio lésbico. Entendía, sin embargo, que su propensión a conquistar hombres de verdad, para darse el gusto de pervertirlos, entrañaba demasiados riesgos y le cerraba las puertas del amor estable. (p. 56)

Lo joto elige un modelo de fracaso —en términos tradicionales— del amor estable, del trabajo estable, de una postura económica holgada, para optar por una diversificación de afectos, por una búsqueda consciente de la imposibilidad, del riesgo, que acepta el ridículo y el dramatismo también como banderas afectivas. Lo joto cancela el modelo tradicional de éxito asociado a las masculinidades, de ahí que también conserve su capacidad disidente y desafiante.

El dramatismo y el melodrama acompañan el ideal normativo de lo joto sobre todo en la esfera de los afectos. Es común en el imaginario joto tener relaciones tormentosas o imposibles, así como salir del clóset de manera escandalosa y en fechas simbólicas que harán colapsar a la familia. Esta situación es retratada en la novela con maestría y humor. Se representa el melodrama familiar de la salida del clóset del joto, nunca tranquila ni con fines de calmar los ánimos ni conciliar. Tal como fue el debut familiar de Mauro en la obviedad y la jotería:

Harto de soportar injurias y humillaciones, con la sensibilidad de poeta romántico al filo de la hemorragia, una Nochebuena, al calor de las copas, decidió dar el grito de Independencia, que en su caso fue más bien un aullido. Justo a la hora del intercambio de regalos, cuando toda la familia se abrazaba en el clímax de la felicidad hogareña, apareció en la sala con el bikini rojo de su hermana Delia, tacones altos y peluca rubia, bailando el Mambo número 8 con lúbricos meneos de cadera, al estilo de su adorada rumbera Ninón Sevilla. Fingió quemarse la yema de los dedos con sus ardientes pezones y escandalizó con guiños obscenos a todos los hombres, que lo miraban perplejos, especialmente su tío Heladio, el jefe de la policía municipal de Jonuta, que amagaba con echar mano a la pistola: ¡Ya basta, Mauro!, estalló su padre y de un manotazo retiró la aguja del tocadiscos. Como él se hizo el sordo para seguir el show, el viejo le quitó la peluca de una bofetada y a punta de empellones lo encerró en su cuarto. Esa noche, si hubiera tenido veneno o pastillas en el buró, hubiera rematado el número con un suicidio. (p. 95)

Encarnar el melodrama desde una postura extremista con las emociones, por ejemplo al retratar la posibilidad de un suicidio, que sabemos también sería en todo caso fallido y antisolemne, es una característica significativa de ese modelo de masculinidad alternativa que desafía desde los lugares comunes del imaginario social, como la tendencia a la exageración y al drama que puede ser asumir una identidad disruptiva.

Para jotear con broche de oro

Es posible observar que en este recorrido por ciertas masculinidades en algunas novelas mexicanas hay un modelo continuado de fracaso —visto desde las expectativas de la masculinidad hegemónica— que permite subvertir la identidad y los intentos de normalización incluso desde la masculinidad disidente. Se nos revelan, asimismo, rasgos más cercanos a nuestro contexto y realidad desde lo joto. El contraste entre diversos modelos de masculinidad nos invita a pensarla en relación con las posibilidades de ascenso y estima social; con rechazo o éxito económico; con fracaso en la esfera de los afectos. Es posible reconocer que dentro de los ideales normativos de la categoría de la disidencia masculina existen expresiones más resistentes que otras, más violentas y más privilegiadas en función de la clase y las necesidades que los sujetos decidan pactar con el modelo de vida tradicional. Desde el universo de representación de las novelas jotas podemos reflexionar acerca de cómo es entrar en el ambiente en la Ciudad de México; para quién es, para qué cuerpos y deseos masculinos es posible; qué tipo de relaciones se buscan, se agencian y hasta qué momento de la vida; a qué modelos de vida se puede aspirar, a qué trabajos; qué se transige y a qué se renuncia cuando se elige lo gay, lo joto, lo bisexual o la expresión despolitizada; qué se goza y qué se repudia de una manera específica de agenciar la masculinidad y el cuerpo.

Finalmente, elegimos el modelo de análisis que nos nombra y piensa jotos por la mayor cantidad de contradicciones internas que se exhiben con desenfado, por la tendencia a las relaciones afectivas fallidas que hacen así una crítica a los modelos de estabilidad, por la gran dosis de humor con que son presentadas las situaciones que también son altamente melodramáticas, por el desafío y conflicto de asumir una identidad que desarrollan. Lo gay ahora se presenta como un modelo más cerrado, que ha resuelto muchas contradicciones internas. Lo joto las asimila desde una postura desafiante: no se podrán tener los mismos empleos de éxito, ni el cuerpo de la masculinidad prototípica, barbado y solemne, ni los mismos modelos de relación estable, y eso, si bien puede pesar, también puede ser aprovechado.

Referencias bibliográficas

BARBACHANO PONCE, Miguel (1964): *El diario de José Toledo*, Premià, México, D.F.

BLANCO, José Joaquín (1981): «Ojos que da pánico soñar», en *Función de medianoche. Ensayos de literatura cotidiana*, Era, México, D.F., pp. 183-190.

— (1983): *Las púberes canéforas*, Cal y Arena, México, D.F., 1991.

CAÑEDO, César (2016, mayo): «La literatura gay en México: construir mundos posibles», *Opción*, 194, pp. 80-91.

CONNELL, Raewyn (2015): *Masculinidades*, traducción de Irene Artigas e Isabel Vericat, UNAM-PUEG, México, D.F.

HALBERSTAM, Judith [Jack] (2018 [2011]): *El arte queer del fracaso*, Egales, Barcelona / Madrid [*The queer art of failure*, Duke University Press, Durham].

LAGUARDA, Rodrigo (2009): *Ser gay en la ciudad de México. Lucha de representaciones y apropiaciones de una identidad, 1968-1982*, Instituto Mora-CONACYT, México, D.F.

MECCIA, Ernesto (2006): *La cuestión gay. Un enfoque sociológico*, Gran Aldea, Buenos Aires.

PÉREZ DE MENDIOLA, Marina (1994): «*Las púberes canéforas* de José Joaquín Blanco y la inscripción de la identidad sexual», *Inti*, 39, pp. 135-150.

PINEDA MORENO, Michael Yahve (2014): *Una* Fruta verde *con tres sabores:* Bildungsroman, *melodrama y masculinidades*, Trabajo recepcional para el título de Licenciado en Creación Literaria, UACM, México, D.F.

SCHNEIDER, Luis Mario (1997): *La novela mexicana entre el petróleo, la homosexualidad y la política*, Nueva Imagen, México, D.F.

SERNA, Enrique (2006): *Fruta verde*, Booket, México, D.F., 2012.

VARGAS CERVANTES, Susana (2016): «Saliendo del clóset en México: ¿queer, gay o maricón?», en Rodrigo Parrini Roses / Alejandro Brito (coords.), *La memoria y el deseo. Estudios gay y queer en México*, PUEG-UNAM, Ciudad de México, pp. 151-175.

ZAPATA, Luis (1979): *Las aventuras, desventuras y sueños de Adonis García, el Vampiro de la Colonia Roma*, Grijalbo, México, D.F.

DEL SILENCIO AL DESINTERÉS. LA TEMÁTICA HOMOERÓTICA EN CUATRO AUTO-BIÓGRAFOS MEXICANOS: MONSIVÁIS, NOVO, BLANCO Y BRAVO VARELA[1]

Humberto Guerra

Introducción: una forma de ser y una forma de leer

La puesta en texto sobre el sujeto homosexual en México, sus características, tipología, desarrollo vital e inserción social no ha conocido necesariamente el ocultamiento o el subterfugio. Por el contrario, ha formado parte de un imaginario social rastreable (en sus evidencias textuales y visuales) a partir de la Conquista, pues ya en las crónicas de Indias se describen (y reprueban) comportamientos homoeróticos. Con el paso de los siglos, se constituye una representación casi única de este sujeto: es el maricón en quien se depositan todo tipo de rasgos femeninos caricaturizados, atrofiados e hiperbolizados, no cabe duda, en excéntrica mezcla, los cuales perfilan un ser grotesco, degradado, algunas veces cómico y otras tantas veces patético. Este mismo tipo social permanece en el imaginario colectivo y se le agregan o modifican rasgos según los tiempos que corran, pero en lo esencial queda idéntico: un ser condenado al fracaso, al ridículo, objeto de risas y escarnios de todo tipo. El joto, otra de las sustantiva-

---

[1] Este trabajo forma parte del proyecto «Diversidad de género, masculinidad y cultura en España, Argentina y México» (FEM2015-69863-P MINECO-FEDER) del Ministerio de Economía y Competitividad de España.

ciones más recurridas y de gran poder ofensivo utilizadas para nominarlo, se convierte en el más socorrido justificante de las asimetrías sociales: es mejor ser pobre que joto; es preferible ser feo que maricón; primero muerto que puto. De esta manera, cualquier desajuste social puede restituir la autoimagen de quien ha sido socialmente degradado.

No obstante, durante siglos la nominación del hombre homoerótico estuvo delegada en la voz y percepción de terceros —individuales o colectivos— que llegaron a mitificar su perfil. Aquí afirmamos que esta mitificación se convierte en totalmente operante: el gay, el homo, el marica es así y nada más así, es un conjunto de rasgos más o menos estables y todo lo que exceda los límites del conjunto son murmuraciones o calumnias. Debido a la polémica pública que se libra en la década de 1930 —cuando a los integrantes del grupo Contemporáneos se les pretende expulsar de las labores públicas—, la situación tanto social como individual del hombre homo comienza a cambiar, si bien de forma muy lenta. El grupo de Contemporáneos estuvo conformado, en su adscripción central, por artistas e intelectuales que vivían de manera más o menos abierta su diferencia sexual, dependiendo de circunstancias individuales tendían a la apertura, y el homoerotismo está presente en buen número de sus obras o las mismas pueden decodificarse en esta clave. Es el caso de Salvador Novo (1904-1974), Elías Nandino (1900-1993) o Xavier Villaurrutia (1903-1950), entre otros. Es probable que entonces por primera vez un sexodiverso haya tomado la palabra a título personal, en defensa propia y desmienta, en la medida de las posibilidades del momento, las fallas estructurales del estereotipo homosexual: un refinamiento femenino susceptible de dejarse manejar por los sentimientos y no dominar a través de la razón, además, es fácilmente manipulable y así podría traicionar la nueva nación revolucionaria. El escarnio público se ensaña contra estos artistas e intelectuales que osan levantar la voz y la acción en contra de la discriminación que experimentan; la magnitud de la arremetida contra ellos es entendible: la defensa propia en un medio adverso restituye algunas de las fortalezas y recursos que históricamente se han arrebatado a esta población. Todo lo cual resulta inadmisible a ojos de la sociedad opresora.

Lo que nos interesa destacar de esta contextualización histórica es que para colectividades marginalizadas el acto de expresarse (oral, escritural o visualmente) se convierte en un envite por la reivindicación, un rescate del pasado —si bien personal, con resonancias grupales— y una apuesta por la trascendencia dentro de una tradición letrada y social que reconozca las diferencias y las encuentre enriquecedoras. En este sentido, las autobiografías mexicanas que han sido redactadas por autores que ejercieron diferentes grados, versiones o situaciones propios del homoerotismo se nos presentan como un grupo de textos que responden de modo adecuado a las características y objetivos que acabamos de enumerar.

Dentro de este corpus encontramos cuatro registros escriturales que manifiestan igual número de posicionamientos identitarios homoeróticos. Nos parece sumamente importante y necesario el observar cómo se concibe a sí mismo el sujeto al que adjudicamos esta categorización, cuál es el peso y la valoración que le da a su experiencia erótico-afectiva, en fin, cómo se ve a sí mismo sin voces vicarias. Estos cuatro registros los ejemplificamos con igual número de autores que no guardan un orden estrictamente cronológico porque sabemos que en materia de arreglos sexuales y sentimentales una manifestación no es significativamente «mejor», «novedosa», «anticuada»; por el contrario, como esperamos demostrar en las siguientes páginas, los arreglos de este tipo se presentan de forma simultánea en la sociedad, aunque siempre haya una tónica mayoritaria marcada por la época que, sin embargo, no anula otras expresiones de ser y vivir la diferencia sexual masculina. Por otra parte, los textos analizados son de autores literarios y pertenecen a la tradición canónica mexicana. Aquí nos dedicamos a analizar sus autobiografías, que, en gran medida, han sido desdeñados por la crítica más tradicional que desaconseja la lectura sociocrítica, psicológica y culturalista que pretendemos llevar a cabo aquí, de la mano del método de análisis propuesto por Elizabeth Bruss (1976), quien indica que el autobiógrafo despliega toda una serie de estrategias para escamotear ciertos contenidos, pero que irremediablemente nos proporciona la llave que franquea el paso a su conocimiento más íntimo.

Es así como, desde nuestra lectura, la *Autobiografía* (1966) de Carlos Monsiváis (1938-2010) es un caso donde operan una serie de recursos retóricos para consolidar el silencio, que logra la anulación del sujeto como ente deseante homoerótico. En contraposición, *La estatua de sal* (1998) de su antecesor y maestro, Salvador Novo (1904-1974), echa mano de toda una serie de estrategias textuales para hacer más que obvios los detalles de su vida erótico-afectiva. Este texto rebosa de todo tipo de recursos retóricos que denotan el hecho de que el autobiógrafo se considera un sujeto digno de inspección médico-psiquiátrica, es decir, el homoerótico como paciente al que corresponden una serie de síntomas y, por tanto, una etiología. Por su parte, en *Postales trucadas* (2005), José Joaquín Blanco (1951) se aleja de los paradigmas de los dos autobiógrafos anteriores, pues a él se debe uno de los textos pioneros sobre la condición homosexual en México redactados en primera persona, «Ojos que da pánico soñar» (1981), y en este como en *Postales trucadas* lleva a cabo sendos cambios de percepción novedosos y determinantes: por un lado, en su autoexamen se concibe como sujeto político, el homoerotismo es ante todo una categoría política antes que médica, sexual o cultural y, por otro lado, el sujeto sexodiverso ya no tiene que ajustarse a la realidad «heterosexualizada», ya que, por el contrario, está en la posibilidad de «homosexualizar» cualquier estímulo, puede entonces romper con la imposición y moldearla como satisfactor de sus necesidades y deseos. Por último, Hernán Bravo Varela (1979) en «Historia de mi hígado» (2011) parece no preocuparse por evidenciar o confesar sus preferencias erótico-afectivas: las mismas están ahí, pero ya forman parte de un continuo donde revisten la misma importancia que otras áreas del conocimiento personal. Considerados en conjunto, los autobiógrafos estudiados enfilan sus intereses creativos a la crónica, el comentario coyuntural, la crítica cultural, artística y literaria, el teatro, la novela, la poesía o el periodismo cultural. Todos tienen una obra de consideración y son fieles exponentes de la tradición mexicana dentro de sus diferentes expresiones literarias. Sus opciones sexuales no son (o no fueron) algo desconocido públicamente, si bien uno de los autores siempre prefirió no hablar del tema (Monsiváis), mientras que los otros tres han incorporado a su discurso el tema de la intimidad sentimental y afectiva homoerótica.

Cierta y afortunadamente, el corpus mexicano autobiográfico de esta temática es más amplio y considera a otros autores de importancia capital para las letras mexicanas, pero también incluye textos de periodistas, activistas, artistas plásticos y otros hombres por lo general profesionistas de clase media que han sentido la necesidad de dejar en palabras su camino homoerótico. No se abunda en estos textos por falta de espacio, pero desde nuestro punto de vista consideramos que pueden ser estudiados dentro de los parámetros clasificatorios que hemos delineado y, al discutir cada uno de los casos que nos ocuparán, mencionaremos las autobiografías de esos otros autores que pueden estudiarse utilizando las mismas coordenadas.

En este trabajo entendemos la autobiografía como el texto donde confluyen historia y ficción, discurso de belleza y discurso de verdad. Está fincado en su retoricidad, pero con objetivos relacionales bien definidos: dar cuenta de una subjetividad especificada en el momento de la enunciación, si bien a partir del momento del enunciado. Como afirma Lejeune (1975), no nos interesa lo «real», sino «el efecto de lo real» (p. 33) que se manifiesta en una autobiografía. De igual manera, creemos firmemente que la autobiografía tiene una funcionalidad social bien definida, propone modelos paradigmáticos de comportamiento y de valoración de la experiencia humana en beneficio del lector. Configura un yo virtual con consecuencias históricas, pragmáticas y cognoscitivas. En este caso particular, el de los hombres que se relacionan afectiva y sexualmente con otros hombres. Lo cual no es un objetivo menor en una cultura que tiene en los sujetos homoeróticos uno de sus mayores tabús.

El silencio de Monsiváis

La figura de Carlos Monsiváis crece en importancia con el paso del tiempo. Dicha característica no le fue escatimada al autor durante su desempeño laboral como el intelectual público más ubicuo y escuchado de México. Su periplo intelectual inicia a mediados del siglo XX, se consolida en las dos décadas siguientes y ya para la década de 1980 ejerce un indiscutible liderazgo de opinión en toda clase de asuntos sociales, económicos y políticos y sobre cultura letrada y popular. Su bibliografía es amplia y muy variada y es gracias a la labor editora de Marta Lamas como sus textos acerca de asuntos de la diversidad sexual ahora pueden leerse como una unidad bajo el título de *Que se abra esa puerta. Crónicas y ensayos sobre la diversidad sexual* (2010). En este volumen se aborda el sentido homoerótico de la poesía de Contemporáneos y las condiciones de vida de las minorías sexuales con una agudeza que denota, de manera invariable, conocimientos profundos y largamente meditados. Una valoración similar puede hacerse del prólogo que redacta para la autobiografía de Salvador Novo, *La estatua de sal* (1998) (cuya edición fue posible, en gran medida, gracias a su intervención), y lo mismo puede afirmarse del ensayo biográfico que realiza sobre este mismo autor: *Salvador Novo. Lo marginal en el centro* (2000). Además, siempre prestó su apoyo público a las causas y batallas en favor de la comunidad sexodiversa en México. Su obra personal no se constriñe a estas preocupaciones, sino que es una de las tantas aristas que procuró; aquí la traemos a colación porque el autor en ninguna ocasión pública hizo alusión a su vida personal, afectiva o sexual. Pero, igualmente, nadie ignoraba sus preferencias sexuales. No podría decirse siquiera que la heterodoxia sexual de Monsiváis fuese un «secreto a voces», porque la calificación de secreto no se ajusta a la forma en que el autor manejó estos aspectos de su vida. Sin embargo, el conocimiento profundo que denotan las obras que mencionamos haría casi evidente el conocimiento experiencial de su autor a ojos de prácticamente cualquier lector. Aquí no se está evidenciando nada que no sea de conocimiento público, el periodista Braulio Peralta ha escrito un libro al respecto sobre Monsiváis titulado *El clóset de cristal* (2016), donde habla sobre estas particularidades.

Nosotros hemos elegido otro camino: el de la evidencia autobiográfica. En 1966 se publica la *Autobiografía* de Carlos Monsiváis como parte de la primera colección de autobiografías de autores mexicanos que promueve el crítico Emmanuel Carballo a través de la extinta Empresas Editoriales. Los once volúmenes que componen la colección «Jóvenes escritores mexicanos del siglo XX presentados por sí mismos» agrupa a autores con escasa obra, etiquetados como promesas, muchos de los cuales, con el paso del tiempo, accederán al canon mexicano. La infracción común a todos es la precocidad, pues escriben sus autobiografías cuando supuestamente «nada hay que contar», nada digno de plasmarse en el papel y, no obstante, los textos ahora son valorados por esta y muchas otras razones. La mayoría de sus contemporáneos de la colección hablan con cierto énfasis de sus relaciones afectivas, sobre sus primeros amores, y algunos incluso suben la nota con imágenes y pasajes eróticos. Esta insistencia en la vida privada de los jóvenes escritores se puede entender como un rasgo generacional, pues la década en que publican (los años sesenta) conlleva cambios radicales para la sociedad mexicana y el sector juvenil procura desatender las reglas y dogmas heredados; de ahí que la sexualidad, las relaciones afectivas o meramente sexuales aparezcan en infinidad de textos, como en esta colección.

Sin embargo, en la *Autobiografía* de Carlos Monsiváis no existe una sola referencia al plano sexoafectivo, lo cual contradice lo que acabamos de señalar. El texto es de sumo interés por diversas causas: la más general sería que a sus 28 años, edad del autor al realizar la redacción, ya se aprecia un estilo consolidado que, con el paso de la experiencia, llegará a producir las crónicas más memorables de la segunda mitad del siglo XX en México. En este mismo orden de cosas, la autobiografía en realidad envuelve y cautiva al echar en marcha estrategias textuales que hemos comentado en otro lado (Guerra, 2016). Ahora bien, así como logra cautivar, ¿cómo logra silenciar cualquier indicio de vida personal? ¿Cómo desarticula el poder interrogante del lector? En fin, ¿cómo manipula a favor de sus propios intereses y anula los intereses de quien lo lee? La respuesta la delineamos en la explicación de las siguientes estrategias narrativas.

En primer término, el escritor se adelanta a cualquier posible interrogación. Es un discurso que previene y evita el rol privilegiado del lector como inquisidor externo al texto. Este procedimiento no se hace esperar, se presenta desde el inicio. Los breves capítulos en que divide su autobiografía van todos precedidos de una especie de glosa que sintetiza y hace escarnio de la materia narrativa presentada a continuación, por ejemplo: «En donde el autor confiesa haber nacido en la Merced el 4 de mayo de 1938, acepta sin rubor su condición de héroe de esta historia, proclama su intolerable afición al D. F. y se presenta sin más trámite como precoz, protestante y presuntuoso» (Monsiváis, 1966, p. 11). Como lector de una autobiografía uno tiene la expectativa de apreciar los datos recién vertidos en escenas, anécdotas y pasajes apuntalados por los comentarios del autor-narrador. El autobiógrafo se adelanta a cualquier cuestionamiento a través del uso de cuatro verbalizaciones que van en contraste: confiesa, acepta, proclama y presenta. Los dos primeros trabajan en la dirección de buscar empatía, mientras que el segundo par verbal configura a un ser orgulloso y desafiante. La aliteración adjetival en «p» que cierra la glosa dota al yo configurado de características, por lo menos, extrañas cuando no son verdaderamente cuestionables. La condición de precocidad y de observante de un culto no católico lo plantea como algo curioso e incluso exótico, pero la condición de presunción debería ser una conclusión del lector, que juzgaría así al texto y al yo configurado. Es decir, el lector no deduce nada, se le da las respuestas con antelación, se está desactivando su rol evaluador del texto y de la personalidad retratada.

En segundo término, la siguiente estrategia narrativa busca los mismos objetivos que la anterior, aunque si en la primera impera la brevedad, aquí, por el contrario, la extensión es lo que interesa. La *Autobiografía* contiene una cantidad muy considerable de párrafos constituidos por enumeraciones caóticas que brindan toda una suerte de información sobre lugares, personas y personajes, ambientes, referencias culteranas y populares, expresiones en inglés o francés y otras posibilidades que se ofrecen prolijamente, como en el siguiente pasaje sobre el ambiente sociocultural de la década de la enunciación, los años sesenta:

La ciudad a partir de los años finales de la década del cincuenta intentó desesperadamente el cosmopolitismo. Surgía la Zona Rosa y era posible captar cierta vida nocturna. La una de la mañana no era aún *deadline* y los departamentos todavía no se volvían la única zona libre del relajo. Una incierta y primitiva *dolce vita*, distinta ya de las borracheras épicas de los cuarentas, de la bohemia en el Club Leda, se iniciaba. El folklore todavía era posible y no estaba mal visto dolerse con *No Volveré*. A las fiestas acudía Chabela Vargas para cantar *Macorina*. Por ineptitud, los intelectuales desdeñaban el rock'n'roll y revalidaban el folklore, exhumando corridos décimonónicos. Después vendría la radicalización política y al concluir ésta, se iniciaría una racha de falsa y verdadera frivolidad. Con el Twist ya lo pop haría una entrada triunfal. Después Alejandro Jodorowsky introduciría los *happenings* y el nudo y a continuación los departamentos se conmoverían con sus variantes, el nudo con temblor, la tarántula tlalocan, la defensa de Stalingrado, la caída de Berlín, la pira. Se abandonaron los jueguitos psicológicos que me hacían temblar y estremecer. Del freudismo naïve de la botella o el cerillo (los juegos de la verdad donde todo el mundo preguntaba indiscreciones mayúsculas cuya respuesta todo el mundo conocía), se pasó al frenesí destructivo. La consigna era vulnerar, pulverizar los departamentos, golpearse, revivir el infantilismo, nudo, nudo. Y como culminación el a-go-go. *Oh, baby, come on, let me take you where the action is.* Las Golondrinas al mito de la tristeza del indio. Hay que uniformar según dictado de Carnaby Street a los vigilantes Don Porfirio y Doña Carmelita y enseñarles que el cuerpo del mexicano no se hizo sólo para inmovilizarse al oir la Diana o hincarse al escuchar el Angelus.[2] (pp. 55-56)

El retrato social trabaja en muchas direcciones, es sinestésico, lleno de una amplia variedad de estímulos y referencias de muy diversa procedencia; pero absolutamente todas se concatenan desde afuera, es un autobiógrafo espectador del espectáculo de la vida quien las percibe y acomoda, no hay intervención del mismo y, por lo tanto, tiende a escabullirse, a salir del foco de interés, a anular la posibilidad de ser cuestionado sobre los pormenores de su vida más personal, íntima, secreta...

---

[2] La cita presenta una considerable cantidad de errores y erratas, se han dejado tal como se presentan por fidelidad textual y no se usa el «sic» para señalarlas, puesto que el autor hizo de este recurso una de sus más recurridas marcas autorales con propósitos sarcásticos y para relativizar ciertos contenidos. Por ejemplo, el término «décimonónico» aparece así con una improcedente acentuación.

En tercer y último lugar, encontramos la anulación del yo deseante, quien llega a construir en el capítulo titulado «Viaje al corazón de Monsiváis» (pp. 16-20), una entrevista que el propio narrador se hace; al ser juez y parte de forma tan visible, difícilmente será cuestionado acerca de temas que prefiere obviar. En conjunto, las tres estrategias narrativas enumeradas trabajan a favor de la construcción de un silencio ensordecedor, es decir, el texto es prolijo en todo tipo de detalles, anécdotas, ambientes sinestésicos, consideraciones irónicas en las que el yo configurado en el texto siempre queda en entredicho, digno de compasión por su torpeza, timidez o ingenuidad. Empero, la barrera de silencio omite cualquier rasgo de vida emocional, personal, sexual, no existe el autobiógrafo deseante, en cambio, tenemos al autobiógrafo supuestamente despistado ante el espectáculo de la vida. Esta actitud vital fue consecuente con el Monsiváis prestigioso y cautivador de audiencias. Cuando se le rindió homenaje luctuoso en el Palacio de Bellas Artes, de la Ciudad de México, el flautista Horacio Franco extendió una bandera arcoíris sobre su féretro haciendo obvia la filiación erótico-afectiva del intelectual público número uno durante la segunda mitad del siglo XX mexicano.

Nos parece innecesario especular acerca de la persistencia de este silencio vital, sus contemporáneos, quienes también publicaron sus autobiografías en la misma colección, formaron su propia barrera silenciosa (Sergio Pitol y Juan Vicente Melo), como también hizo lo propio en 1962 el para entonces reconocido pintor Roberto Montenegro en su *Planos en el tiempo*. Era demasiado costoso hacer pública una inclinación sexual, aunque fuese conocida por todo el medio. La doble moral que señala que aquello que no se nombra no existe pudo ser la razón. Pero, por otra parte, seguramente no se veía ninguna ganancia en hacer una declaración de este tipo: estos autores no llevaban una doble vida, procuraban pasar por hombres entretenidos en sus quehaceres creativos sin tiempo para otra cosa. Ellos ejercían su sexualidad, pero en público eran hombres cultos y solteros, aunque todos supieran que eran cultos y homosexuales. Entonces, ¿qué beneficio puede buscarse al declararse abiertamente homosexual? A su debido tiempo el Estado y la sociedad mexicanas reconocieron ampliamente a cuatro de ellos, siendo tal vez la excepción Juan Vicente Melo, quien murió un tanto relegado, aunque su obra y personalidad hoy en día comienzan a valorarse.[3] El silencio puede verse como un acto represivo, pero también como un acto de conveniencia, de no otorgar mayor importancia a la exhibición de la vida privada. Todo lo cual contribuye de modo fehaciente a mantener el *statu quo* de hipocresía y supremacía de la heterosexualidad, pero de nueva cuenta: ¿quién puede refutar que este arreglo existencial puede ser benéfico para quien opta por él?

La exhibición de Salvador Novo

El caso contrario al de Monsiváis está paradigmáticamente ocupado por *La estatua de sal* de Salvador Novo. En muchos sentidos, Novo fue el antecesor y padre intelectual de Monsiváis, pues mantuvieron una estrecha relación al grado que una de las dos copias mecanuscritas de la autobiografía de Novo quedó al resguardo de Monsiváis, quien, en las postrimerías del siglo XX, la facilita para su publicación.

La estatua de sal es un texto inacabado, casi un borrador; considera apenas las primeras dos décadas de la vida narrable de su autor. Sin embargo, es notable la capacidad de fabulación y las virtudes es-

---

[3] Salvador Novo recibió el Premio Nacional de Literatura en 1966, Carlos Monsiváis fue galardonado con el Premio Nacional de Ciencias y Artes, rama Literatura y Lingüística, en 2005, mientras que Sergio Pitol ya lo había recibido en 1993 (y el Premio Cervantes en 2005). Solo Juan Vicente Melo nunca recibió premio alguno. Cabe mencionar que los premios nombrados no son los únicos otorgados, pues los tres autobiógrafos fueron ampliamente reconocidos a lo largo de sus respectivas trayectorias.

tilísticas: ironía depurada, dominio del retrato, despiadada caracterización de personas y situaciones y una franqueza inusual en la descripción de la vida afectiva, sobre todo en sus aspectos sexuales. Su redacción se sitúa entre la década de 1950 y la siguiente y debió de ser conocida por círculos allegados al autor, pues ya para la década de 1980 se publicaron fragmentos de la obra tanto del original en español como en traducción al inglés.

Todo lo que Monsiváis calla es materia narrable en la autobiografía de Novo, pero es necesario hacer notar la existencia de una mirada inquisitorial de corte psicológico o psicoanalítico bastante pronunciada. No tenemos forma de corroborar si el gran polígrafo se sometió a algún tipo de proceso analítico o tan solo, llevado por su infinita curiosidad, leyó textos relacionados con estas disciplinas o sostuvo conversaciones sobre el tema (que empieza a popularizarse en las décadas mencionadas, sobre todo en los círculos intelectuales) que le permitieron acceder a conceptos y vocabularios que se nombran en situaciones relacionadas con la vida erótica-afectiva. De cualquier forma, *La estatua de sal* presenta una subjetividad aquejada de malestar y la redacción autobiográfica parece ser de naturaleza terapéutica. Hay una razón etiológica para la narración: conocer, descifrar, entender las razones del deseo homoerótico, para lo cual se aplican los conceptos propios del psicoanálisis, de manera tal que los acontecimientos y los episodios se revisten con el signo del síntoma que deriva en una consecuencia englobante: el deseo entre hombres. Algunos de los términos que acompañan y califican los diversos episodios del texto son «deseo», «trauma original», «normal», «transgresión», «libido», «natural», «genital», «encauzar correctamente mi desarrollo sexual», «anormal», «placer por el sufrimiento», «exaltación por la humillación», «escapista voluntad de ruina que hallaba su descarga angustiosa en la masturbación», «inclinación», entre muchos otros. Este vocabulario y los conceptos que contienen proporcionan una dirección necesaria al autobiógrafo, no obligatoriamente al lector, en extremo tentado de fascinarse con la develación de un mundo gay muy activo, complejo y nutrido en las primeras décadas del siglo XX.

El autor-narrador-personaje principal se vuelca al texto en calidad de enfermo que, si bien padece un *mal irremediable*, quiere conocer la historia natural de su enfermedad. A estas características hay que añadirle otras dos que también nos parecen cruciales. La primera es acerca de la adopción de rasgos clasificados como netamente femeninos como los mejores aliados para narrar los devaneos amorosos más primigenios:

> Aquel secreto que era al mismo tiempo una revelación vagamente esperada, me llenó de una íntima felicidad. Era el triunfo de mi belleza, la realización de mi anhelo de tener un novio como las muchachas del Colegio Modelo, la posibilidad de penetrar en el misterio del cuarto vacío a que el hombre desconocido se había llevado a Epifanía. Aguardaba, con el corazón acelerado, el próximo paso que fuera a dar ese muchacho cuya presencia, tan inexplicablemente, no había advertido en todo el año; del que sólo ahora veía los ojos oblicuos y negros, la piel blanca y tersa, la boca roja dueña de mi dulce secreto. Por mucho que entonces me pareciera mayor, no podría, lógicamente, contar más que unos tres o cuatro años sobre mis doce. Pero usaba pantalón largo, y fumaba, y jugaba en un equipo de la escuela cuya existencia yo acababa apenas de descubrir. (Novo, 1999, p. 65)

Las siguientes palabras en realidad resguardan conceptos adjudicados al amor romántico combinado con la ingenuidad: «belleza», «boca dueña de mi dulce secreto», «triunfo», «anhelo», «novio», «corazón acelerado», entre otras, que adscriben al autobiógrafo a los comportamientos estereotipadamente femeninos. Los mismos se extenderán más adelante a los ademanes y el arreglo personal con el objetivo primero de identificarse como heterodoxo sexual y más adelante como método escandalizador. Es gracias a este último objetivo como Novo se vuelve verdaderamente paradigmático porque los episodios de actividad homoerótica, ya sean flirteos, amistades, reuniones, amoríos o los pormenores de la actividad netamente sexual no se escatiman; por el contrario, hay un énfasis especial en ellos que no dudamos en aseverar que es un rasgo muy peculiar en este autobiógrafo. Al respecto, uno de estos pasajes nos sirve de ejemplificación y se escenifica con ocasión del inicio de relaciones sexuales entre el narrador-personaje y el chófer de unos parientes cercanos:

> Luego desabrochó sus botones, extrajo su pene, y pugnó por hacerme tocarlo, mientras miraba con atención. «¿Te gusta?», murmuró. Yo no contesté. Apoyado de espaldas en el pretil, lo empuñé, más lleno de curiosidad que de deseo; contemplé su tersura, la redondez de su cabeza que terminaba en una pequeña boca, libre del prepucio que mis masturbaciones no lograban más que aflojar en mi propio sexo; de un hermoso color moreno, muy distinto del monstruoso color rojizo que en Jorge González me había asustado. (p. 84)

Si hay una escena en la literatura mexicana más falocéntrica quisiéramos conocerla porque aquí en unas cuantas líneas intervienen tres penes: el torpe del autobiógrafo, el temible de un condiscípulo escolar y el que ahora conoce que analépticamente se examina con ojo deseante y a la vez de anatomista. La autobiografía proporciona varios episodios análogos y en ellos la oportunidad sexual está considerada como coyuntural, circunstancial; Novo no la busca, pero sí la encuentra. Gracias a estas diferentes iniciaciones sexuales y con las posibilidades que la Ciudad de México le ofrece, el autobiógrafo se dedica a ejercer con singular frecuencia su sexualidad, para la cual encuentra todo un territorio sexuado del que da muy buena cuenta y que indiscutiblemente abona en la valoración de un mundo homoerótico que sin esta apoyatura documental se hubiese perdido de manera irremediable.

En conjunción con lo anterior, el registro escritural predilecto en la autobiografía es el de la ironía. Novo fue un refinado maestro en su uso y aquí sus procedimientos van progresivamente apoderándose del texto en su desarrollo cronológico lineal. Esto es: a medida que el narrador rememora episodios de su adolescencia y primerísima juventud abandona el registro confesional, estilo diario femenino, y recurre a la ironía con el intento de alejar esa materia vital que parece dañarlo. ¿Elegía a estas edades y sus posibilidades en todos los ámbitos? Es muy probable que sí.

El título seleccionado por el autobiógrafo, *La estatua de sal*, remite directamente a la prohibición bíblica de abstenerse de mirar para atrás, hacia el pasado, so pena de petrificarse. Él infringe esta prohibición y se revitaliza legándonos un texto valiosísimo para las homosexualidades mexicanas. El yo configurado en el texto probablemente se sentía enclaustrado en su presente y busca guía, explicación y consuelo en la redacción autobiográfica. Su carácter inacabado, pues tan solo narra las dos primeras décadas de vida, en algún momento podría decepcionar por la falta de continuidad. No obstante, lo que sí tenemos es el texto autobiográfico homoerótico mexicano más importante hasta la fecha, no solo por el espacio autobiográfico del autor, su centralidad en la vida pública mexicana de la mayor parte del siglo XX, sino también por su capacidad escritural y su atrevimiento al describir situaciones propias relacionadas con el homoerotismo como no lo ha hecho ningún otro autor mexicano.

A Salvador Novo se le reprocha su cercanía con la autoridad, sus coqueteos y contubernios con las altas esferas del poder político y económico de México. Sin duda supo aprovechar esos vínculos y gozó del aplauso y reconocimiento público y privado. Pero, simultáneamente, fue objeto de escarnio en todo tipo de publicaciones periódicas, en las caricaturas políticas, en las conversaciones hasta convertirse en el paradigma del homosexual mexicano: exaltado y al mismo tiempo degradado. Sin hacer un pronunciamiento sobre su identidad sexual, su performance pública se satisfacía cuando comprobaba que no cabía duda sobre el hecho de que su heterodoxia sexual era reconocida. La doble moral marca su existencia, pero él se encargó de torcerla lo más que pudo a su favor y en esto lleva un mérito cívico incalculable.

El atrevimiento textual y sexual de Salvador Novo solo lo comparte Elías Nandino, compañero de generación, quien, en respuesta a la biografía que le dedica Enrique Aguilar *Elías Nandino. Una vida no/velada* (1986) escribe *Juntando mis pasos* (2000) para contrarrestar los excesos y omisiones (a juicio de Nandino) en que incurría el texto de Aguilar. Aunque el afamado pintor y escultor jalisciense, Juan Soriano, cuenta de modo autobiográfico a Elena Poniatowska un relato cronológicamente similar al de Novo y con una franqueza mayúscula. Sin embargo, es necesario subrayar que *Juan Soriano, niño de mil años* (1998) es construido en tiempos más abiertos y comprensibles para la homosexualidad masculina, lo cual definitivamente se traduce en un texto más reposado, pero igual de transgresor. A su vez las obras autobiográficas de Luis Zapata pueden leerse bajo los mismos parámetros de rescate, vergüenza y reivindicación: *De cuerpo entero* (1990), *Paisaje con amigos* (2004) y *Autobiografía póstuma* (2014), aunque esta lectura debería de disgustar a su autor. Por otra parte, José Joaquín Blanco en su *Postales trucadas* (2005) retoma la estafeta de la franqueza, del relato directo e involucrado para describir diferentes pasajes de su vida. De este último texto nos interesa su concepción política del sujeto homosexual, y a ello nos dedicamos a continuación.

José Joaquín Blanco: consideración política de la analepsis

Sorprendentemente existe un género que vincula a los dos autobiógrafos anteriores con José Joaquín Blanco: la crónica. Es necesario notar que los tres son magníficos cronistas, ¿cómo podemos entender esta feliz coincidencia? Estos autores no consideran solo la crónica como un medio de publicar rápidamente, obtener algún beneficio económico y tener presencia en el ámbito de la opinión pública; en realidad están muy interesados en el devenir que los rodea: la calle, las culturas originarias, la comida, los tipos sociales, los eventos que brillan en un momento y después entran en el olvido. En fin, son hombres de su tiempo y cumplen la función tanto de descripción como de interpretación de la cotidianidad más inmediata. En los tres hay un entrenado sentido de la observación que podría haber estado gestado por la necesidad de descifrar el mundo exterior al percibirlo como una constante amenaza, pues su identidad sexual podría ser cuestionada o injuriada si el individuo no se maneja con precaución. Esta condición, que podría considerarse como negativa o mutiladora, por el contrario los habilitó para interpretar de manera aguda, con ingenio y virtuosismo estilístico, la realidad circundante.

Como sus antecesores, Blanco podría haberse quedado satisfecho en su posición privilegiada como cronista; en realidad se ganó un lugar prominente dentro de este género en el último tercio del siglo XX. Sin embargo, en él se manifestaron inquietudes políticas de forma novedosa. Publica en el suplemento *Sábado* del periódico *Unomásuno* un texto fundador para las homosexualidades en México: «Ojos que da pánico soñar» (1979, editado en libro en 1986), en el que delinea la necesaria vinculación entre disidencia sexual y un ejercicio político liberador. Igualmente examina los peligros del entonces reciente tipo social del «gay» y sus posibilidades disruptivas del sistema social o su posible cooptación por las fuerzas del mercado. Para nuestros intereses, lo más destacable es que el texto está redactado en primera persona y sus ejemplificaciones remiten a su propia experiencia como joven hombre homoerótico. Para completar la manifestación militante, la publicación original va acompañada de un retrato del autor que refuerza el carácter personal del ensayo. La experiencia erótica que se trataba de forma ficcional, o escasamente con la distancia de algunas disciplinas universitarias, es abandonada para conjuntar la vida personal con su dimensión política. Por consiguiente, la tradición descriptiva de las diversidades sexuales masculinas se transforma de manera radical al abandonar el silencio (Monsiváis) y el retrato dignificado y humillante (Novo), al conceptualizar como tipo social la diferencia sexual y otorgarle una dimensión política primordial.

Esto no significa que otros énfasis o caracterizaciones se anulen o desaparezcan, pero la crítica homosexual en realidad avanza al pensarse fuera de los dos modelos que hemos discutido con anterioridad. Desde el inicio, el texto cuestiona al lector al preguntarle: «¿Alguna vez el lector se ha topado con algún puto por la calle?» (Blanco, 1986, p. 183); el uso del término «puto» no deja ya lugar a dudas de las intenciones autorales, así el texto es confrontativo, directo, sin ambages y es consecuente al tomarse como pieza ejemplar de sus argumentos: «Estos adjetivos no hablan de los ojos de los homosexuales en sí sino de cómo la sociedad establecida nos mira: somos parte de ella, sobre todo de su clase media, y a la vez la contradecimos; *resultamos sus beneficiarios y sus críticos*» (p. 183) (cursivas nuestras). Blanco hace una clara distinción entre el mundo exterior y su poder de mirar y clasificar a la comunidad homoerótica de la cual forma parte y, además, de manera probablemente más trascendente, la inexistencia de victimización alguna, de conmiseración al proponer que los homosexuales somos tanto favorecidos como contradictorios para el sistema heteronormativo de economía capitalista. Es apreciable un cambio sustancial de perspectiva, de subjetividad que, en realidad, conforma la base de las reivindicaciones de los derechos de las sexualidades no heteronormadas.

El autor ha incursionado en la novela, la poesía, la crítica literaria y la crónica; esta última la abandona: parece ser que ya no la encontraba atractiva y sentía que estaba siendo encasillado en ese género. Ha publicado un buen número de títulos y en 2015 aparece *Postales trucadas*, donde vuelve a la experiencia personal como materia narrable. El volumen está compuesto por textos que pueden leerse de manera independiente, pero que en conjunto producen una autobiografía que echa mano de todo tipo de recursos: la entrevista, el relato ficcional pero con una raíz experiencial explícita, el retrato de otros autores, puntualmente de Carlos Monsiváis, que resulta ser desmitificador, entre otros recursos.

A pesar de la variedad temática y estilística de los textos que componen esta autobiografía, desde nuestro punto de vista existen cuatro estrategias narrativas que dan buena cuenta de la nueva percepción del fenómeno homosexual, de su categorización como ente político y, por tanto, agente de cambio que incide en el mundo. La primera de ellas es la preeminencia del contexto para arribar al sujeto. A Blanco le parece que la ubicación de este lo determina, lo moldea o al menos coloca límites a su ser y estar, por ello leemos descripciones contextuales que se decantan en su corporizarse en el mismo sujeto. Así habla, por ejemplo, de la equiparación entre ciertas actitudes libertarias (pastilla anticonceptiva, unión libre) con la criminalidad más atroz (secuestro, asesinato) (p. 43); algo similar sucede cuando detalla el fenómeno disco de la década de los setenta con la puesta en moda del consumo de psicotrópicos (p. 82). En breve, José Joaquín Blanco enmarca al sujeto (entre ellos al homoerótico) en un cuadro mayor de desarrollo y posibilidades y deja como secundaria la caracterología individual. De esta forma, el homoerótico es un ser social y político susceptible de cuestionar su rededor y encontrar nuevos arreglos existenciales más acordes a sus necesidades.

La segunda estrategia que marca a *Postales trucadas* es el énfasis en la construcción de un ámbito de desarrollo propio que se ajuste, en la medida de lo posible, a los requerimientos personales. Así, el autobiógrafo despliega un repertorio de opciones que lo acercan a una «vida gay» y lo alejan de ciertos ambientes y afectos. Finalmente, no hay ganancia sin pérdida, parece decir el siguiente párrafo:

> Caí, me enamoré. Formé pareja homosexual. Me interesé por lo que me ayudara a vivir entre libros de autores homosexuales. Descubrí y veneré a Gide. Tuve que poner distancias entre ese maestro querido, pero erigido en juez inconmovible, y mi joven vida de dieciocho años que, ni modo, se encaminaba por las sendas que don Arturo detestaba… Me le hice el escurridizo. Sin duda le causé alguna desilusión, alguna pena. Mi sufrimiento de perder a don Arturo fue mayor. Lo imperativo era crear, a mi modo, mi propia vida. (p. 74)

El autobiógrafo ha construido una especie de pupilaje con un maestro, quien lo aprecia y empieza a guiar, pero al momento de enterarse de su homoerotismo lo desconoce. Este episodio es análogo al descrito por Salvador Novo en *La estatua de sal* entre él y el filólogo Pedro Henríquez Ureña. Mientras que para Novo es motivo de rencor y de un desenlace donde se aplica cierta justicia poética con gran sarcasmo, Blanco opta por crearse un mundo a su medida. Este proceder señala una diferencia sustancial, pues entraña la implementación de la tercera estrategia narrativa en la autobiografía.

El pasaje que acabamos de citar es de exclusión, expulsión, eliminación o discriminación, como se quiera catalogar. El hecho es que el sujeto homoerótico sale a la intemperie social y afectiva, pero ahora su poder radica en construirse una morada a su medida. ¿Cómo se logra? De una forma muy novedosa que reconfigura la realidad, sus estímulos, sus aparatos de control y sus posibilidades de actuación al transformarlos, de portadores de una cultura netamente heterosexista a una versión homosexualizada. Es decir, el yo configurado en el texto ya no tiene que ajustarse a la cultura dominante, la puede modificar a sus propias necesidades, como se aprecia en el siguiente pasaje cuando al admirar el árbol genealógico de los frailes del convento de Santo Domingo, en la ciudad de Oaxaca, cambia el mensaje de vinculación divina por uno de raigambre homoerótica:

> Los capitanes, los frailes, los obispos y los papas, todos rejuvenecidos, prácticamente efebos. Y tan torneada y agradecidamente esculpidos sus rostros (a veces también sus cuerpos), que más que decoración eclesiástica —el techo del coro, por ejemplo, llamado el Árbol de los Guzmanes— parecía, su abundancia real de ninfetos, una erótica alberca dorada del YMCA (Young Men Christian Association: famosa durante buena parte del siglo por sus albercas exclusivas para varones jóvenes). O la alta hora nocturna de un bar gay donde todos los santos efebos lucieran oriflamas de neón, en la corriente cósmica de los efectos de discoteque. El cetro, la cruz, el cayado pastoral y la espada triunfadora, encontraban su exaltación fija y eterna. (p. 140)

No es gratuito que la desacralización y la transformación se dé tomando como objeto una obra de arte sacro, si consideramos que Blanco deserta de las filas del noviciado y esta institución ha sido la responsable de muchas tropelías a lo largo de la historia y específicamente en contra de las diversidades sexuales. Por eso, en el estímulo artístico en cuestión, lo sacro y lo ultraprofano se tocan y tanto pueden significar pureza como tentación. Los signos de poder divino son vistos bajo la luz de su capacidad de evocación fálica y la homosociabilidad que suponen las congregaciones religiosas se transforma en el ambiente primigenio de la identidad gay moderna, la discoteque. Nos parece importante insistir en que el cuestionamiento sobre la identidad y vida homoeróticas anteriormente provenían del exterior hacia el sujeto, la transformación se efectúa cuando se invierte el orden del cuestionamiento: la capacidad de apelación y de interrogación habilitan al yo configurado en el texto a interrogar la realidad modificándola hasta el punto de que sea deseable para el cuestionador.

La última estrategia combina la descripción de la actividad sexual con la autoficción. En el texto hay un apartado que no niega su raigambre personal, el autobiógrafo (como ya señalábamos) pasó unos años en el noviciado. Entre las actividades que ahí vive, está la asistencia anual a una granja con el objetivo de hacer una especie de retiro espiritual y dedicarse a las tareas propias del campo. El autor-personaje ficcional es tildado de débil, maricón y otros epítetos utilizados para degradar actitudes y comportamientos no normativos. En especial, el autobiógrafo sufre a expensas de un novicio mayor que lo reprende al no realizar sus faenas campesinas con la suficiente fuerza y dedicación. Como era de esperarse, sus amonestaciones van acompañadas de las expresiones injuriosas que se acaban de nombrar. Sin embargo, la narración cambia la dirección de la balanza, pues el yo textual contempla cómo su pequeño «represor» mantiene relaciones sexuales con el campesino encargado de la granja:

> Y por la grieta descubrí cómo Cheo, tumbado sobre la alfalfa, era penetrado por don Gilberto. Cheo totalmente desnudo: las piernas sobre los hombros —camisa de cuadros— de don Gilberto. Oí a don Gilberto bufar y sonreír con una mirada tremenda, luminosa, húmeda, al mismo tiempo violenta y enamorada. Los oí gemir, los vi lamerse y retozar sobre la alfalfa. Recuerdo el denso olor a estiércol y algunos mugidos plácidos, se diría cómplices. Regresé, tembloroso y culpable, a mi sitio, a cortar arbustos con golpes decididos, diagonales, furibundos, a la base del tallo de los arbustos. Sentí una enorme desolación, acaso la envidia del pecado y del placer que no conocería sino hasta cinco o seis años más tarde. Supongo que sentí celos de ambos. (p. 66)

Como el episodio se presenta como autoficcional, tal vez como totalmente ficcional, como un cuento, no hay una meditación extradiegética de lo revelador que resulta haber contemplado a dos hombres con actitudes totalmente cisgenéricas involucrados en una escena que resuma deseo y volición. A lo que asistimos, en cambio, es a la desubicación de la mirada infantil que no sabe cómo asimilar la información que acaba de adquirir. Un sentimiento de insuficiencia lo embarga y quisiera trasponerse en los amantes, estar en ambos polos de la relación, lo cual habla de un deseo múltiple de convivencia sexual.

En el desarrollo de la percepción y subjetividad del sujeto homosexual mexicano, la figura de José Joaquín Blanco resulta transformadora. A nivel literario reconoce las aportaciones de sus dos antecesores autobiógrafos y cronistas, pero opta por soluciones vitales y retóricas que configuran al yo homosexual como ser político y agente y ya no un simple ente pasivo, supeditado a la mirada y parecer de la sociedad heteronormativa. Bajo estas mismas coordenadas se puede estudiar el libro de Braulio Peralta *Los nombres del arcoíris. Trazos para redescubrir el movimiento homosexual* (2006).

El eclecticismo de Hernán Bravo Varela

La autobiografía más reciente es «Historia de mi hígado» de Hernán Bravo Varela, el cual ha tenido dos impresiones. Forma parte del libro *Historia de mi hígado y otros ensayos* (2010) e, igualmente, se incluye en un libro colectivo de textos clasificados como «autorretratos fugaces» (2011). A diferencia de algunos de sus compañeros del mencionado volumen colectivo, el texto de Bravo Varela responde a una necesidad autoral propia, no es producto de invitación alguna, compromiso u oportunidad de publicar. En realidad, en su concepción original, esta «Historia de mi hígado» se inserta en una serie de ensayos de fuerte raigambre personal y cierra la publicación de manera significativa, como explicaremos.

Sin embargo, este texto presenta, para su análisis, toda una serie de infracciones tanto a las convencionalidades del género autobiográfico como sociales y sexo-políticas en un ejercicio doble de exhibición y enmascaramiento casi simultáneos. Paralelamente, los recursos retóricos utilizados son muy variados, considerando que se trata de un texto de extensión reducida, pero responden a la necesidad, creemos, de asentar diferentes registros temáticos e intenciones autorales. En primer término, no cumple con «los años requeridos» para el ejercicio autobiográfico, condición esta última que por la vía de los hechos la literatura mexicana había infringido ya al publicar dos colecciones autobiográficas. En segundo término, el texto proviene de una pluma en su tercera década de vida y se perfila como un ejercicio oratorio principalmente; muestra que el sustrato referencial que lo alimenta sirve para impartir tanto a su autor como a su audiencia una lección de caída y superación. Por lo tanto, hay un objetivo didáctico y un punto de vista condescendiente con el personaje de parte del autor-narrador, quien así se sitúa en una posición de superioridad, de guía espiritual o testigo sobreviviente de una pequeña catástrofe personal pero emblemática (Howarth, 1974). Probablemente uno estaría compelido a pensar que se está frente a un acto de suprema soberbia por la juventud autoral, pero no es así. En realidad, vemos como consecuente esta posición del autor-narrador-personaje principal al apreciar cómo la materia referencial es sometida a revisión al tratarla con ciertos recursos retóricos. En tercer y último término, dentro de la tradición de autobiografías mexicanas de temática homoerótica, «Historia de mi hígado» representa la continuación y, a la vez, el cambio de esa toma de conciencia y sus posibles tematizaciones. Seguidamente, procuramos dar cuenta de cómo se textualiza esta perpetuación de la tradición y sus transformaciones.

El silencio, el rastreo etiológico y la dimensión política parecen estar, en diferentes grados y matices, presentes en esta autobiografía. En Bravo Varela la confesión ha sido sustituida mayoritariamente por la exhibición y el encomio, es decir, ya no existe el secreto sobre preferencias sexoafectivas que provoca la confesión. El secreto, así, se ha convertido en una serie de acciones y marcas textuales que pueden con facilidad ser decodificadas por una audiencia ávida de referencias sobre la condición sexual diversa. El autobiógrafo ya no está a consideración del lector, pues es este quien escucha atento las capacidades oratorias del primero. De esta forma, el juicio (condenatorio o absolutorio) desaparece del horizonte de posibilidades del lector y es sustituido por la capacidad de persuasión del narrador-personaje. A su vez, al autobiógrafo ya no le interesa ser comprendido, aceptado o, como tradicionalmente pasaba, perdonado; en este sentido sigue los pasos de José Joaquín Blanco: forjarse un mundo a su medida. Por el contrario, se exhibe en la plaza pública, ejerce simpatía y empatía por sí mismo, rara vez se castiga o flagela. Como es obvio, este cambio de registro escritural se debe a las transformaciones sociales e individuales que las políticas sexuales han provocado tanto en el individuo como en la colectividad. De esta manera, el autobiógrafo ha puesto en entredicho el papel preponderante del lector y parece ser que éste es el objeto de escrutinio del texto; debido a la normalización de las disidencias sexuales, sobre todo de la homosexualidad masculina. Por ello, el texto no glosa ninguna epifanía mental o anecdótica al respecto; en oposición, encontramos una serie de acciones, referencias con doble significación o significación dirigida a lectores con antecedentes similares.

Para ejemplificar tenemos la primera escena, de construcción sinestésica, en un «antro en Ciudad Neza», donde se lleva a cabo una «danza folclórica de dos travestis ebrios» y se escucha la balada «Luna mágica» en voz de la cantante Rocío Blanquells (Bravo Varela, 2010, pp. 57-59). El antro es, sin duda alguna, una discoteque ubicada en los límites de la Ciudad de México y el municipio conurbado de Nezahualcóyotl, muy popular a finales de la pasada centuria y principios de este siglo por su «escandalosa» y alentada permisividad y su atrevimiento escénico, que atraían a un público sexodiverso y heteronormativo de diferentes estratos sociales. ¿Acaso se aclara que se trata del legendario bar Spartacus? Pues no, no le es necesario a la autobiografía, el objetivo referencial es un tanto cuanto velado y descubierto. Es velado para quien desconozca la referencia, descubierto para quien lo pueda inferir a partir de los datos proporcionados. Incluso puede pasar desapercibido y no preocupa que esto suceda. En este sentido no se justifica ni se explica más allá de lo que considera necesario. El auditorio es reconocido, pero no complacido en su curiosidad referencial.

Al mismo tiempo, los travestis que bailan una pieza folclórica, como las que solemnemente se montaban a los niños de primaria en la etapa del nacionalismo revolucionario e institucional o se reproducen durante los aniversarios de la Independencia, ahora se interpreta denotando la reificación y contradicción de los roles genéricos tradicionales: femenino y masculino ya no son dos entidades bien diferenciadas, más bien son una y otra a la vez. El travestismo no pretende engañar a nadie, o al menos a nadie que no quiera ser engañado, es la exhibición de lo que no es por la exageración. Se exagera la feminidad para denotar que no se es mujer biológica, siendo hombre biológico se puede ser más mujer, social y culturalmente hablando. Por último, está otro elemento de la sinestesia que consideramos de naturaleza paradigmática: la utilización resignificada de baladas románticas populares en voz femenina (Eribon, 2001, pp. 137-150), en este caso el recurso abre y cierra la enunciación. En el primer momento se cita de modo textual un fragmento de la canción «Luna mágica» que al ser reproducida por el autobiógrafo denota superficialmente velado el deseo homoerótico del enunciante. El fragmento aludido versa sobre la diferencia entre la actividad sexual y la pasión amorosa. Lo que en otro momento podría ser catalogado como traición, engaño o infidelidad ahora no es nada de lo anterior debido a la liberación sexual y mental femeninas, pero al ser reproducido por un hombre (sin importar el objeto de su deseo) reifica la educación machista que bien diferencia actividad sexual y vida emocional. Al mismo tiempo, el yo enunciador se identifica con la cantante sentimental y con todos sus significados correlacionados y oximorónicos: fuerza y debilidad, valentía y necesidad, liberación y búsqueda del perdón. Como si se tratara de una mujer empoderada pero necesitada irrecusablemente de aquel a quien no ha traicionado, ya que no ha puesto en juego sus sentimientos, como indica el fragmento lírico reproducido: «Fue por locura / fue pura insolación. / Una aventura, / deseo sin amor, / un accidente, una cita en un hotel. / Fue puro sexo. / Dile, luna, / Que lo quiero sólo a él» (p. 58). El reto y objetivo autobiográficos ya no están en la develación de estos significados, los mismos están ahí para ser entendidos por el lector, si le place o no. La intención autoral no va por ese camino de la descripción auspiciadora de la empatía. Por el contrario, le interesa la exhibición no glosada de ciertas actitudes, gustos, obstáculos y superaciones.

En este sentido, el texto hace alarde de esta exhibición encomiástica pues se cierra con un claro vocativo al lector-audiencia: «y ahora, si me lo permiten, les voy a interpretar un éxito más de la Banquells: "Ese hombre no se toca". Para todos ustedes» (p. 75). El autobiógrafo ha tomado por asalto el escenario, recurre a las tácticas oratorias propias de los cantantes populares frente a su audiencia y anuncia, de nueva cuenta, un título real de una tonada que, gracias al texto, se resignifica en clave homoerótica y de política sexual: la interdicción puede ser que el «hombre» ya tenga dueño, el propio autobiógrafo, y también puede ser una advertencia sobre los peligros del intercambio de líquidos corporales, potencialmente infecciosos, si no se incorporan prácticas de sexo seguro.

Es necesario procurar una interpretación del título de la autobiografía. El hígado tiene la función fisiológica de procesar toda una serie de sustancias, es un purificador y depurador biológicos, de ahí su importancia para el buen mantenimiento del cuerpo. Pero aquí, este órgano ha cobrado independencia y tiene una vida que contar, es decir, un objeto histórico, y se mueve bajo sus propias condiciones y necesidades que no son, necesariamente, las que convienen o agradan al cuerpo. Es una forma bastante cordial y objetiva de espacializar y limitar el fenómeno de morbilidad. El cuerpo aloja al hígado, pero este es un huésped ingrato, hace lo que quiere, se enferma, tiene su propia agenda que cumplir, es decir, su propia historia. A la vez, el cuerpo se exonera del comportamiento del órgano. ¿Por qué se realiza este deslinde de responsabilidades, esta delimitación de fronteras?

La respuesta se localiza en un fenómeno propio de las tres últimas décadas del siglo XX y que continúa, si bien no con el mismo énfasis, hasta la actualidad: la contracción de enfermedades por intercambio de fluidos corporales, sobre todo por contacto sexual. El tipo de hepatitis del autobiógrafo es de origen contagioso, como él mismo afirma al reproducir, en forma de enumeración científica, los síntomas del desarreglo hepático (p. 61). De manera atenuada, el personaje se enfrenta a una situación que resultó paradigmática de las minorías sexuales, de nueva cuenta principalmente de los homoerotismos contemporáneos. Justo a la vuelta de la esquina del reconocimiento personal, psicológico y social del individuo sexodiverso, como es visible en la autobiografía de José Joaquín Blanco y muy alejado de Monsiváis y Novo, un desafío corporal se presentó: el VIH/sida, sus vías de contagio, el reforzamiento del estigma asociado al ejercicio sexual homoerótico y, por lo tanto, del mismo sujeto que lo ejercía.

Sin embargo, el autobiógrafo no contrae VIH, sino hepatitis, la cual después de periodos críticos puede producir anticuerpos de tal manera que se restituya la salud. No obstante, el hígado del auto-biógrafo es independiente, es un rebelde que se resiste a los trata-mientos y compromete al autobiógrafo durante cinco años de incertidumbre, abstinencia etílica y precaución sexual. Finalmente, el hígado hace las paces con el cuerpo y vuelven a ser uno: cómplices, amigos, compañeros, colaboradores. Por ello, gran parte del texto es una analepsis oratoria y en ocasiones dialogada. Ambos registros enmarcan diferentes intencionalidades textuales. Debido a las res-tricciones médicas impuestas, el autobiógrafo se embarca en el examen de su cuerpo, el cual había dado por sentado y ahora con-templa todo lo que le permitía:

Antes consideraba al cuerpo mi más discreto cómplice. Aun en los instantes de mayor plenitud, debía conformarse con ser testigo pre-sencial de sus mismas obras. Cuánta nobleza: permitir tres orgasmos en una sola noche, la digestión de una comida interminable, una proeza atlética o el saldo blanco de un fin de semana en los bajos fondos sin pedir nada a cambio, sin protagonismos —y, sobre todo, sin antagonismos. (p. 62)

La pérdida de facultades físicas se contempla con nostalgia, como sucede en otros autores mexicanos que se han dedicado a la mis-ma tematización de la morbidez (Alfonso Reyes, María Luisa Pu-ga, Víctor Hugo Rascón Banda). Sin embargo, aquí se insiste en la autonomía corporal, en sus posibilidades y satisfacciones, con in-dependencia del sujeto, por ello lo llama cómplice, testigo mudo, discreto, sin exigencia u oposición alguna. Esta disociación está determinada por una profunda educación masculina que alaba la potencia corporal y a la vez la necesaria satisfacción de sus necesi-dades, que no son obligatoriamente las del sujeto. Así, el sujeto se excusa de lo que el cuerpo pide, hace y obtiene. Pero las condicio-nes han cambiado y el autobiógrafo afirma: «Éste, recién casado en la pobreza con su cuerpo para siempre, sin saber cómo mantenerlo» (p. 62).

Este matrimonio forzoso le establece una nueva posición social: testigo, escriba, documentalista, cronista de los hechos de su comunidad. Esta nueva función autoral se encuentra, sobre todo, en dos secciones de verso libre, acentuado por la conjunción copulativa «y» en uso anafórico, lo cual denota simultaneidad, rapidez y acción apresurada:

Y me volví la memoria de las fiestas, la botella de agua sin mensaje que flotaba en el mar turbulento de los antros; / y vi a amigos sucumbir ante la genialidad del alcohol, seguros de que yo sería su escriba, su mejor y único albacea, antes de que el sueño nos igualara; / y vi a modelos de revista perder el equilibrio, sonreír con impaciencia a las tres de la mañana, llegar a mí con la esperanza de que sabría contemplar en su interior inútil pero hermoso; / y vi la peste por doquier, asolando hoteles sin estrella, vagones de metro, cuartos oscuros, presentaciones de libros, citas a ciegas y juntas de comedores compulsivos, sexoadictos y alcohólicos anónimos; / y oí a María, montada en la yegua del champán, decir al otro lado del teléfono: «El mar es azul y yo soy infinita»; / y oí a Jorge, amigo entre poetas y poeta entre amigos, decir mientras bebía un güisqui a mi salud; «Dame tu edad y quemo el mundo»; / y oí a mis padres repetir la misma frase: «Esto es lo mejor que pudo haberte pasado». (pp. 64-65)

Las variadas escenas oteadas desde el texto están todas cobijadas por el sentido de la celebración por la celebración misma, por el exceso, por el sexo omnipresente, por el sida, por una voz femenina que, segura de su juventud, su celebridad y sus aptitudes, se reconoce inmensa, voz que es contrarrestada por su par masculino, que, ya mayor, quisiera volver a esa juventud que el autobiógrafo no puede ejercer por las restricciones médicas. Todo el pasaje, entre el registro lírico, el oratorio y el testimonial, se envuelve en la moralidad paterna que ve en la caída una redención del sujeto autobiográfico, quien, de otra manera, estaría todavía navegando plácidamente en esas turbulentas aguas sin intención alguna de atracar en puerto seguro.

El panorama habla de una fiesta perpetua, de la insensatez de aquellos que quieren beberse la vida en una noche, dejar memoria de ellos mismos en medida proporcional a sus desveladas. El campo semántico que envuelve la composición es el de lo fluido: el agua, el alcohol, los líquidos corporales. En este sentido, la conciencia poética del autobiógrafo elige de forma certera este registro: cualquier líquido toma la forma del objeto que lo contiene y al mismo tiempo es escurridizo, proporciona vida como también la amenaza. De ahí que el agua dulce de la botella que consume el autobiógrafo no lleve mensaje alguno al flotar «en el mar turbulento de los antros» (p. 64), en ese océano salado que es la fiesta: quién quiere recibir un mensaje de cualquier naturaleza, si todo está confabulado para perder la cordura, la sensatez, el juicio y hasta el equilibrio, como anteriormente hizo el autor-personaje principal, como hacen todos a su alrededor, sin aprender lección alguna del sujeto retratado en el texto, ahora iluminado por la enfermedad. Por su parte, el alcohol le merece una adjetivación positiva, pues es «genial» (p. 64), la voz femenina cabalga sobre «La yegua del champán» (p. 64) mientras que la voz masculina brinda a la salud del autobiógrafo con un «güisqui» (p. 64). A su vez, en la segunda intervención poética de características similares el autobiógrafo registra: «botellas vacías», «condones rotos» y amigos «entrando al laberinto de la abstinencia» (p. 72) para finalmente reproducir una pinta callejera: «y vi impreso en la barda de un terreno baldío: "Vivimos la resaca de una orgía en la que nunca participamos"» (pp. 64-65 y 72-73). Son los mismos líquidos que durante la primera textualización lírica-oratoria estaban contenidos, al borde de los labios, al borde de los cuerpos, al borde del deseo y ya han sido consumidos o trasladados a otros repositorios, mayoritariamente al gran repositorio biológico que es el cuerpo y, sin embargo, hay una queja, la generación que sufrió el impacto de la pandemia en su primer golpe no es la del autor. Al menos, se piensa que aquella vivió una etapa de destape, euforia y desenfreno inusitados y los añicos de ese entonces son la realidad precautoria de ahora, e igualmente ambos periodos históricos viven una asimilación social precaria.

Los impedimentos que obstaculizaban la legitimización del sujeto homoerótico eran del orden psicológico, de un Estado policial, de la sanción familiar, de la expulsión a un territorio de parias o seres estereotipados, en una situación siempre precaria de identidad social y cultural y su posible utilización estigmatizadora: las autobiografías de Monsiváis y Novo son muestra de estos peligros. Ante ello, había dos actitudes: callar y buscar cierta condescendencia o hacerse dueño de algún estereotipo y llevarlo al paroxismo. Al desaparecer estas coordenadas restrictivas, difusas pero potentísimas, se activan los mecanismos biológicos que vuelven a realizar la misma función anterior de discriminación y de relego social. Un interregno breve, conceptualizado como espejismo prodigioso, proyecta su sombra como un verdadero paraíso perdido. Este periodo está caracterizado en los textos de José Joaquín Blanco, quien vivió en carne propia esta transición y apogeo de los derechos sexodiversos y, al mismo tiempo, tuvo el suficiente poder de observación sobre los peligros de dichos procesos: la cooptación del mercado o la identidad gay como punto crítico del capital; el tiempo se inclinó por la primera. La autobiografía de Bravo Varela muestra el resultado de esa opción: un contexto que ofrece distracciones al por mayor, pero que no precisamente satisfacen al individuo homoerótico en sus necesidades de ser y estar; por el contrario, parece que se establece un sistema de identificación sexual y de ejercicio de dicha identificación como siempre carente de satisfacción verdadera.

De esta forma, el autobiógrafo, como bíblico Lázaro, se ha convertido en testigo privilegiado de su momento, de su comunidad. La misma se ha volcado en los mismos errores que cualquier generación comete, que él cometió, pero al ponerlo en manos de un peligro mórbido extremo, lo ha salvado de otro peligro mórbido probablemente mortal. Su sobrevida y su condición de hijo pródigo le permiten ser cronista de sí y de su alrededor que se ha convertido en su grey y, parodiando el discurso religioso, el autobiógrafo llega a una consideración global: «Y vi que era bueno» (p. 73).

Bajo estas mismas coordenadas se pueden analizar tres textos de Luis Zapata (el autor más destacado en el ámbito de narración de temas homoeróticos): *De cuerpo entero* (1990), *Paisaje con amigos* (1995) y *Autobiografía póstuma* (2014). Asimismo, se puede abordar el estudio de dos textos mucho más recientes como son *Autobiografía travesti o mi vida como Dorothy* (2011) de Luis Felipe Fabre y *Teoría y práctica de La Habana* (2017) de Rubén Gallo. Todos ellos aguardan análisis pertinentes y detallados. Las condiciones de la autorreferencia de la heterodoxia sexual han cambiado; sin embargo, a nivel social hay dos discursos que con la misma fuerza colisionan en la arena del reconocimiento psicológico, individual, social: la renovación de los mecanismos homofóbicos y la desaparición de las restricciones individualizadas y estigmatizadoras. Las autobiografías tratadas aquí son muestra de esta transición.

Referencias bibliográficas

AGUILAR, Enrique (1986): *Elías Nandino. Una vida no/velada*, Grijalbo, México, D.F.

BLANCO, José Joaquín (1986): «Ojos que da pánico soñar», *Función de medianoche*, SEP, México, D.F., pp. 181-190.

— (2005): *Postales trucadas*, Cal y Arena, México, D.F.

BRAVO VARELA, Hernán (2010): *Historia de mi hígado y otros ensayos*, Consejo Editorial de la Administración Pública Estatal / Secretaría de Educación del Gobierno del Estado de México (Letras, Ensayo, 25), Toluca.

— (2011): «Historia de mi hígado», en *Trazos en el espejo. 15 autorretratos fugaces*, ERA-UANL, México, D.F., pp. 57-75.

BRUSS, Elizabeth (1976): *Autobiographical Acts. The Changing Situation of a Literary Genre*, Johns Hopkins University Press, Baltimore.

ERIBON, Didier (2001): *Reflexiones sobre la cuestión gay*, Anagrama, Barcelona.

FABRE, Luis Felipe (2011): «Autobiografía travesti o mi vida como Dorothy», en *Trazos en el espejo. 15 autorretratos fugaces*, ERA-UANL, México, D.F., pp. 95-118.

GALLO, Rubén (2017): *Teoría y práctica de La Habana*, Jus, Ciudad de México.

GUERRA, Humberto (2016): *Narración, experiencia y sujeto. Estrategias textuales en siete autobiografías mexicanas*, Bonilla-Artigas-UAM-Xochimilco, Ciudad de México.

HOWARTH, William L. (1974): «Some principles of Autobiography», *New Literary History*, vol. V, 2, pp. 363-381.

LEJEUNE, Philippe (1975): *Le pacte autobiographique*, Seuil, París.

MELO, Juan Vicente (1966): *Autobiografía*, Empresas Editoriales (Jóvenes escritores mexicanos del siglo XX presentados por sí mismos), México, D.F.

MONSIVÁIS, Carlos (1966): *Autobiografía*, Empresas Editoriales (Jóvenes escritores mexicanos del siglo XX presentados por sí mismos), México, D.F.

— (2010): *Que se abra esa puerta. Crónicas y ensayos sobre la diversidad sexual*, Paidós, Ciudad de México.

— (2000): *Salvador Novo. Lo marginal en el centro*, ERA, México, D.F.

MONTENEGRO, Roberto (1962): *Planos en el tiempo*, edición del autor, México, D.F.

NANDINO, Elías (2000): *Juntando mis pasos*, Aldus, México, D.F.

NOVO, Salvador (1998): *La estatua de sal*, CONACULTA, México, D.F.

PERALTA, Braulio (2016): *El clóset de cristal*, Ediciones B, Ciudad de México.

— (2006): *Los nombres del arcoíris. Trazos para redescubrir el movimiento homosexual*, Nueva Imagen / CONACULTA, México, D.F.

PITOL, Sergio (1966): *Autobiografía*, Empresas Editoriales (Jóvenes escritores mexicanos del siglo XX presentados por sí mismos), México, D.F.

PONIATOWSKA, Elena (1998): *Juan Soriano, niño de mil años*, Plaza & Janés, México, D.F.

ZAPATA, Luis (2014): *Autobiografía póstuma*, Universidad Veracruzana, Jalapa.

— (1990): *De cuerpo entero*, UNAM / Corunda, México, D.F.

— (1995): *Paisaje con amigos. Un viaje al Occidente de México*, CONACULTA, México, D.F.

MI NOVIO TIENE ESPOSA Y DOS HIJAS[1]
Mauricio List Reyes

A pesar de que en los recientes lustros haya cada vez más estudiantes e investigadores dedicados a la generación de conocimiento en torno a la sexualidad en México, se trata de un campo escasamente explorado. Es claro que se requieren apoyos institucionales que permitan el desarrollo de conocimiento más amplio y profundo de las dinámicas socio-sexuales que se vienen presentando en el marco de sociedades neoliberales. Más aún, considerando los avances del conservadurismo a nivel global y la consiguiente resistencia que intenta evitar el retroceso en el reconocimiento de derechos sexuales. Los trabajos acometidos nos han mostrado que, específicamente en el caso de la sexualidad entre varones, se han venido dando cambios significativos en respuesta a las transformaciones sociales que se han desarrollado en los ámbitos locales y globales, como ha sido el caso del acceso al matrimonio entre personas del mismo sexo. Se trata de una cuestión que igualmente ha impactado en las dinámicas de socialidad entre varones, con independencia de su orientación sexual, que están pautadas por los sistemas normativos de género y sexualidad, es decir, por las expectativas sociales en torno a la heterosexualidad y masculinidad de esos sujetos.

---

[1] Este trabajo forma parte del proyecto «Diversidad de género, masculinidad y cultura en España, Argentina y México» (FEM2015-69863-P MINECO-FEDER) del Ministerio de Economía y Competitividad de España.

Una de las cosas que hemos aprendido es que nos encontramos ante sistemas complejos que no podrían ser explicados por uno solo de esos factores. Así, que exista un mayor reconocimiento de derechos no evita la violencia o la discriminación; que los sujetos conozcan la existencia de determinados riesgos por las prácticas que ejercen y la manera de prevenirlos no los lleva de manera automática a evitarlas. Requerimos, por tanto, investigaciones que consideren la multiplicidad de factores que operan en los contextos concretos para avanzar en la comprensión de esas dinámicas, pero a la vez requerimos hacer las preguntas correctas que nos den las respuestas que estamos buscando.

En el caso del presente artículo nos interesa comprender el papel que juegan la masculinidad y la homofobia en el establecimiento de vínculos erótico-afectivos entre varones en un contexto en el que los sujetos perciben altos niveles de exclusión y violencia hacia quienes transgreden la norma heterosexual. Como parte de una investigación sobre masculinidad, entrevisté a un joven poblano de 23 años a lo largo de nueve largas sesiones, en las que abordamos muchos temas, privilegiando aspectos sexuales y afectivos de su vida. En el presente artículo me centraré en una relación concreta que mantenía al momento de la entrevista con un hombre casado, de 35 años, habitante de la misma ciudad. El propósito de este trabajo es comprender de qué manera género y sexualidad operan en las interacciones erótico-afectivas que algunos varones, que no se identifican como homosexuales, sostienen con personas de su mismo sexo.

En otra investigación que llevamos a cabo con jóvenes del centro del país (List, 2010) pudimos apreciar la recurrencia de relaciones intergeneracionales entre varones. Como en este caso, encontramos diversos contextos en los cuales hombres jóvenes ponen su atención en hombres maduros. La investigación que hicimos permitió saber que muchos hombres de localidades y ciudades pequeñas se trasladan a otras poblaciones para tener encuentros sexuales, e incluso para establecer relaciones más duraderas, lo cual opera tanto para jóvenes como para mayores. En general son dos asuntos los que preocupan a esos varones: por un lado, el rechazo a la homosexualidad y, por otro, la desaprobación de las relaciones erótico-afectivas entre personas que tienen una diferencia de edad muy evidente. Lo que confirmó ese trabajo, y que aquí se muestra nuevamente, es que la homofobia existente en sus localidades de origen empuja a los sujetos a buscar esas posibles relaciones en contextos lejanos y, en consecuencia, mantener oculto su interés sexoafectivo por personas de su mismo sexo.

Leonardo y su entorno

Puebla se encuentra entre las cinco urbes más grandes del país, ubicada a unos 100 kilómetros de distancia de la Ciudad de México. Con una infraestructura industrial cuya principal actividad es el armado de automóviles y una oferta educativa de nivel superior que compite con la de la capital del país, atrae a visitantes y nuevos residentes sobre todo del sur y sureste de México y del extranjero. De acuerdo con una investigación realizada en la ciudad de Puebla, la mayor parte del turismo que recibe es de fin de semana y lo que se suele llamar turismo de negocios —es decir, personas que acuden para realizar actividades empresariales o comerciales y que eventualmente permanecen por muy breves periodos en la ciudad con fines recreativos—. Estas condiciones específicas resultan muy importantes para comprender el tipo de dinámicas de interacción entre varones que operan a partir de la movilidad entre diversas localidades que conforman el área metropolitana de Puebla (List y Teutle, 2013).

Leonardo es un estudiante universitario de la ciudad de Puebla que viaja todos los días desde su comunidad, ubicada a unos 20 kilómetros, para asistir a clases en la universidad pública estatal. Nacido en una familia de origen campesino, es el único de sus hermanos que ha hecho estudios superiores. A pesar de las enormes carencias económicas y académicas, así como el desinterés de su familia por que los desarrolle, ha podido continuar su carrera. En buena medida ha logrado establecer redes de apoyo con sus compañeros de estudios. De hecho, a lo largo de la entrevista se hizo evidente que, dada su historia de vida, el impulso más importante para la continuación de sus actividades académicas reside precisamente en sus amplios vínculos afectivos, que ha logrado construir y mantener en buena medida gracias a la empatía que suele demostrar hacia los demás. «¿Cómo fue que conociste a Jesús?», le pregunté cuando me habló de su novio actual: «Yo iba en mis ratos de vacaciones a los baños, ¿creo que antes dije que me iba a los baños por sentirme deseado?, no sé, y ahí lo conocí. Estaba sentado, se estaba masturbando, yo llegué, me le insinué, o sea, no me le insinué con el cuerpo, sino con la vista; se paró y me besó. Así fue el primer contacto».

Leonardo es un asiduo asistente a los baños públicos de Puebla.[2] Desde que descubrió dos establecimientos en barrios populares de la ciudad donde abiertamente se daban este tipo de contactos sexuales entre varones en las salas de vapor general, empezó a frecuentarlos, lo que le permitió conocer a diversos sujetos, con los que llegó a tener encuentros sexuales. Hay que señalar que en particular en esta ciudad, muchos de sus habitantes suelen acudir a baños públicos al menos una vez por semana. La asistencia familiar a estos estableci-

---

[2] En el presente artículo nos referimos a baños públicos como establecimientos que ofrecen servicio de duchas, así como salas de vapor individuales y colectivas para hombres y para mujeres que suelen ser frecuentadas los fines de semana por familias. Por lo regular en las secciones de mujeres es donde ingresan los niños y en la pubertad empiezan a ser separados por sexo, por lo que eventualmente hay presencia de niños que acuden con sus padres a las salas para varones.

mientos es una costumbre muy arraigada, primordialmente de sectores populares, de ahí que la mayoría de los barrios de la ciudad contaran con al menos un establecimiento de este tipo, en el que es habitual la asistencia principalmente de vecinos, siendo frecuente la presencia de familias, circunstancia que provoca que se dé la presencia de menores de edad en las salas generales. En este sentido, es importante diferenciar este tipo de establecimientos y otros especializados y dirigidos de forma explícita a varones homosexuales. Sin embargo, algunos de esos baños, por su ubicación en zonas muy concurridas, reciben a una clientela más variada. Leonardo dejó de acudir a Las Termas, un establecimiento de saunas dirigido a hombres homosexuales —el primero de su tipo en México, y que después de varias décadas continúa activo—, porque no le agrada el *ambiente gay*; él prefiere otra clase de sitios.

Durante su adolescencia, tanto en su pueblo como en el de su abuela, tuvo numerosas experiencias con hombres de diversas edades, las más de las veces durante las fiestas tradicionales, cuando el consumo de alcohol los desinhibía para tener contactos sexuales con otros hombres. Esos contactos fueron de muy diversa clase, en algunos casos no pasaron de contactos superficiales, hubo sexo oral en algunos, masturbación y, en muy escasas ocasiones, contactos más íntimos que llegaron incluso a la penetración anal. Es necesario apuntar que en el relato de Leonardo no se presupone la orientación sexual de esos hombres, aunque de hecho ninguno de ellos se asumía como homosexual, pues para todos conllevaría una situación de exclusión al interior de la comunidad que no quieren enfrentar, de ahí que los esporádicos contactos se mantengan en el más estricto secreto.

En su relato, Leonardo afirma que tuvo un amigo homosexual en su pueblo con quien vivió por algún tiempo, trabajaron juntos como meseros, y era con quien podía expresar sus intereses y deseos afectivos y sexuales; a pesar de que tuvieron una gran cercanía, en ningún momento sintieron atracción sexual mutua. Vale la pena señalar que numerosos trabajos de investigación en México han documentado estas prácticas homoeróticas entre varones que no se reconocen como homosexuales en diversos contextos rurales (Carrillo, 2005; Carrillo, *et al.*, 2008.; Córdova, 2003; Córdova y Pretelin, 2017; Gutmann, 2000; Gutmann, 2007; Macías-González y Rubenstein, 2012; Núñez, 1994; Núñez, 2009); sin embargo, la investigación en general suele poner su atención en encuentros efímeros, en buena medida porque se trata de los más frecuentes. A pesar de ello, es necesario no perder de vista que las relaciones suelen ser muy diversas y que eventualmente se establecen vínculos afectivos, sin que ello tenga que llevar a esos varones a identificarse como homosexuales. Algunos interpretan esos encuentros solo como una manera de *desahogo* sexual sin mayores consecuencias personales. Aun quienes mantienen vínculos más o menos permanentes se resisten a identificarse con ello, hecho que evidencia los altos niveles de homofobia que se mantienen.

A lo largo de la entrevista, Leonardo me contó acerca de sus experiencias y cómo se fue corriendo el rumor en el pueblo de que, cuando él estaba presente y se bebía alcohol, era frecuente que sucedieran esos encuentros, por lo que algunos de sus conocidos preferían evitar su compañía para no ser asociados con sus prácticas sexuales. El rumor de su homosexualidad llegó también a oídos de su familia, lo que finalmente detonó una ruptura que le llevó a buscar un nuevo sitio donde vivir al interior del mismo pueblo. A partir de ese momento la convivencia con su familia se volvió intermitente, pues él tuvo que buscar un empleo y así continuar sus estudios universitarios. Mientras tanto, la ciudad de Puebla iba cobrando importancia para la convivencia con las personas que estaba conociendo, tanto en la universidad como en sus incursiones en los baños públicos.

Jesús, el novio

De acuerdo con su relato, el hombre que había conocido en el baño empezó a cobrar importancia en su vida a partir de una convivencia cada vez más frecuente.

> Yo notaba que cada vez que le decía «te voy a dejar a tu casa» me decía «no porque voy a ir a otro lado...». Siempre me daba la vuelta. Más o menos me di cuenta de que era casado, pero no le quise decir nada. Entonces a la semana, precisamente en *Los sapos*,[3] estábamos jugando y me dijo: «te quiero hacer una pregunta, pero te quiero hacer una proposición: este, ¿sabes qué?, soy casado y tengo una hija», y yo en ese momento le dije algo así como que «ya lo sabía o casi, casi» y me dice: «¿tú crees que pueda funcionar algo?», y le digo: «yo no sé».

Jesús, al igual que muchos hombres de mediana edad, es asistente a algunos establecimientos en los que suele haber encuentros sexuales entre varones. Son casados o solteros, pero se identifican a sí mismos como heterosexuales. En diversos casos alguno de esos sujetos se reconoce como bisexual o como alguien que siente curiosidad; muchos de ellos no son habitantes de la ciudad de Puebla, sino de otras localidades o de otras entidades del país.[4] Lo que encontramos fue que muchos sujetos que acuden a Puebla por diversos motivos,

---

[3] Se trata de una plaza pública ubicada en una de las zonas turísticas de la ciudad.

[4] «A los clientes muy asiduos también se les oye socializar con algunos individuos homosexuales que aún no salen del clóset, aunque algunos a veces no responden a las pláticas o comentarios que se hacen, no emiten palabras, ni sonidos, ven como si no miraran nada y todo a la vez. Niegan y afirman con la cabeza y su lenguaje es corto y conciso "si o no" son sus únicas respuestas cuando los aborda alguien dentro del baño. En varias ocasiones he visto que estos personajes se les nombra como los "más masculinos", a veces son casados o mantienen una fachada heterosexual» (Teutle, 2015, p. 80).

primordialmente laborales o de negocios, aprovechan su estancia en la ciudad para buscar un contacto sexual con otro hombre. Así pudimos saber que comerciantes, conductores de transportes foráneos y empleados de diversas empresas son clientes ocasionales o frecuentes de esos establecimientos, próximos a la central de autobuses. Ello a su vez contribuye a que en su mayoría las relaciones que ahí se establecen sean efímeras y enfocadas al contacto sexual anónimo. Por supuesto, eventualmente se van generando otra clase de relaciones más o menos estables como la que relata Leonardo, quien recuerda:

> Yo creo que como dos meses y medio todo estuvo bien. Lo ayudé en el trabajo, no abusaba de su tiempo, no le hablaba por teléfono, casi siempre él me hablaba, a veces me hacía esperar y me pedía disculpas. Iba bien la relación, hasta que él entró a trabajar a un parque de diversiones y después lo atropellaron; ahí fue el primer momento de crisis en mi vida, porque sí lo sufrí bastante. Lo atropellaron un día; yo le hablo, me contesta su esposa, tartamudeo, no sé qué decir; de repente me habla y me dice que lo atropellaron y no supe qué hacer. Entonces fueron momentos muy críticos que no pude manejar.

Un aspecto relevante en esta reflexión tiene que ver con la manera en que los sujetos se reconocen en su género y su sexualidad. En este sentido, es fundamental para los hombres con los que suele relacionarse Leonardo que su performance de género sea claramente masculino. Debido a ello confían en acudir a los baños públicos de la ciudad sin el temor de levantar sospechas, entre las personas con las que interactúan, respecto de su sexualidad, pues, parafraseando a Sedgwick, opera un «clóset estratégico» (1998, p. 92). En buena medida, el paralelismo que suele establecerse entre masculinidad y heterosexualidad permite que muchos puedan mantener encuentros sexuales con otros varones sin sentir que ello menoscaba su percepción de sí mismos en términos de orientación sexual. De hecho, a inicios de la pandemia del sida, para muchos varones no se trataba de un padecimiento del cual tuvieran que protegerse siempre que mantuvieran el papel insertivo en el encuentro sexual con otro varón. Para ellos, era ese rol en la práctica sexual el que salvaguardaba su condición viril y, por tanto, su salud. Y a pesar de que ya se sabe que igualmente pueden infectarse, no solo de VIH, sino de muchas otras enfermedades, el peso que tiene la masculinidad en el imaginario de los varones lleva a que mantengan relaciones desprotegidas en los encuentros sexuales, en sitios diversos como los baños públicos o los cines porno, entre otros.

Resulta problemática, en este contexto, la reflexión en torno a la orientación sexual y la identidad derivada de esta, por lo que hay que considerar cuáles son los aspectos que en última instancia están operando. En primer lugar, diría que la homofobia juega un papel relevante. Los sujetos en principio no se quieren identificar con una figura que ha sido vilipendiada históricamente. La mayoría de esos sujetos no tienen ningún incentivo en esa identificación. Hay que señalar que incluso algunos sujetos que se reconocen como homosexuales lo asumen con vergüenza, no ven motivo de orgullo. Más aún, para sujetos como Leonardo es esa figura viril la que los atrae, en parte debido a los imaginarios que se han construido en torno al varón heterosexual. Quiero insistir en el hecho de que las poblaciones en las que se crio Leonardo y que es donde tuvo muchos de esos contactos, tienen menos de cien mil habitantes; es decir, se trata de pequeñas localidades en las que ser señalado como homosexual no solo tiene un alto costo personal, sino que conlleva efectos entre el grupo de parentesco inmediato. Los sujetos saben que no solo está en riesgo su propio «honor» sino el de su familia. Por ello harán todo lo posible por mantener ocultos sus intereses sexuales, lo que lleva a muchos de esos sujetos a tener esta clase de encuentros en una población alejada. Al respecto, Stuart Hall indica:

> Uso «identidad» para referirme al punto de encuentro, el punto de *sutura* entre, por un lado, los discursos y prácticas que intentan «interpelarnos», hablarnos o ponernos en nuestro lugar como sujetos sociales de discursos particulares y, por otro, los procesos que producen subjetividades, que nos construyen como sujetos susceptibles de «decirse». De tal modo las identidades son puntos de adhesión temporaria a las posiciones subjetivas que nos construyen las prácticas discursivas. (2011, p. 20)

Partiendo de la idea de ver la identidad como ese punto de sutura que menciona Hall, comprendemos que no estamos hablando de una esencia sino de un devenir. Judith Butler (2001) se han referido igualmente a la identidad como el ideal normativo que pretende definir a los sujetos. Bajo esa lógica, la identidad aparece como la definición permanente y estable en el tiempo, que pretende definir al sujeto en función de determinadas características —como el género, por ejemplo— y, como diría la autora, hay un mandato de que exista una coherencia entre sexo, género y deseo para que sean inteligibles y puedan ser reconocidos en esa categoría de *sujetos*.

En este sentido, pensar que quienes participan de esas prácticas en diversos contextos —las saunas, los cines, terrenos baldíos— son todos homosexuales sería ignorar precisamente ese sentido no esencialista de la identidad. Hombres como Leonardo se reconocen como homosexuales y están buscando a esos otros que, con independencia de la manera como se identifiquen, mantienen una imagen *viril*, evitan cualquier actitud que pueda resultar ambigua, y con frecuencia son de trato huraño o incluso agresivo. En otro texto (List, 2009) señalaba que muchos sujetos, aún en pleno siglo XXI, siguen teniendo como únicos referentes de homosexualidad a «la loca del pueblo», o al patiño del programa televisivo que encarna todos los elementos cómicos o patéticos que son vistos como infames. No es de esa manera como quieren ser mirados y huyen de la menor seña de «afeminamiento».

En la investigación desarrollada por Teutle (2015) en los baños públicos de Puebla, los hombres difícilmente se definían en torno a su sexualidad. Algunos llegaban a reconocerse como bisexuales, pero en general no consideraban que su práctica sexual tuviera un peso particular sobre el reconocimiento que tenían de sí mismos, ni en el que el entorno les podía dar. Para ellos, mientras mantuvieran su papel *activo*, el ejercicio de la sexualidad no tenía efectos sobre su propia identidad. De alguna manera consideraban que lo que sucedía en los baños no tenía ningún efecto en otros ámbitos de su vida cotidiana. A la pregunta de cómo llegó a esa relación, Leonardo recuerda:

> Siempre me han gustado, de los hombres, las miradas lujuriosas, y yo creo que mi deseo o mi excitación radica en que yo pueda causar excitación en otro; entonces él tiene rasgos muy fuertes y obviamente sí pone una cara de lujuria. Yo me le insinué por eso. Tal vez no me gustó físicamente, pero me gustaba cómo me miraba. Me atraía muchísimo porque era hasta cierto punto lo que yo quería, alguien que me demostrara que realmente me deseaba físicamente. Él es más bajo que yo, está un poquito más gordito, se deja la barba y se ve... Hasta cierto momento tal vez fue una fealdad social, pero en cierto momento me gustaron sus rasgos por fuertes, no sé, eso es algo que siempre tendré, yo creo que por eso me gustan las personas maduras, que tengan rasgos muy fuertes, con un bigote y todo eso, por eso yo decía que era feo, yo todavía sigo diciendo «él no es agraciado».

El argumento de Leonardo evidencia la relación que se le suele asignar a masculinidad y heterosexualidad: una representación que se mantiene vigente y que para muchos hombres resulta funcional para llevar a cabo esas incursiones sexuales. Lo que hemos podido apreciar en la investigación en contextos de interacción sexual entre varones es que las dinámicas y los sujetos que participan en ellas difieren en función de los sitios en las que se producen. Lugares como parques, plazas, transporte público o lo que hemos llamado *baños públicos* suelen demandar mayor discreción para que las interacciones puedan pasar desapercibidas para el resto de los presentes, son sitios donde el performance de la masculinidad es altamente valorado. La pregunta en esos sitios no es si los asistentes se identifican con una cierta orientación sexual, sino si están dispuestos o no a participar de un contacto sexual. Esto marca una clara distinción con lo que podríamos llamar *sitios institucionalizados* para el encuentro sexual, en donde las expectativas están puestas más bien en lograr el encuentro sexual con el sujeto deseado, caracterizado fundamentalmente por sus atributos físicos. Hay que resaltar el hecho de que actitudes homofóbicas y otras formas de discriminación y exclusión, como clasismo o racismo, pueden presentarse en ambos tipos de lugares, aunque las dinámicas varíen en cada caso.

Me parece necesario resaltar que las experiencias que Leonardo había tenido hasta ese momento habían sido sobre todo con hombres que no se identificaban como homosexuales. La mayoría vecinos de su pueblo, muchos de ellos casados, de diversas edades, y que, a pesar de mantener una amistad con Leonardo, en todo momento reproducían ese performance masculino. Ello, por supuesto, tiene consecuencias en las mismas prácticas de los sujetos. Es un lugar común la incursión de varones homosexuales en contextos considerados heterosexuales en búsqueda de lograr al menos un encuentro sexual. Para algunos, la sola insinuación de que un sujeto es *heterosexual* lo vuelve atractivo por encima del resto de los varones. Esto delata un cierto nivel de homofobia que, a pesar de no ser explícita, deja ver que esa valoración diferencial lleva implícita la reproducción de discursos heterosexistas.

Las representaciones del varón desde el siglo XIX adquirieron un nuevo sentido. La invención del sujeto homosexual implicó caracterizarlo, y para ello el género operó como una forma de distinción entre hetero y homosexuales. A pesar de que en el siglo XX surgieron nuevas representaciones del sujeto homosexual, algunas de las cuales retomaron características «hipermasculinas» (corpulencia, abundante pilosidad, cuerpo atlético, entre otras), la representación del homosexual como transgresor de la masculinidad siguió vigente. A ello hay que añadir el hecho de que el sujeto homosexual en contextos rurales no suele adquirir esas otras representaciones, sino que mantiene la del sujeto «afeminado», es decir, se mantiene un orden binario de género en el que masculinidad y heterosexualidad son consideradas equivalentes.

Jesús y sus relaciones con varones

En el caso de Jesús, tal como relata Leonardo, ya había tenido otras relaciones previas. A pesar de que aparentaba llevar una vida absolutamente heterosexual, en otras ocasiones se había relacionado sexual y/o afectivamente con otros varones. Dichas experiencias habían sido posibles gracias a que, sobre todo por su trabajo, siempre se desplazaba por la ciudad o fuera de ella. Vale la pena detenerse en esta cuestión, que sin duda tiene efectos en otros ámbitos sociales. Los relatos recuperados a través de diversos trabajos de investigación evidencian que los sujetos suelan aprovechar la oportunidad de tener esos contactos de manera furtiva en una diversidad de sitios, tanto en el contexto rural como en el urbano. Sin embargo, en muchos de los casos, el interés afectivo y sexual por personas del mismo sexo no impide que busquen el matrimonio y la procreación heterosexual con tal de mantener oculto su interés. En Tlaxcala, una de las entidades más pequeñas del país, muy cercana a Puebla, por ejemplo, un grupo de hombres casados se organizaron para tener encuentros sexuales sin el conocimiento de sus respectivas esposas. Así, con el pretexto de reunirse para ver el futbol, les pedían que los dejaran solos en casa de alguno de ellos. Eso les daba la oportunidad de ver películas pornográficas y tener encuentros sexuales.

Por supuesto, esas reuniones ocasionales plantean retos distintos al tipo de relación que relata Leonardo. En el caso de los varones que suelen acudir a sitios en los que saben, o al menos esperan, relacionarse sexualmente con otro hombre sin que ello signifique un riesgo de ser identificado. Otros riesgos, sobre todo en términos de salud, suelen tener menor relevancia para ellos. En la investigación ya mencionada, Alberto Teutle (2015) recuperó un testimonio en el que uno de sus entrevistados afirmaba que no solía comprar preservativos por temor a que su esposa los pudiera descubrir. Otro dijo que sabía que era portador de VPH, pero que no se lo diría a su esposa pues no podría explicar cómo se había infectado. En ambos casos la percepción de los sujetos es que un riesgo de salud eventualmente podría tener atención médica, mientras que las consecuencias de ser identificado como homosexual serían catastróficas para su vida sin que pudieran ser remediadas.

Por supuesto hay una relación entre estas prácticas y la homofobia imperante en los ámbitos cotidianos.[5] Desde la infancia los chicos van aprendiendo que pueden ser blanco del abuso en su entorno si no es claro el performance de la masculinidad. Abundan los relatos de agresiones en la escuela, en la calle, en la casa a la menor sospecha de transgresión de los modelos estereotipados de la

---

[5] La Constitución Política de los Estados Unidos Mexicanos desde el año 2011 establece en su artículo 1.º que «Queda prohibida toda discriminación motivada por origen étnico o nacional, el género, la edad, las discapacidades, la condición social, las condiciones de salud, la religión, las opiniones, las preferencias sexuales, el estado civil o cualquier otra que atente contra la dignidad humana y tenga por objeto anular o menoscabar los derechos y libertades de las personas». No obstante, esta legislación no evita que dichas prácticas continúen vigentes en la vida cotidiana y que sigan registrándose crímenes de odio en el país, en el que homosexuales y personas trans suelen ser las principales víctimas.

masculinidad, lo que claramente incluye las muestras de afectividad hacia otro varón. Ya lo ha afirmó Sedgwick: «el odio a los homosexuales es todavía más público, más típico y, por tanto, más difícil de contrarrestar que el odio hacia otros grupos desfavorecidos» (1998, p. 32). Puede ser que en determinados contextos sea políticamente correcto evitar las expresiones de homofobia; sin embargo, ello no impide que la experimenten con asiduidad en la calle, en el trabajo, en la iglesia o en la casa.

Leonardo, como muchos otros hombres homosexuales, considera que las relaciones que establece con dichos sujetos son viables, y que por lo tanto no hay razón para evitarlas. Él relata:

—Yo sí quería estar con él, pero yo quería demostrarle, no solo a él, sino a muchas personas, que yo no iba a desistir de mi idea, que para mí sí era posible [establecer un vínculo con un hombre casado], y yo creo que todavía sigue siendo posible, si es que pudiera haber un poco de tiempo y pudiera haber un poco de atención, y obviamente en ese momento pensaba en la niña [refiriéndose a la hija de Jesús]. Yo sí le dije, le explayé muchísimo mis ideas. Le dije: «¿sabes qué?, una de las cosas que quiero que hagas es que te hagas la vasectomía, porque no quiero que tengas más hijos, disfruto mucho a tu hija...».

—¿Le dijiste eso antes de saber que ya estaba embarazada nuevamente su esposa?

—Aja, él se paniqueó y por eso menos me lo dijo, pero a mí se me hizo algo coherente porque, no sé, yo por ejemplo le dije: «yo no sé cómo le vas a explicar a esa niña, posiblemente ya están cambiando la sexualidad y todo, y posiblemente te pueda comprender, pero cuál va a ser su trauma, cuál va a ser el trauma de tu esposa, de tu familia, yo no quiero que tengas otro hijo, o sea no, no debiste ni haberte casado ni haber tenido hijos». Me soltó muchos de sus miedos. Él nunca quiso ser gay por el triste miedo de ser rechazado en una familia campesina y todo eso.

Aquí se contraponen dos formas de encarar el ejercicio de la sexualidad. Mientras para Leonardo la única salida es reconocer la propia orientación, con lo que ello implica en términos de homofobia, en el caso de Jesús los vínculos familiares se anteponen. En diversas investigaciones realizadas se evidencia que existe una compleja red de relaciones de parentesco sostenidas en la heterosexualidad y en la masculinidad de los varones. De manera importante, la existencia de esos vínculos es la que permite el mantenimiento y la reproducción de la familia. Es necesario mencionar que en los contextos rurales y rural-urbanos del centro del país las relaciones de parentesco permiten el mantenimiento y reproducción de las unidades domésticas, que suelen encontrar formas de subsistencia ante los retos que conlleva la migración de uno de sus miembros, la maternidad adolescente o fuera del matrimonio, entre otras situaciones problemáticas que afrontan colectivamente.

En el relato de Leonardo surge otro elemento importante que ayuda a comprender con más claridad las dinámicas en las que venía participando Jesús antes de conocerlo.

> Mi novio fue migrante y vivió en Nueva York, y ahí aprendió de los placeres de la sexualidad con todos los límites que él se pudo poner, porque según él conoció lugares *leathers*, antros, un lugar en donde estaba un tipo acostado en la bañera y ya sabe, que lo orinaban, que no sé qué, e iba a las discos gay y no sé qué. Él en Nueva York la libró creo que dos o tres meses, después se sumergió totalmente. Fue muy intenso...

Héctor Carrillo y coautores (2008) se han referido a la *migración sexual* para explicar esos movimientos que los sujetos hacen, totalmente o en parte, para ejercer una sexualidad gay o bisexual de manera abierta, o más abierta, de lo que lo harían en su lugar de origen. El académico, que ha dedicado diversas investigaciones a conocer los procesos migratorios con fines sexuales, aporta elementos para comprender las dinámicas que establecen en el país del norte, en concreto para conocer los procesos de infección por VIH. Para los fines del presente texto me interesa rescatar brevemente algunos elementos que aporta. Estos investigadores apuntan: «La región de México donde cada hombre se crio, el tamaño de su localidad, su clase social y educación, en conjunto, parecen afectar la manera en que estos hombres interpretan e integran en sus vidas su atracción sexual hacia los hombres» (2008, p. 8). Este aspecto ya mencionado, Carrillo lo encuentra en el contexto de la migración, de gran importancia porque nos permite entender que hay una diversidad de factores que inciden en las dinámicas de los encuentros sexuales entre varones.

En el marco de las prácticas de Jesús en el país del norte, vale la pena recuperar el relato de Leonardo, pues nos da una perspectiva respecto de la forma en la que opera la migración sexual de la que habla Carrillo y permite observar igualmente la dinámica de las relaciones sexoafectivas entre varones en el contexto norteamericano:

> Tuvo una pareja de no sé cuántos años, he visto una fotografía y ya está relativamente viejo, y pues él, digamos que le enseñó la buena vida. Lo protegió, estuvo con él y hasta cierto momento se aferró a él. Él [Jesús] fue y vino a México tres ocasiones. La primera ocasión prácticamente no estuvo mucho en el ambiente gay, pero la segunda y tercera ya vivía con este señor que llamaré Ralf, pues él siempre estuvo con él, lo tuvo en su casa y todo, y entonces por eso mi novio pudo conocer otro tipo de cosas. No era como cualquier migrante, sino que, aparte de la homosexualidad, podía ir a otro tipo de lugares, le gustaba la música, el teatro, las tiendas de ropa.

Este planteamiento permite reflexionar acerca del tipo de prácticas que los hombres pueden establecer en diversos contextos en función de sus intereses sexuales. En el caso de Jesús es claro que hay una búsqueda de relaciones afectivas y sexuales con varones, y a la vez hay la intención de mantener una apariencia «heterosexual» con el entorno inmediato en México. En todo momento se busca cubrir las apariencias, pero estos aspectos tienen consecuencias en otros ámbitos que van más allá del placer o del deseo. Como parte del relato de Leonardo, así como en otros que he podido recuperar, sujetos como Jesús eventualmente son descubiertos por sus parejas teniendo encuentros sexuales con otros varones; no obstante, ello no tiene por qué llevar a un rompimiento en sus vínculos conyugales. En apariencia, en algunos casos es posible ignorar esas prácticas y así evitar la fractura del lazo familiar. Operan entonces razonamientos pragmáticos frente a la «infidelidad» matrimonial.

Por otra parte, es importante señalar que las relaciones entre varones no podrían ser interpretadas en términos únicamente de género o de masculinidad. El hecho de que los participantes sean del mismo sexo no es suficiente para que permita entender sus dinámicas, que pueden estar definidas por otras marcas como sexo, edad, clase o raza. Las relaciones de poder que operan en la cotidianidad expresan la jerarquía que el género establece; sin embargo, su intersección con otras dimensiones sociales vuelve más compleja la dinámica de dichas relaciones. En este sentido, las formas de relacionamiento entre varones tendrían que ser observadas en su contexto específico y considerando las características y motivaciones de cada uno de los participantes. En el caso de Leonardo, es claro que la diferencia de edades marca en buena medida esa dinámica. A pesar de que ha tenido diversas experiencias con hombres mayores, es la primera vez que la ve como algo más allá de un encuentro sexual. No ha tenido experiencia en relaciones afectivas de más largo plazo con varones y no sabe cómo manejar la situación. Leonardo relata el tipo de relación que Jesús estableció en Estados Unidos:

El tipo este que vivía con mi novio, que lo protegió y le dio todo, en cierto momento de la relación, no sé por qué habían acordado eso, Jesús se regresa de Estados Unidos y se queda acá en México. Ya se iba a quedar, se supone, porque ya había comprado un terreno que es lo que había logrado en dos años de migrar. Dejó a Ralf así nomás, y le dio remordimiento, y le habla, y el tipo le dice que ya qué, que lo perdona, y viene a visitarlo a México. Yo creo que tienen relaciones, no sé, a veces no quiero pensar mucho en eso. Después Ralf le dice: «regrésate a Nueva York y yo te voy a mantener, tú nada más trabajas para tu familia y en menos de medio año tú ya estás de regreso» —no me lo dijo así, pero el discurso fue de «no me abandones, al menos déjame disfrutarte un tiempo»—. No sé si era plan maquiavélico, o no sé, pero el primer mes le dice a mi novio: «no trabajes un mes, no trabajes dos meses», hasta que llegó al tercer mes mi novio no tenía ni ropa, ni dinero, ni un contacto, nada, nada, todo se lo había gastado en andar para allá y para acá. Entonces Ralf le dice: «ya no te vas a ir a México porque si te vas yo le voy a contar a tu esposa qué tipo de persona eres, una persona gay que vive conmigo, que te mantengo y que no sé qué, y el día que te vayas nada más te vas a ir con lo que tengas puesto». Creo que para colmo era invierno, «porque toda la ropa te la he comprado yo y todo te lo he dado yo, no tienes ni dinero» y entonces ahí, ¡madres!, sintió un duro golpe; y entonces yo dije: «¿qué tipo de persona acepta un trato en donde te voy a mantener y todavía te voy a dar dinero para tu familia?», como que eso me sonó ilógico y en fin. Ideó un momento mi novio para escapar, y a fin de cuentas entre el vaivén de que me voy de tu lado o no, mi novio habla con su esposa, ella lo cuestiona sobre Ralf y todo eso, y le dice en seco: «yo ya sé que tienes algo que ver con él, pero te perdono, y ven a México porque yo tengo la niña».

Independientemente de que se trate de un relato verosímil, el punto aquí es el papel que asumen los sujetos en las relaciones sexoafectivas. Tanto en el caso de la relación que estableció Jesús con Ralf, la que estableció con su esposa, como la que estableció con Leonardo, el punto es cómo opera la percepción que tiene de su sexualidad y, en función de ello, de qué manera se relaciona con estas tres personas. A pesar de que su interés sexual está puesto en los varones, a los que busca constantemente según el relato de Leonardo, el peso que tiene la valoración de su entorno social y afectivo inmediato (familiares, amistades, vecinos) es el que al final determina su decisión de intentar mantener lo mejor de ambos contextos: continuar con su matrimonio y su apariencia heterosexual frente a su familia y tener relaciones sexuales y afectivas con otros varones de forma clandestina. En este sentido Leonardo relata:

> Sí, es una historia increíble que ni yo me la creí. Ambos lo perdonan, tanto su esposa en México porque ya tenía una niña que no conocía, y lo perdona Ralf y le dice: «sabes qué —como ya vivían separados, se escapó, lo que sea—, sabes qué, no le voy a decir a tu esposa, pero yo no quiero que estés acá con otra persona, con ningún otro güey, así que te voy a comprar nuevamente tu ropa (porque la regaló toda), te voy a dar dinero para el pasaje, y te voy a dar dinero para lo que necesites, pero quiero que te vayas inmediatamente». Ocurrió todo así, cumplió el trato y llega acá y le explica a su esposa y se acabó el asunto. ¿Cuál es la bronca conmigo? Que a mí se me hace toda esa historia, se me hace tan, ¡cabrón, yo no sé qué le ven a ese güey! Y hasta yo mismo lo digo, yo no sé qué le veo a mi novio, a veces no soporto la manera en que habla, no soporto que se esté quejando casi siempre de todas las cosas.

Por supuesto, Leonardo participa de esa dinámica y, aunque tiene una posición crítica al respecto, no logra deshacer su vínculo afectivo con Jesús:

El sexo conmigo es muy bueno, es una de las cosas que más disfruto al tener relaciones, últimamente creo que ya es lo único que disfruto, porque ya el diálogo como que no me pasa. En el principio fue sentirme deseado, porque a mí no me interesaba nada, tal vez no me interesaba tanto estar con él o sin él, pero me agradaba que él me buscara y yo sentirme deseado, y en esa etapa de mi noviazgo fui fiel, no necesité de nadie más, y pese al poco tiempo que me daba, yo no le tomaba tanta importancia, bueno, es que sabía muy pocas cosas de él, ni siquiera lo de Nueva York, cosas que ya después no se me hicieron lógicas, pero que en ese momento disfruté de mi noviazgo. Entonces en muchas cosas, muchas cosas me lastiman de él, de lo que él hace y yo digo, ¿por qué las hace? Si puede haber otra alternativa, para mí siempre hay alternativas. Ya estaba en EU, se hubiera quedado allá. No quería ver a su familia, no quería que se enterara, se hubiera quedado en EU. Igual con su esposa ya estaba resignada a que no regresara. Entonces como que muchas cosas en su vida son muy contradictorias. A lo largo de todo este año, también preguntaba mucho y a veces no todo se puede entender.

Como epílogo de la historia de Jesús, meses después de concluida la entrevista me enteré de que él y su familia habían migrado a Canadá. Con Leonardo la relación terminó «amigablemente» aunque, cuando me contó este desenlace, lo hacía con cierta nostalgia y tristeza.

Para cerrar

Dentro de los imaginarios de algunos homosexuales suele estar presente la idea de que el varón heterosexual «puede aportarnos un inefable goce y mayor satisfacción en nuestra vida sentimental que un gay cualquiera» (Llamas y Vidarte, 2001, p. 32). Habría que decir que ello tiene que ver con cómo se constituyeron las representaciones de ambos desde el siglo XIX, que reafirmaron la posición jerárquica superior de lo masculino que, como ya dijimos, es equiparado con el heterosexual.

Retomando la pregunta que se hace Leonardo en relación a Jesús, es decir, ¿qué le ven los tres que lo perdonan?, regresaría a la reflexión de cómo operan género y sexualidad en el contexto de estas relaciones. Ralf y Leonardo son dos hombres que han asumido su orientación sexual y en función de ella plantean sus relaciones sexuales y afectivas con Jesús. En ambos casos aparentemente lo único que se rescata de Jesús es, por un lado, una supuesta heterosexualidad que se fundamenta en el performance de la masculinidad; por otro lado, una cierta satisfacción sexual que le atribuyen. Por su parte, la esposa plantea que, con independencia de sus prácticas, él tiene que atender y hacerse cargo de su familia; ello implica que asuma su rol como proveedor. De alguna manera hay una gran expectativa en relación con Jesús y lo que conlleva su masculinidad y su «heterosexualidad». Es porque no termina de asumir una orientación homosexual que esos varones perciben un atractivo que lo distancia del resto de los homosexuales con los que se relacionan. El estar casado, en este caso, le otorga ciertos privilegios frente a los otros sujetos. Esta condición los distancia y los vuelve deseables, a la vez que no del todo accesibles. Todos esos aspectos alimentan un imaginario que le atribuye cualidades que lo diferencian del resto de los varones con los que pueden relacionarse con más facilidad.

Como se ha podido ver, sigue resultando compleja la relación entre masculinidad y el ejercicio de la sexualidad que sale del modelo heterosexual. El avance del movimiento feminista y los movimientos por el reconocimiento de derechos de las personas LGBTTTI desde los años sesenta del siglo pasado han sido muy importantes y se han dado transformaciones sustanciales en el plano legislativo. Hay una tensión innegable que, pese a que se ha generalizado el uso de lenguaje incluyente, políticamente correcto, no plantea cambios en las posiciones jerárquicas que el género mantiene. Asimismo, es cierto que los feminicidios, los crímenes de odio, el acoso escolar, laboral y en la calle, en determinados contextos han ido en aumento. Es innegable que el conservadurismo tiene una importante fuerza y que por diversos medios actúa reiterando los modelos más convencionales de género y sexualidad. Como diría Teresa de Lauretis, «el género, en tanto representación o auto-representación, es el producto de variadas tecnologías sociales —como el cine— y de discursos institucionalizados, de epistemologías y de prácticas críticas, tanto como de la vida cotidiana» (1991, p. 234).

En este sentido, hay que señalar que lo que hemos podido ver en el presente artículo ayuda a comprender la complejidad de las relaciones entre género y orientación sexual, que no se trata de categorías que refieran a situaciones fijas o claramente definidas, sino que son procesos en constante contradicción y cambio, que requieren de análisis específicos en los contextos socioculturales en los que están operando. Señalar la orientación sexual de los sujetos no nos provee de certidumbre respecto a muchos otros aspectos socioculturales que los caracterizan y a sus interacciones. Recuperar la interseccionalidad en el análisis antropológico nos permite ver que cuestiones como la clase, la etnia, la edad, entre otras, nos dota de herramientas para un análisis más fino y profundo del ejercicio de la sexualidad. Este texto ha querido aportar un acercamiento a esa complejidad que, como decía al principio, requiere seguir siendo estudiada en el contexto mexicano.

Referencias bibliográficas

BUTLER, Judith (2001): *El género en disputa. El feminismo y la subversión de la identidad*, Paidós-UNAM, México, D.F.

CARRILLO, Héctor (2005): *La noche es joven: la sexualidad en México en la era del sida*, Océano, México, D.F.

— / FONTDEVILA, Jorge / BROWN, Jaweer / GÓMEZ, Walter (2008): *Fronteras de riesgo. Contextos sexuales y retos para la prevención del VIH entre inmigrantes mexicanos gays y bisexuales*, University of San Francisco, San Francisco, <bit.ly/2LGv1dE>.

CÓRDOVA, Rosío (2003): *Los peligros del cuerpo. Género y sexualidad en el centro de Veracruz*, Plaza y Valdés / BUAP, México, D.F.

— / PRETELÍN, Jesús (2017): *El Buñuel: Homoerotismo y cuerpos abyectos en la oscuridad de un cine porno en Veracruz*, ITACA, Ciudad de México.

DE LAURETIS, Teresa (1991): «Tecnologías de género», en *El género en perspectiva. De la dominación universal a la representación múltiple*, UAM / Iztapalapa, México, D.F., pp. 231-278.

GUTMANN, Matthew (2000): *Ser hombre de verdad en la Ciudad de México. Ni macho ni mandilón*, El Colegio de México, México, D.F.

— (2007): *Fixing Men. Sex, Birth Control, and AIDS in Mexico*, University of California Press, Berkeley.

HALL, Stuart / DU GAY, Paul (comps.) (2011): *Cuestiones de identidad cultural*, Amorrortu, Buenos Aires.

LLAMAS, Ricardo / VIDARTE, Francisco J. (2001): *Extravíos*, Espasa-Calpe, Madrid.

LIST, Mauricio (2009): *Hablo por mi diferencia. De la identidad gay al reconocimiento de lo queer*, Eón / Fundación Arcoíris / El Cuerpo Descifrado, México, D.F.

— (2010): *El amor imberbe. El enamoramiento entre jóvenes y hombres maduros*, Eón / CONACYT / BUAP, México, D.F.

— / TEUTLE LÓPEZ, Alberto (2013, junio): «Sexo entre varones en saunas de Puebla. Una forma de turismo sexual», *Sexualidades*, 10, p. 12.

MACÍAS-GONZÁLEZ, Víctor M. / RUBENSTEIN, Anne (eds.) (2012): *Masculinity and Sexuality in Modern Mexico*, University of Nuevo Mexico Press, Albuquerque.

NÚÑEZ, Guillermo (1994): *Sexo entre varones: poder y resistencia en el campo sexual*, El Colegio de Sonora, Sonora.

— (2009): *Vidas vulnerables: hombres indígenas, diversidad sexual y VIH-Sida*, Libros para Todos, México, D.F.

SEDGWICK, Eve Kosofsky (1998): *Epistemología del armario*, La Tempestad, Barcelona.

TEUTLE, Alberto (2015): *Húmedos placeres. Sexo entre varones en la ciudad de Puebla*, La Cifra / UAM-Xochimilco, México, D.F.

CONSTRUYÉNDOSE CONTRA Y CON LA NORMA[1]
Guillermo Manuel Corral Manzano

La sexualidad en la norma

El Derecho es un instrumento de control social con el cual el Estado pretende encauzar los comportamientos del individuo dentro de su territorio, para que se asuman ciertos modelos que son establecidos por la norma, ya sea mediante la exigencia de determinadas conductas o mediante la sanción de aquellas que considera que son dañinas para la sociedad. En este sentido, Michel Foucault, en el último capítulo de *Historia de la sexualidad*, nos hablaba del biopoder y reconocía que el Derecho ha sido un mecanismo eficaz para el control de la vida y las acciones: «las constituciones escritas en el mundo entero a partir de la Revolución francesa, los códigos redactados y modificados, toda una actividad legislativa permanente y ruidosa no deben engañarnos: son las formas que tornan aceptable un poder esencialmente normalizador» (1977, p. 86).

Es precisamente en el control de las conductas del individuo en sociedad donde podemos observar la relación del Derecho en la construcción de las masculinidades, tanto hegemónicas como subalternas. En el caso de la homosexualidad, el Derecho mexicano ha

---

[1] Este trabajo forma parte del proyecto «Diversidad de género, masculinidad y cultura en España, Argentina y México» (FEM2015-69863-P MINECO-FEDER) del Ministerio de Economía y Competitividad de España.

transitado por la condena, la invisibilización, el rechazo, el reconocimiento y la protección, por lo menos de forma enunciativa. No podemos afirmar que las reformas en las legislaciones siempre hayan sido progresivas para los derechos de los homosexuales, como tampoco es correcto pensar que en las diferentes entidades de la República el reconocimiento y protección a sus derechos es el mismo. La legislación de la Ciudad de México es uno de los ejemplos más claros de esta transformación de la norma en aras del reconocimiento de la diversidad y de la exigencia del respeto a los derechos de todas las personas que viven en ella. Seguramente, no todas las personas que asumen su sexualidad hayan sentido el control que ejerce el Derecho, por lo menos no de forma directa. Sin embargo, es menester conocer cómo se ha transformado la norma a fin de poder apreciar a mayor detalle los logros que se han conseguido en relación con el respeto de la diversidad y la norma jurídica.

El castigo

Nacer como hombre en México, como en muchos otros países, suponía gozar de una serie de prerrogativas que no se disfrutaban en caso de nacer mujer, muchas de las cuales se veían reflejadas en la norma. En la actualidad, se ha reducido la brecha que existe entre las prerrogativas de unos sobre otras en función del Derecho, aunque aún esperamos que desaparezcan a través de la norma.[2] Pero la distinción que se hacía en el Derecho respecto al sexo también implicaba que el ser hombre impidiera que se considerara como delito

---

[2] Bourdieu no considera que se vaya a lograr por completo a través de este medio, al recordarnos que «la revolución simbólica que reclama el movimiento feminista no puede limitarse a una simple conversión de las conciencias y de las voluntades. Debido a que el fundamento de la violencia simbólica no reside en las conciencias engañadas que bastaría con iluminar, sino en unas inclinaciones modeladas por las estructuras de dominación que las producen» (2000, p. 38).

algunas conductas cometidas en su contra.[3] Al igual, la diferencia entre las sexualidades hegemónicas y las subalternas se ha visto reflejada en el Derecho: mientras que la heterosexualidad ha sido protegida, la homosexualidad fue sancionada y rechazada.

Desde la *Constitución Política* del año 1917, México se convertía en referente por las garantías individuales contempladas, e inclusive su artículo 123 fue considerado como modélico por suponer un avance importante en relación con los derechos laborales a nivel mundial.[4] Sin embargo, dicha *Constitución* no contemplaba de modo alguno la discriminación y la igualdad ante la ley. No era sencillo asumirse homosexual entre las décadas de los años diez y setenta del siglo XX en México; si bien desde el *Código Penal Federal* del año 1931 la homosexualidad ya no era considerada un delito directamente, en el Estado de Tamaulipas su *Código Penal* todavía en el año 1958 sancionaba el delito de sodomía (GOTAM, 1958). Este delito no perseguía el hecho de tener contacto sexual con una persona del mismo sexo como se hacía a través de la sodomía o los actos nefandos en la Nueva España,[5] sino que sancionaba de modo especí-

---

[3] Ejemplo de esto es el delito de estupro, el cual estuvo previsto desde el Código Penal Federal del año 1931 en su artículo 262, que sancionaba a quien «tenga cópula con mujer menor de dieciocho años, casta y honesta, obteniendo su consentimiento por medio de seducción o engaño» (DOF, 1931). No fue hasta el año 1991 cuando se modificó dicho artículo, que sancionaba a quien «tenga cópula con persona mayor de doce años y menor de dieciocho, obteniendo su consentimiento por medio de engaño» (DOF, 1991). Es decir, antes de 1991 era inimaginable para los legisladores que un hombre menor de 18 años pudiera ser convencido mediante el engaño a tener relaciones sexuales.

[4] Los artículos 3.º, 27 y 123 de la Constitución mexicana tuvieron impacto internacional, y con relación a ellos varios países de Latinoamérica incluyeron artículos semejantes en sus constituciones. Por ejemplo, en 1937 Brasil consignó las relaciones obrero-patronales; en los años de 1940 y 1947 Cuba y Costa Rica insertaron las garantías sociales, respectivamente.

[5] Federico Garza (2002, pp. 64-115) menciona a detalle diversos casos en los que fue sancionada la sodomía y los actos nefandos en la Nueva España. De dichas narracio-

fico a aquellas personas que lo hicieran de manera habitual.[6] La amenaza de ser privado de la libertad por tener prácticas homosexuales, aunado al rechazo social, debió de ser el aliciente que generaba que se mantuvieran en la clandestinidad.[7]

La actual Ciudad de México no contaría con un código penal para su territorio hasta el 30 de septiembre del año 1999, por lo cual el *Código Penal Federal* fue aplicable a los delitos comunes que se cometieran dentro del territorio del Distrito Federal. En el *Código Penal* de 1931 no se contemplaba el delito de sodomía ni ningún otro delito parecido que sancionase expresamente la homosexualidad.[8] Sin embargo, al igual que los códigos penales de los diferentes estados de México, contemplaba el tipo penal de ultrajes a la moral y las buenas costumbres, delito que en general sancionaba a quien «publique por cualquier medio, ejecute o haga ejecutar por otro, exhibiciones obscenas» (DOF, 1931); mediante el mismo, en más de una ocasión los homosexuales fueron objeto de detenciones arbitrarias. Al respecto

---

nes se destaca que el hecho de ver a dos o más hombres desnudos tocar entre ellos sus cuerpos era suficiente motivo para que se les persiguiera por sodomía.

[6] Esto se expresa dentro de una tesis del año 1950 que señala que «El delito de sodomía, requiere, para configurarse, la habitualidad en el reo; siendo de advertir que, al referirse a esta figura delictiva, el artículo 261 del *Código Penal* aplicable, sanciona a quien habitualmente tenga ayuntamiento carnal con personas del mismo sexo y el vocablo ayuntamiento, derivado de ayuntarse, tiene como quinta acepción, según el mencionado diccionario de la lengua, la cópula carnal. Esto indica que ambos vocablos son de idéntica acepción» (SCJN, 1950).

[7] En el Estado de Tabasco también la homosexualidad se encontraba sancionada. Su *Código Penal* de 1958, en su artículo 250, sancionaba a los denominados vagos y malvivientes, dentro de los cuales, en su fracción XI, contemplaba a los «depravados sexuales» (GOTAB, 1958). Entre ellos estaban los homosexuales, quienes debían ser sometidos a medidas de profilaxis social. En el año de 1972 se eliminó la fracción citada (GOTAB, 1972).

[8] Cabe señalar que inclusive al contemplar a los vagos y malvivientes, no se consideraba dentro de ellos a los denominados depravados sexuales como lo hacía el *Código Penal del Estado de Tabasco* hasta el año de 1972.

Alejandro Brito, en la comunicación presentada ante la Comisión de Estudios contra la Discriminación del año 2007, recordaba que «la expresión pública del afecto entre personas de distinto sexo no suele provocar las mismas reacciones de los salvaguardas del orden público cuando se trata de manifestaciones similares de afecto entre personas del mismo sexo. De hecho, dichas manifestaciones se han convertido en sinónimos de "atentado a la moral pública y a las buenas costumbres" o de "exhibición obscena" para los agentes del orden, lo que deriva en detenciones arbitrarias, chantajes, extorsiones y otro tipo de abusos incluida la violencia» (2007). Como las detenciones arbitrarias en la mayoría de los casos buscan la extorsión o el chantaje, es complicado poder cuantificarlas; muy frecuentemente, este tipo de conductas indebidas por parte de la autoridad no eran reportadas por temor a la represión o al estigma social.[9] La ambigüedad de este tipo penal siempre fue resuelta en función de las ideas dominantes, según se observa en la siguiente tesis:

Como la ley deja a la estimación subjetiva del juzgador, calificar si un hecho constituye un ultraje a la moral pública o a las buenas costumbres, y no establece bases para fijar esos conceptos, que forman la esencia misma de las transgresiones criminales […], es preciso resolver esa cuestión de acuerdo con las enseñanzas de los tratadistas, de cuya doctrina se llega a la conclusión de que el delito de referencia consiste, en concreto, en el choque del acto incriminado con el sentido moral público, debiendo contrastar el hecho reputado criminoso con el estado moral contemporáneo de la sociedad en que pretende haberse cometido el delito, y aun cuando existe en la actualidad un relajamiento en las costumbres, […] por la diferente relación en que ac-

---

[9] Este tipo de abusos de autoridad empezaron a hacerse visibles con posterioridad a la reforma constitucional del año 2011. Sin embargo, los mismos eran publicados en los diarios de la ciudad.

tualmente se encuentran los dos términos aludidos, acto incriminado y sentido moral social, debe estimarse que ese cambio del nivel moral en las costumbres, es quizá transitorio y que, por otra parte, en situación tan delicada, corresponde a los tribunales aplicar las leyes vigentes a hechos que, todavía dentro del conjunto de las ideas dominantes pueden reputarse inmorales, aun cuando no puedan prestar su autoridad para la conservación de un alto nivel moral social sino en aquellos casos en que su intervención es requerida por la consigna que le hagan las autoridades administrativas, especialmente el Ministerio Público, a quien compete, conforme al artículo 21 de la Constitución Federal, el ejercicio de la acción penal. (SCJN, 1933)

Con la aparición del *Nuevo Código Penal para el Distrito Federal* de julio de 2002 dejó de contemplarse dicha conducta (DOF, 2002), mientras que el *Código Federal* la sancionó hasta el año de 2007 (DOF, 2007). En la actualidad algunos municipios de los estados de la República, en sus bandos municipales, aún contemplan las faltas a la moral o a las buenas costumbres como conductas que ameritan sanciones administrativas,[10] pero su correlativo en la Ciudad de México, a saber, la *Ley de Cultura Cívica del Distrito Federal*, desde su promulgación en el año del 2004, no contempla las faltas a la moral (DOF, 2004).

Las sanciones establecidas en la norma no lograron la inexistencia de homosexuales en el país, pero sin duda fueron uno de los motivos por los cuales la homosexualidad se limitaba a expresarse en la clandestinidad. Como narra Renaud René, durante el porfiriato (1876-1911) los homosexuales de sectores pudientes se reunían «y

---

[10] Ejemplo de ello es el bando municipal de la Ciudad de Toluca, Estado de México, que solo a partir del 5 de febrero de 2019 deja de contemplar las faltas a la moral. La trascendencia de esta reforma se observa en el artículo «Parejas gays ya no podrán ser detenidas en Toluca por "faltas a la moral"», *Desastre Mx*, 1 de febrero de 2019.

tenían prácticas sexuales en baños exclusivos de la ciudad y en fiestas privadas» (2013, p. 119). Y ya entre las décadas de los años veinte y cuarenta los homosexuales se reunían en «espacios exclusivamente masculinos, algunos marginales como las cantinas de Plaza Garibaldi, otros frecuentados por grupos privilegiados de la ciudad» (*ib.*). También los encuentros homoeróticos se daban en los baños de vapor, que fueron «lugares de encuentro entre varones de todos los estratos sociales [...] desde los Baños de la Lagunilla, cerrados en 1905 [...] pasando por la Alberca Pane, en Reforma, a finales del siglo XIX» (p. 121). También nos recuerda que, en las décadas de los años veinte y treinta, así como en las de los cincuenta y sesenta, «los homosexuales se reunían principalmente en lugares públicos mixtos tales como teatros, cines y cafés» (p. 122). Los primeros lugares comerciales especialmente destinados a una población homosexual y lesbiana se establecieron a finales de la década de los años cuarenta, los mismos que cerraron en el año 1959 tras la muerte de Mercedes Cassola y su amante bisexual (p. 125). En virtud del cierre de los primeros bares con asistencia exclusiva homosexual, se incentivó la organización de fiestas privadas y, ante la escasez de lugares, se potenciaría la reapropiación de la moderna Zona Rosa (p. 126).

La invisibilidad y el rechazo

Desde la *Constitución Política de México* del año 1917, en ningún momento se ha hablado de homosexuales o heterosexuales dentro del texto constitucional de manera explícita. Sin embargo, la ley no ha sido la excepción al momento de reconocer la masculinidad hegemónica. Un ejemplo se da al hablar de quienes son ciudadanos en el artículo 34, en el que se indicaba que «Son ciudadanos de la República todos los que, teniendo la calidad de mexicanos, reúnan, además, los siguientes requisitos: I.- Haber cumplido dieciocho años, siendo casados, o veintiuno si no lo son, y II.- Tener un modo honesto de vivir» (DOF, 1917), esto es, que un mexicano homosexual no podría ser considerado ciudadano hasta cumplir los 21 años por la imposibilidad de contraer matrimonio.[11] En Tamaulipas, al momento de encontrarse prohibida la sodomía, un homosexual no podía ser considerado ciudadano por no tener un modo honesto de vivir.[12] El artículo 34 constitucional citado fue reformado en 1953: se modificó la expresión «todos» por «los varones y las mujeres» (DOF, 1953), y no fue hasta el año de 1969 cuando se dejó de exigir el matrimonio para ser considerado mexicano a los 18 años (DOF, 1969).

El uso del significante *varón*, en lugar de *hombre*, es otro punto que se debe analizar a detalle. El artículo cuarto constitucional a partir del 31 de diciembre de 1974 estableció entre otras cosas que «El varón y la mujer son iguales ante la ley» (DOF, 1974a), el significante *varón* conforme al *DRAE* tiene diversos significados, entre ellos son «m. Persona del sexo masculino; m. Hombre que ha llegado a la edad viril; m. hombre de respeto, autoridad u otras cualidades» (*DRAE*, 2001). Es decir, si bien puede ser sinónimo de «hombre», entendido este como «persona del sexo masculino», la última de las acepciones señaladas nos permite presumir que este significante tiene una carga semiótica, de la cual podríamos suponer que todo varón es un hom-

---

[11]El matrimonio homosexual en México no se contempló hasta el año 2009 en la Ciudad de México (DOF, 2009). Podríamos pensar que el negar el matrimonio a los homosexuales fuera en virtud de que los legisladores no concebían ese tipo de relaciones; sin embargo, es conveniente recordar que no fue hasta el año 2000 (DOF, 2000) cuando se reformó el texto del *Código Civil* del año 1928, en el cual, si bien por los diversos numerales se podría presuponer que el matrimonio se contraía por un hombre y una mujer, ningún artículo definía al matrimonio. Lo único que regulaba es que debía «celebrarse ante los funcionarios» que establecía la ley, siendo incluso omiso que solo se pudiere contraer entre personas de diferente sexo (DOF, 1928).

[12] Lo mismo pasaría en el Estado de Tabasco por lo que hace al delito de vagos y malvivientes.

bre, pero no así todo hombre es un varón.[13] Sin embargo, el uso del significante *hombre* en otros artículos de la *Constitución*, anteriores o posteriores a la reforma en la que el numeral en comento fue añadido,[14] nos permite cuestionarnos si el legislador al momento de la redacción de este numeral pretendía referirse a persona del sexo masculino o, en su caso, se refería al sentido de «hombre de respeto, autoridad u otras cualidades» que proporciona también la Real Academia, porque si este último fuere el caso, para el legislador los homosexuales no serían sujetos de derechos, o no en igualdad a los hombres con ciertas cualidades (posiblemente las de la masculinidad hegemónica) o a las mujeres.

El rechazo que se expresaba hacia los homosexuales se puede apreciar en la tesis de jurisprudencia con número de registro 262366 del año 1959, en la cual, al hablar sobre violación de impúber y corrupción de menores, establece que «Cuando la violación de un impúber es singular y tiene por finalidad exclusiva la satisfacción de un deseo erótico sexual, no existe propiamente el delito de corrupción; mas cuando aquella está inspirada en un sentimiento de venganza, para convertir al menor en homosexual, las dos figu-

---

[13] Inclusive si observamos lo dicho por la Asociación de Academias de la Lengua Española, en su *Diccionario de americanismos*, al hablar del significante *varón* indica que en Panamá y Colombia este significa «1. Sust/adj. Pa, Co. Hombre valiente» (ASALE, 2010), entre otros, pero en ninguno de ellos refiere que varón implique ser un sinónimo de hombre. Por su parte el *Diccionario del español usual en México* nos menciona que varón es «sinónimo de hombre» (Lara, 2000).

[14] Ejemplos de ello son el ya citado artículo 34 constitucional que, posterior a la modificación en su contenido de 1953, usa el significante *varón* (DOF, 1953). Otro ejemplo es el artículo segundo constitucional que, posterior a su reforma del año 2015, habla de «hombres indígenas» (DOF, 2015). El artículo 6 constitucional en su inciso B fracción V, posterior a su reforma en 1977, habla de la obligación de que se provea un servicio de radiodifusión a efecto de asegurar el acceso a contenidos que promuevan a la «igualdad entre hombres y mujeres» (DOF, 1977). El artículo 18 constitucional, a partir de su reforma en 1965, trata de que «Las mujeres compurgarán sus penas en lugares separados de los destinados a los hombres para tal efecto» (DOF, 1965).

ras delictivas tienen relevancia autónoma» (SCJN, 1959). Independientemente del contexto del caso en particular en que se dictara esta tesis, se desprende que, conforme a los miembros de la corte, se puede convertir a alguien en homosexual, y que es punible. Esta afirmación se corrobora con lo previsto en el artículo 201 del *Código Penal Federal* del año 1974, el cual estableció una agravante al delito de corrupción de menores, que contempla que «cuando los actos de corrupción se realicen reiteradamente sobre el mismo menor y debido a ellos este adquiera los hábitos del alcoholismo, uso de substancias tóxicas u otras que produzcan efectos similares, se dedique a la prostitución o a las prácticas homosexuales» (DOF, 1974b); es decir, inducir a las prácticas homosexuales a un menor es tan reprochable como inducirle al alcoholismo, a la prostitución o a la drogadicción.[15] Posteriormente, ya para el año 1994, dicho numeral fue modificado y sancionó «al que procure o facilite la corrupción de un menor de dieciséis años de edad o de quien no tenga capacidad para comprender el significado del hecho, [...] lo induzca [...] al homosexualismo» (DOF, 1994). Se aprecia que el legislador consideraba que la homosexualidad se aprendía y era tan reprochable como la mendicidad, la ebriedad, la drogadicción, la prostitución, las asociaciones delictuosas, e inclusive equiparable a otros delitos. En el año de 1999 este numeral fue reformado nuevamente, excluyendo tanto lo referente a las prácticas homosexuales como al homosexualismo (DOF, 1999).

La invisibilización, en un primer momento, y el rechazo a las sexualidades no hegemónicas que se aprecia en los artículos citados

---

[15] Debemos considerar que, al no establecer el cómo se puede influenciar a un menor a adquirir prácticas homosexuales, los escenarios posibles en que se podría incurrir en esta conducta van desde charlas sobre homosexualidad, publicidad homosexual, pornografía homosexual, propaganda homosexual. Lo anterior en virtud de que en ningún momento el legislador indicó que la forma de inducir al menor a las denominadas prácticas homosexuales fuera a través del contacto físico.

sin duda tuvo que tener algún efecto al momento de asumir una sexualidad disidente. Es decir, el hecho de reconocerse dentro de un grupo no hegemónico al cual se niega cierta clase de derechos, así como el cual se observa como reprochable, puede afectar el proceso de aceptación individual.

El reconocimiento y la protección

El reconocimiento de la discriminación que sufren algunos grupos considerados vulnerables en México fue reconocido en la *Constitución Política* en el año de 2001, momento en el cual se adiciona al artículo primero un tercer párrafo:

> Queda prohibida toda discriminación motivada por origen étnico o nacional, el género, la edad, las capacidades diferentes, la condición social, las condiciones de salud, la religión, las opiniones, las preferencias, el estado civil o cualquier otra que atente contra la dignidad humana y tenga por objeto anular o menoscabar los derechos y libertades de las personas. (DOF, 2001)

La prohibición de la discriminación atendió a los compromisos internacionales adquiridos por México, como son la firma de la *Carta de Naciones Unidas*, la *Declaración Universal de Derechos Humanos*, el *Pacto Internacional de Derechos Civiles y Políticos*, la *Convención Americana sobre Derechos Humanos* o la *Convención sobre la Eliminación de todas las formas de Discriminación contra la Mujer*, entre otras. Esta reforma dio origen a la *Ley Federal para Prevenir y Eliminar la Discriminación* del año 2003, en cuyo artículo cuarto apareció por primera vez en las legislaciones de México la prohibición expresa a la discriminación por preferencia sexual. En esta ley se consideraban diversas conductas discriminatorias y, en particular, conforme a su artículo noveno fracción XXVIII, «realizar o promover el maltrato físico o psicológico por la apariencia física, forma de vestir, hablar, gesticular o por asumir públicamente su preferencia sexual» (DOF, 2003). Más tarde, en el mes de marzo del año 2014, la misma ley por primera vez usó el termino de homofobia; sin definirla contempló que «también se entenderá como discriminación la homofobia, misoginia, cualquier manifestación de xenofobia, segregación racial, antisemitismo, así como la discriminación racial y otras formas conexas de intolerancia» (DOF, 2014).

Por su parte, la *Ley para Prevenir y Erradicar la Discriminación en el Distrito Federal* fue publicada en el 2006. Con ella, por primera vez en el Distrito Federal, pese a una redacción algo deficiente, se contempló en su artículo cuarto fracción VII como grupo en situación de discriminación a «las personas que viven con VIH-SIDA, con discapacidad, con problemas de salud mental, orientación sexual e identidad de género» (DOF, 2006), en el mismo artículo cuarto pero en su fracción XIII determinó lo que esta ley entiende por orientación sexual, que es «la capacidad de una persona para sentirse atraída por las de su mismo sexo, por las del sexo opuesto o por ambas» (DOF, 2006), por lo que conforme a esta redacción se contemplaba también las sexualidades hegemónicas como un grupo en situación de discriminación. Se destaca que esta ley, en su artículo 27, fue la primera que establecía la obligación de los entes públicos de desarrollar «medidas positivas a favor de la igualdad de oportunidades para los grupos con una orientación sexual diferente a la de la mayoría» (DOF, 2006), así como exigir en su artículo 21 fracción VIII que se ofreciera información completa y actualizada sobre los «derechos sexuales» (DOF, 2006), como el derecho a la libre autodeterminación sexual.

En el año 2011 fue abrogada la *Ley para Prevenir y Erradicar la Discriminación en el Distrito Federal,* y se promulgó la *Ley para Prevenir y Eliminar la Discriminación en el Distrito Federal,* siendo pionera en el uso de las siglas LGBTTTI, pues su artículo 4 fracción XI señalaba que esas siglas se referían al colectivo de «Lesbianas, Gays, Bisexuales, Transgéneros, Transexuales, Travestis e Intersexuales» (DOF, 2011a). También modificó la prohibición de la discriminación por orientación sexual e identidad de género:

> Queda prohibida cualquier forma de discriminación, entendiéndose por esta la negación, exclusión, distinción, menoscabo, impedimento o restricción de alguno o algunos de los derechos humanos de las personas, grupos y comunidades en situación de discriminación imputables a personas físicas o morales o entes públicos con intención o sin ella, dolosa o culpable, por acción u omisión, por razón de su [...] sexo, género, identidad indígena, de género, expresión de rol de género, [...] orientación o preferencia sexual, [...] o cualquier otra que tenga por efecto anular o menoscabar el reconocimiento, goce o ejercicio, de los derechos y libertades fundamentales, así como la igualdad de las personas. (DOF, 2011a)

Cabe destacar que esta ley fue la primera en definir la lesbofobia, transfobia y homofobia: en su artículo tercero fracción XIII afirma que la homofobia es «toda aversión manifiesta en contra de las orientaciones, preferencias sexuales e identidades o expresiones de género contrarias al arquetipo de los heterosexuales» (DOF, 2011a).

En el año 2011 la *Constitución Política de México* elevaría a rango constitucional la obligación de todas las autoridades a «promover, respetar, proteger y garantizar los derechos humanos de conformidad con los principios de universalidad, interdependencia, indivisibilidad y progresividad» (DOF, 2011b). En ella se elevó la prohibición expresa de la discriminación por preferencia sexual, en el artículo primero párrafo quinto. El que se contemple la prohibición de la discriminación por preferencia sexual independientemente de que en la *Ley para Prevenir y Eliminar la Discriminación en el Distrito Federal* se usen tanto los significantes de preferencias como de orientación, nos permite suponer que a nivel Federal nuestros legisladores aún consideran la homosexualidad como una preferencia. Esto es importante ya que el significante «preferencias» es diferente al de «orientación», pues el primero de ellos permite mantener el discurso que usan los grupos conservadores en lo referente a que el ser homosexual es optativo, situación en la que se basan muchas de las denominadas terapias de conversión. La prohibición de la discriminación a nivel constitucional, así como la promulgación de las diversas leyes para prevenirla y eliminarla, también generaron en algunos estados que la misma fuese considerada un delito, e inclusive en algunos otros se tipificaran agravantes cuando los delitos de homicidio o lesiones se cometieran en virtud de la sexualidad de la persona sobre la cual se cometía el ilícito.[16]

Es menester hacer una mención especial a la reciente *Constitución Política de la Ciudad de México*, la cual en diversos artículos plasma su interés de ser una norma completamente inclusiva. Por ejemplo, su artículo 9 señala que «la Ciudad de México garantiza la igualdad sustantiva entre todas las personas sin distinción por cualquiera de las condiciones de diversidad humana. Las autoridades adoptarán medidas de nivelación, inclusión y acción afirmativa» (DOF, 2017). En el segundo párrafo del mismo artículo prohíbe de forma expresa la discriminación por orientación sexual, identidad de género y preferencia sexual. En su artículo 11 establece el derecho a la autodeterminación personal, a la integridad y a los derechos sexuales;[17] en

---

[16] El *Código Penal* vigente de la Ciudad de México, en su artículo 138, prevé una sanción agravada en caso de que el delito de homicidio y lesiones se cometan en virtud del odio relacionado con la orientación sexual de la víctima. Asimismo contempla en su artículo 206 el delito de discriminación con una sanción de uno a tres años de prisión o de veinticinco a cien días de trabajo en favor de la comunidad, y multa de cincuenta a doscientos días (DOF, 2018).

[17] Respecto a la autodeterminación, indica que «este derecho humano fundamental deberá posibilitar que todas las personas puedan ejercer plenamente sus capacidades

su artículo 14 establece expresamente la prohibición a la discriminación en los servicios de salud (DOF, 2017). Quizá la parte que más se destaca de este ordenamiento en relación con la homosexualidad sea su artículo 16, el cual establece que

> La Ciudad de México garantizará la atención prioritaria para el pleno ejercicio de los derechos de las personas que debido a la desigualdad estructural enfrentan discriminación, exclusión, maltrato, abuso, violencia y mayores obstáculos para el pleno ejercicio de sus derechos y libertades fundamentales [...] Las autoridades de la ciudad adoptarán las medidas necesarias para promover, respetar, proteger y garantizar sus derechos, eliminar progresivamente las barreras que impiden la realización plena de los derechos de los grupos de atención prioritaria y alcanzar su inclusión efectiva en la sociedad. [...] H. Derechos de las personas LGBTTTI [...] 1. Esta Constitución reconoce y protege los derechos de las personas lesbianas, gays, bisexuales, transgénero, travesti, transexuales e intersexuales, para tener una vida libre de violencia y discriminación [...] 2. Se reconoce en igualdad de derechos a las familias formadas por parejas de personas LGBTTTI, con o sin hijas e hijos, que estén bajo la figura de matrimonio civil, concubinato o alguna otra unión civil [...] 3. Las autoridades establecerán políticas públicas y adoptarán las medidas necesarias para la atención y erradicación de conductas y actitudes de exclusión o discriminación por

---

para vivir con dignidad. La vida digna contiene implícitamente el derecho a una muerte digna» (DOF, 2017); respecto a la integridad indica que «toda persona tiene derecho a ser respetada en su integridad física y psicológica, así como a una vida libre de violencia»; por último, respecto a los derechos sexuales establece que «toda persona tiene derecho a la sexualidad; a decidir sobre la misma y con quién compartirla; a ejercerla de forma libre, responsable e informada, sin discriminación, con respeto a la preferencia sexual, la orientación sexual, la identidad de género, la expresión de género» (DOF, 2017).

orientación sexual, preferencia sexual, identidad de género, expresión de género o características sexuales. (DOF, 2017)

Como podemos observar, si bien este ordenamiento reúne diversas cuestiones ya establecidas en la *Ley para Prevenir y Eliminar la Discriminación del Distrito Federal,* también eleva a rango constitucional el derecho a la salud sin discriminación, el reconocimiento de las familias homoparentales y la obligación de tomar acciones positivas tendientes a la erradicación de la violencia, exclusión y discriminación de la cual han sido objeto los homosexuales en la ahora Ciudad de México, a través del tiempo.

A manera de conclusión

Las leyes mexicanas, al igual que las leyes de otros países, se han modificado con el tiempo y han dado cabida al respeto de la diversidad. Es menester considerar que si bien el Derecho, como instrumento del biopoder, influye en la forma en que se manifiestan las sexualidades, no consiguió eliminar las masculinidades no hegemónicas, influyó en gran medida para que las homosexualidades no se manifestaren de manera abierta, siempre destinadas a desenvolverse en lugares destinados para tal efecto, e inclusive en muchos de los casos en clandestinidad. Renaud, a través de entrevistas, testimonios, obras de literatura, revistas y guías gay, concluye que

En contradicción con la idea común, la generación que propiciará la salida colectiva del clóset en los 70 no padeció una represión tan brutal como a veces se cuenta. Es con una preocupación política más amplia que buena parte de los militantes decide formar parte del movimiento: se va a librar batalla en demanda de una mayor participación social; para dar otra imagen del homosexual, combatiendo el estigma que le condena a la marginación [...] principalmente las extorsiones de la policía, la falta de seguridad, la discriminación, las burlas homofóbicas en la escuela y en el ámbito laboral. (2013, p. 119)

Si bien la represión que podría ofrecer el Derecho, mediante la sanción de la homosexualidad, no tenía tal fuerza como para que los homosexuales no asumieran su sexualidad, tampoco podemos negar el efecto que puede brindar la sanción y el rechazo a la homosexualidad para justificar la aversión social, o, en su caso, ofrecer un terreno fértil para la extorsión y la discriminación, así como la incertidumbre laboral. Es factible que la manera laxa y la corrupción con la que actúa la justicia en México influyera en gran medida para que, incluso en los periodos de represión de la homosexualidad, esta no se sintiera por parte de los homosexuales de una forma «tan brutal» como apunta Renaud. Es decir, en caso de que la justicia mexicana fuese conocida a través de la historia como infalible, respetuosa de la norma, con la represión prevista hubiera sido insoportable el asumirse como homosexual. De la misma manera, esta forma en que se presenta la justicia en México posiblemente permitió que en el año de 1994, cuando se encontraba contemplado el homosexualismo como una forma de corrupción de menores en el *Código Penal*, lugares donde se reunían los homosexuales menores de 18 años en la Ciudad, como la cafetería Rockola, propiedad de uno de los magnates de la vida nocturna, hubiera sido cerrado de manera definitiva, no me atrevo a decir si en virtud de contubernio o sencillamente por la falta de interés de las autoridades. Sin embargo, espacios como ese, estoy seguro de que a muchos les permitió que el proceso de asumir la sexualidad fuera más llevadero. También la ambigüedad de la ley y la inobservancia o exigencia rigurosa de la misma por parte de las autoridades permitió la existencia de los grupos de apoyo.

Ahora bien, es necesario tener muy presente que hace no más de sesenta años la sodomía aún era un delito en Tamaulipas, o que hace veinte años la homosexualidad era rechazada en la legislación mexicana, a efecto de recordar que, pese a que ahora se reconozcan los derechos en la norma, esto no implica directamente que la homofobia desaparezca, y que precisamente por lo apático que puede ser nuestro sistema de justicia y por la corrupción latente, no podemos confiar en que el hecho de que sea tipificada la discriminación o se pretenda sancionar a la homofobia y los delitos que se desprenden en virtud de ella, esta vaya a desaparecer. Si bien confío en que cada vez sea más sencillo para las nuevas generaciones asumir su sexualidad sin el mismo temor que pudo existir en las generaciones anteriores, lo cierto es que mientras estas normas garantistas no encuentren un cumplimiento preciso por parte de las autoridades, y no generen un cambio de percepción social con respecto a la homosexualidad, necesitaremos buscar nuevas formas para lograr esa meta.

Referencias bibliográficas

ASOCIACIÓN DE ACADEMIAS DE LA LENGUA ESPAÑOLA (2010): *Diccionario de americanismos*, <bit.do/eWV2y>.

BOURDIEU, Pierre (2000): *La dominación masculina*, Anagrama, Barcelona.

BRITO, Alejandro (2007): «Homofobia: La discriminación que no tenía nombre», en *La discriminación con motivo de las preferencias sexuales, Comisión Ciudadana de Estudios contra la Discriminación*, mayo, México, D.F. (conferencia).

DESASTRE MX (2019, 1 de febrero): «Parejas gays ya no podrán ser detenidas en Toluca por "faltas a la moral"», <bit.ly/2SjXMij>.

DOF, Diario Oficial de la Federación (1917): *Constitución Política de los Estados Unidos Mexicanos*, México, D.F.
— (1928): *Código Civil Federal*, México, D.F.

— (1931): *Código Penal Federal*, México, D.F.

— (1953): *Constitución Política de los Estados Unidos Mexicanos*, México, D.F.

— (1965): *Constitución Política de los Estados Unidos Mexicanos*, México, D.F.

— (1969): *Constitución Política de los Estados Unidos Mexicanos*, México, D.F.

— (1974a), *Constitución Política de los Estados Unidos Mexicanos*, México, D.F.

— (1974b), *Código Penal Federal*, México, D.F.

— (1977): *Constitución Política de los Estados Unidos Mexicanos*, México, D.F.

— (1991): *Código Penal Federal*, México, D.F.

— (1994): *Código Penal Federal*, México, D.F.

— (1999): *Código Penal Federal*, México, D.F.

— (2000): *Código Civil Federal*, México, D.F.

— (2001): *Constitución Política de los Estados Unidos Mexicanos*, México, D.F.

— (2002): *Código Penal para el Distrito Federal*, México, D.F.

— (2003): *Ley Federal para Prevenir y Eliminar la Discriminación*, México, D.F.

— (2004): *Ley de Cultura Cívica del Distrito Federal*, México, D.F.

— (2006): *Ley para Prevenir y Erradicar la Discriminación en el Distrito Federal*, México, D.F.

— (2007): *Código Penal Federal*, México, D.F.

— (2009): *Código Civil para el Distrito Federal*, México, D.F.

— (2011a), *Ley para Prevenir y Eliminar la Discriminación en el Distrito Federal*, México, D.F.

— (2011b), *Constitución Política de los Estados Unidos Mexicanos*, México, D.F.

— (2014): *Ley Federal para Prevenir y Eliminar la Discriminación*, México, D.F.

— (2015): *Constitución Política de los Estados Unidos Mexicanos*, México, D.F.

— (2017): *Constitución Política de la Ciudad de México*, Ciudad de México.

— (2018): *Código Penal para el Distrito Federal*, Ciudad de México.

FOUCAULT, Michel (1977): *Historia de la sexualidad I. La voluntad de saber*, Siglo XXI, Madrid.

GARZA, Federico (2002): *Quemando mariposas. Sodomía e Imperio en Andalucía y México en los siglos XVII y XVIII*, Laertes, Barcelona.

GOTAB, Gaceta Oficial del Estado de Tabasco (1958): *Código Penal para el Estado de Tabasco*, Villahermosa.

— (1972): *Código Penal para el Estado de Tabasco*, Villahermosa.

GOTAM, Gaceta Oficial del Estado de Tamaulipas (1958): *Código Penal para el Estado de Tamaulipas*, Ciudad Victoria.

LARA, Luis (2000): *Diccionario del español usual en México*, Biblioteca Virtual Miguel de Cervantes, <bit.ly/2CdkGhP>.

REAL ACADEMIA DE LA LENGUA ESPAÑOLA (2001): *Diccionario de la Real Academia de la Lengua Española*, <www.rae.es>.

RENAUD, René (2013, agosto): «De cantinas, vapores, cines y discotecas. Cambios, rupturas e inercias en los modos y espacios de homosocialización de la Ciudad de México», *Revista Latinoamericana de Geografía e Gênero*, vol. 4, 2, pp. 118-133.

SCJN, Suprema Corte de Justicia de la Nación (1933): «Ultrajes a la moral, pública o a las buenas costumbres», 5.ª época, registro 313285, tomo XXXIX, México, D.F.

— (1950): «Sodomía, delito de (Legislación de Tamaulipas)», 5.ª época, registro 299887, tomo CIV, México, D.F.

— (1959): «Violación de un impúber y corrupción de menores», 6.ª época, registro 262366, volumen XXVII, segunda parte, México, D.F.

LA FLOR CAUTIVA:
LA VIVENCIA HOMOSEXUAL DE LA FEMINIDAD
Roberto Mendoza Benítez

Soy por dentro
Una princesa encantada
Por fuera
Un furioso guerrero que la guarda

Arturo Ramírez Juárez (1987, p. 19)

La sexualidad de los hombres homosexuales en la Ciudad de México está limitada por ciertas condiciones: por un lado, se les adjudica etiquetas, presuponiendo que desean «ser como mujeres», razón con la cual se fundamenta todo tipo de exclusiones; mientras, por otro, se repite el ejercicio de los valores de la doble moral patriarcal hegemónica y, al mismo tiempo, se les atribuyen actitudes y/o comportamientos considerados como femeninos. Con esto último, se pretende disfrazar la homofobia introyectada que descalifica y al mismo tiempo favorece los comportamientos socialmente signados como propios de la feminidad. Esta vivencia genérica consiste en un grupo de actitudes en el lenguaje corporal, gestual, emocional y oral que pretendidamente son femeninas, sin comprometer el cuerpo homosexual masculino. Nuestro objetivo es dar voz a esta forma de vivenciar la diversidad sexual; es decir, la de los hombres homosexuales que deciden ejercer su feminidad.[1]

---

[1] No se consideran, por tanto, los comportamientos transexuales, travestis y transgénero. Es conveniente aclarar que no se está utilizando la palabra gay, para alejarnos de la connotación que actualmente se adjudica a este término: una persona preocupada por el consumo, la apariencia y la moda; aunque sabe de sus derechos y los ejerce bajo situaciones que considera adecuadas para sí mismo, sobre todo en la arena política;

El presente trabajo parte de la información que se obtuvo a partir de un estudio dirigido a hombres homosexuales que han llevado a cabo algún tipo de trabajo encaminado a la toma de conciencia de su sexualidad, en la Ciudad de México a principios del 2017. El número total de cuestionarios efectivos fue de 30. En el mismo se preguntaba por la edad y el nivel de estudios, la profesión o actividad principal desempeñada, y se planteaban las siguientes cuestiones:

1. ¿Qué te representa lo masculino?
2. ¿Qué te representa lo femenino?
3. ¿Qué es para ti la sexualidad masculina?
4. ¿Qué es para ti la sexualidad femenina?
5. ¿Cómo describes o representas a un hombre homosexual femenino?
6. ¿Qué actitudes consideras tiene un hombre homosexual que ejerce su feminidad?
7. ¿Estás en contacto con tu feminidad?
8. ¿A qué causa le atribuyes esta posibilidad?
9. ¿Cómo vives tu feminidad?

Es pertinente aclarar que el propósito de las encuestas era contar con referentes de información no contenida en las diversas fuentes bibliográficas consultadas; por tal motivo, las respuestas obtenidas y el cuestionario no fungen como un instrumento de estandarización. En cuanto al reporte de los resultados debido al tipo de pregunta, cada respuesta tuvo la opción de entrar en más de una categoría de

---

como indica Byung-Chul, ante la «democracia líquida» la política cede el paso a las necesidades sociales y el veredicto general de una «sociedad positiva» se concretiza en la frase: «me gusta» (2016, p. 22). Esta última discusión supera los objetivos de este trabajo.

análisis. En referencia a los datos generales encontramos que el rango de edades fue de 27 a 49 años, siendo la media de 30 años, lo cual repercutió en el nivel de estudios, pues un 56% cuenta con licenciatura, siguiendo el de preparatoria con un 27%.

Resulta interesante que, en lo respectivo a las profesiones, aquellas que tuvieron mayor porcentaje de mención son las clasificadas como de asistencia, educación y ciencias de la salud (psicología, enfermería, cirujano dentista,...): dichas actividades suelen considerarse propias de mujeres, pues se las asocia con «el cuidado del otro». Llama la atención que algunos encuestados reconocieron ser amas de casa o dedicarse a los quehaceres domésticos como profesión o actividad importante para ellos, que por lo general se considera de poca relevancia.

Con relación a las preguntas 1 y 2, referentes a qué les significa «lo femenino» y «lo masculino», el máximo porcentaje de respuestas (para ambas categorías) se centra en los atributos establecidos por el sistema patriarcal, aunque es importante enfatizar que hubo un mayor número de respuestas en el caso de los atributos masculinos (83%). De este porcentaje, entre las respuestas con mayor frecuencia están: «fuerte y guerrero», «asignación por género», «erotismo y atracción». Mientras que de los atributos femeninos (79%), entre las respuestas están: «vivencia y expresión de afectos y emociones», «asignación por género», «delicado» y «débil». Tal vez, ello refleja la fuerza del sistema binario de valores por atributos de género, en el que crecieron las personas encuestadas. Con las anteriores respuestas se percibe que los afectos y emociones, así como aquello asociado con el aspecto biológico, sirven de base para ubicar los atributos femeninos y/o masculinos de acuerdo con la moral patriarcal hegemónica, a pesar de que algunos (los menos) reportaban entre líneas que era parte de la cultura y que era una de las formas como el individuo puede vivenciarse.

En lo que respecta a las características de menor porcentaje de «lo femenino», encontramos atributos como «inteligencia», «algo erótico» y «parte de sí que exploran», «la ventana con que se ve el mundo», lo cual implica una perspectiva diferente de concebir su entorno. A su vez, hubo respuestas atípicas como la siguiente: «es lo mejor de algunos hombres», lo que sería indicio de la existencia de un proceso de reaprendizaje en torno a los roles femenino y masculino. Ahora bien, en referencia a «lo masculino», las respuestas son: «belleza», «hermoso» y «parte de la persona», «ternura», «emotividad» y «algo hermoso», aunque la mayoría consideró estos aspectos como atributos femeninos. Un aspecto significativo es que en este apartado fueron menores las menciones que las presentadas para «lo femenino». Se detectó que los hombres exhiben una mayor resistencia a asumir roles tradicionalmente asignados al género femenino, aunque la mayoría de las respuestas señalan que lo femenino es parte de la personalidad de los entrevistados.

En relación con las preguntas 3 y 4, se observa que el porcentaje atribuido a los roles genéricos dentro de la perspectiva patriarcal sigue siendo alto. Sin embargo, se detecta una diferencia significativa, consistente en que en las preguntas originales daban por resultado un alto porcentaje de lo considerado propio de la masculinidad, mientras que las preguntas modificadas arrojaron un porcentaje menor. En cuanto a sobre la sexualidad masculina, llaman la atención la similitud entre la perspectiva patriarcal y las opiniones de los encuestados (77%). Por ejemplo, se relaciona la masculinidad con atributos físicos (16%) y con el «dominio» (13%), mientras que la ausencia de afectos y sentimientos ocupan los menores porcentajes. De forma complementaria a esta percepción de lo masculino se mencionaron que son propias de esta «asignación de género» tanto «la acción» como «el goce» (30%), mientras que «lo erótico» obtuvo una mención equivalente al 19%. Desde una óptica diferente a la patriarcal, encontramos respuestas como: «no la entiendo», «es compleja la sexualidad masculina», «agrado, exploración y emotividad», «lo mismo que la sexualidad femenina», «una forma de representar deseos, emociones y sentimientos» y «forma en que alguien decide vivir».

Ahora bien, al plantear qué les significa la sexualidad femenina, las respuestas correspondientes a la óptica patriarcal, con un 74%, mencionaban: «lo sensitivo y lo emotivo», «dedicado a otros», «género o rol de mujer», «receptivo», «inestable», y en un mínimo porcentaje hubo quien reportó que no existe. Dentro de las respuestas que se agruparon como una perspectiva diferente (26%) están: «una forma de vivir la sexualidad», «un referente teórico o de conocimiento propio», «mujer en plenitud», «goce», «modo de expresar afectos y sentimientos», «parte vital y sensual de algunos hombres» y por último «algo bello». Cabe mencionar que hubo quienes señalaron que su feminidad debió de ser internalizada socialmente o bien que no entienden la sexualidad masculina, pues su feminidad la aprendieron de su madre, de lo cual se discurre que hubo una identificación con lo femenino conservada, a pesar de que la norma social y familiar no lo favorece.

La pregunta número 5 asoció el término hombres homosexuales con el de feminidad. De nuevo se observa que se transfieren los atributos de lo femenino a los hombres homosexuales. Aquí es pertinente anotar las respuestas obtenidas, pues nos empiezan a indicar las subcomunidades en que se convive, dentro de la comunidad de hombres homosexuales en la Ciudad de México. Así pues, las respuestas de acuerdo con el rubro que fueron asignadas son las siguientes:

1. Aspectos emotivos que se consideran femeninos dentro del sistema patriarcal (22%): «tierno», «dulce», «alegre», «conectado con sus sentimientos», «con maneras delicadas y suaves», «sensible», «cariñoso», «expresa sus sentimientos», «voz aguda».
2. Acciones femeninas (23%): «usa maquillaje», «con ademanes», «es una manera de comportarse», «usa ropas femeninas», «asume el rol femenino en sus acciones y en su cuidado personal».

3. Que parece mujer (13%): «travesti», «un intento de mujer mal logrado puesto que una mujer no exagera su condición», «toma una opción de sentir y pensar en algunos aspectos que se consideran propios de una mujer», «gusta de parecer mujer en el hablar y el vestir», «es un aprendizaje con la figura femenina».

4. Estereotipo de homosexual (20%): «jota», «torcida», «gay», «más visible en la comunidad», «cumple con el estereotipo típico del homosexual». Aunque estas respuestas también podrían ubicarse en cualquiera de las categorías anteriores, sin embargo no se refirió mayor información.

5. Otras formas de percepción (22%): «inteligente», «audaz», «sagaz», «intuitivo», «equilibrio entre lo físico y emotivo», «no teme mostrar sus puntos débiles», «no tiene cortapisas en sus afectos», «comprensivo», «libre», «delgado con ojos claros», «alto con muchas ganas de vivir», «los escoceses», «Pedro Almodóvar», «un travesti llamado Terry», «persona que vive con un estilo de vida diferente», «es normal, la naturaleza hace una diversidad», «desarrolla más el contacto con los demás».

Tomando en cuenta las respuestas anteriores, se deriva que lo femenino les causa conflicto en su identidad genérica, pues lo que se hace visible es considerado como algo no favorable o deseable.[2] Así, pues, se puede afirmar que su estilo de vida (cuando se relaciona con lo femenino y si ello se hace público) es poco favorable para quien lo realiza, pues este debe ser privado, mas no se alcanza a tomar conciencia que se está presentando una inversión, pues por sus atributos de género son los establecidos por el sistema patriarcal.

---

[2] «Lo malo no está en ser homosexual sino en comportarse como tal» (Muñoz, 2010, p. 103). O como recomienda «la Doctora Ilustración», por conducto del personaje «supercloset», «si quieres obtener la respetabilidad social, búscala en un lugar donde no vivas y donde, por tanto, nadie te conozca. Verás que ahí eres admirado» (Monsiváis, 2018, p. 204).

Aunque su estilo podría hacerse público, prefieren conservarlo exclusivamente en el ámbito privado.

A fin de corroborar los datos del reactivo anterior, la siguiente pregunta se formuló de esta forma: «¿Qué actitudes consideras tiene un hombre homosexual que ejerce su feminidad?». Cabe mencionar que hubo personas que reportaron que la pregunta era confusa y en otros casos solicitaban aclaración, de lo cual se infiere que la representación de algo externo es más sencilla en oposición al ejercicio contrario, es decir, valorar y reconocer como propias las actitudes de los hombres homosexuales que ejercen su feminidad. De este resultado se observa que el porcentaje se invierte, pues ahora son mayores las respuestas que se pueden considerar alentadoras y que salen de lo considerado como actitudes estereotipadas, aunque la mayoría no las reconoce como propias. En esta ocasión el segundo lugar lo ocupan aquellas menciones donde lo visible, por acercarse a lo que se considera femenino, no es visto con agrado. A continuación, se presentan las respuestas obtenidas en cada categoría, dejando al final las de mayor porcentaje y las respuestas que no fue posible categorizar por su excepcionalidad:

1. Aspectos de rol femenino, con un 24%: «solo vive para el otro»; «que necesariamente requiere de una motivación independientemente de la atracción física»; «le gusta el rol pasivo»; «una actitud de mayor comprensión, paciencia y ternura»; «expresión de sentimientos y emociones»; «entrega en mayor medida»; «ser sensible, llorar, intuir, ser cálido, ser amoroso»; «juega con papel de sumisión»; «sentir a un hombre más fuerte que él», «sensible y soñador». Llama la atención que en mayor medida las menciones son relativas a una acción hacia los demás, siguiendo las relacionadas con emociones y sentimientos y, en último lugar, las que se pueden considerar propiamente una actitud.

2. Identificación con mujeres, con un 16% de respuestas: «conoce su lado femenino y desconoce su lado masculino»; «se siente más identificado con una mujer»; «trata de imitar el comportamiento de una mujer y si es posible cambia su apariencia»; «sus pensamientos tienen que ver mucho con los de una mujer», «su forma de vestir, sus actitudes y su sentir»; «ser muy mujeres en la cama imitando quejidos». En este caso las menciones refieren en mayor cantidad a conductas o comportamientos considerados propios de las mujeres, siguiendo las de pensamiento y, por último, la que se pudiera considerar como una identidad.

3. Diferente a estereotipos, es el porcentaje más alto con 49%: «menos restringido»; «no se plantea obstáculos emocionales»; «es más discriminado»; «seguro y confiado de sí mismo, libre»; «mayor comunicación»; «más divertido sexualmente»; «la posibilidad de expresar e integrar sentimientos»; «valentía»; «lidia con el machismo y homofobia de otros homosexuales»; «no teme al rechazo ni al estigma»; «ha superado tabúes que separan a hombres y mujeres»; «elección y respeto»; «identidad diferente, juega con roles»; «los que dictan sus emociones y su atracción erótico afectiva»; «las mismas que cualquier otra persona»; «de apertura y acercamiento a los demás»; «las que ha aprendido». En este rubro las menciones se centran en aspectos que se pueden considerar como parte de una identidad: libertad, aceptación e integración al estilo de vida de las personas, tanto en lo que respecta a pensamiento, sentimientos y emociones como a forma de expresarse y su actuación; en segundo lugar, aquellos que refieren a salvar los obstáculos de un medio ambiente externo, estos son: seguridad y valentía; todos ellos como puntos que postula la ética feminista del placer, pues la persona es dueña de su cuerpo y de su ser, lo que le permite ser auténtica y ejercer su libertad. Es necesario notar que todas estas, así consideradas, «virtudes» son valoradas de forma positiva en la medida que se alejan del estereotipo social degradado tradicionalmente y asignado a los homo-

sexuales en México. Es decir, se captan como algo deseable y alcanzable para los propios homosexuales, pero no aplicable en lo personal, sino como atributos de otras personas de la propia comunidad.

4. Otras respuestas que no eran clasificables en las anteriores categorías obtuvieron el 11%, por lo que a propósito del cuestionamiento de cómo se representa un homosexual femenino se obtuvieron respuestas como las siguientes: «a veces de forma represiva y a veces abiertamente», «muy estereotipada en ocasiones»; «receptivo y activo en el sexo»; «no tengo idea»; «desarrolla actitudes muy defensivas y agresivas para sí y para la sociedad»; «en ocasiones son tan abiertas que no se toman en serio, se relegan».

Aunque el 49% de los entrevistados refirió aspectos favorables de las actitudes de hombres homosexuales que ejercen su feminidad, al preguntar si el entrevistado está en contacto con su feminidad el porcentaje se eleva a 50% de respuestas afirmativas. No obstante, cuando se preguntó cómo vivían su feminidad el porcentaje de respuestas afirmativas disminuyó a un 43%; al mismo tiempo un 20% afirmó que «a veces» vivía su feminidad, mientras que el 13% indicó que no está en contacto con su feminidad; otras personas reportaron que «no mucho» (10%) y, finalmente, el 7% indicó «no lo sé». De ello, se puede inferir que para algunas personas lo femenino es un rasgo interno; centrándose así en su vivencia femenina, con independencia de cómo son juzgados desde el exterior. Este punto merece un trabajo en exclusiva.

Ahora bien, revisando el contacto con la feminidad, las respuestas en las demás categorías se clasificaron como:

1. Factores del medio ambiente externo, el cual obtuvo el mayor porcentaje (33%); mismo en el que se encuentran todos los que contestaron «muy poco» y la mayoría de «a veces». Sin embargo, la gran mayoría de los entrevistados mostró temor o inseguridad para expre-

sar las propias vivencias sobre su feminidad. Veamos algunas de las situaciones mencionadas: «solo lo exploro con amigos o personas de confianza»; «a mi machismo», «me gusta el poder»; «me cuesta trabajo», «juego con ello»; «a que la gente con que vivo a diario vive de la imagen y del poder»; «mitos y tabúes»; «no me permito hacerlo desde pequeño, no se me fomentó como algo positivo»; «me parece más atractiva la masculinidad como presencia externa».

2. Un 22% de las respuestas indican que se vive como un proceso, las respuestas fueron: «a los años de terapia»; «aceptar cosas femeninas que me agradan y pueden llevarse bien con las masculinas»; «me intereso por informarme y leer»; «a que me doy chance»; «a talleres de sexualidad».

3. Las respuestas referentes a cierto aprendizaje (19%) reportaron el siguiente tipo de comentarios: «a la crianza que recibí»; «debió ser internalizado en el ámbito social»; «a que me permito explorar»; «identificación con mi madre», «al aprendizaje que tuve con mujeres a lo largo de mi vida», «a las experiencias que me he permitido».

4. A continuación, se ubican las respuestas concernientes a aspectos internos de la persona y que hemos dado en llamar «ambiente interno» (17%); aquí encontramos: «al equilibrio de emociones»; «me expreso como soy y sin inhibición»; «a las hormonas»; «dejo expresarse a mi otro yo»; «soy yo mismo».

5. Por último, en menor porcentaje (9%), están quienes no se identifican con lo femenino o cualquier aspecto considerado propio de las mujeres y obviamente son quienes contestaron que no están en contacto con su feminidad.

Como se puede apreciar por las respuestas anteriores, el medio ambiente externo fue mencionado como algo favorable.

Respecto a la última pregunta («¿Cómo vives tu feminidad?»), se encontraron las siguientes respuestas: «cuando estoy con amigos»; «en el congal»; «joteando y hablando en femenino»; «dejándome dominar»; «alegre», «divirtiéndome cuando estoy en confianza»; «en mi soledad o mi intimidad»; «no tratar de reprimirme por prejuicios sociales», «creyendo en mi intuición»; «negociando conmigo mismo lo que me gustaría conocer como varón». Todas estas respuestas apuntan a que hay un proceso de reaprendizaje que podría dirigirse hacia cierta autonomía. No obstante, se encontró que aquellos encuestados que contestaron «a veces» y «muy poco» utilizan argumentos relacionados con un ambiente externo desfavorable; además, que regularmente su vivencia se concreta en comportamientos y expresiones que realizan en circunstancias controladas y que no los hacen evidentes o visibles en su entorno social. Adicionalmente, hacer visible la feminidad no era considerado algo positivo a la persona: en consecuencia, renuncian a su vida privada o bien practican una separación tajante entre vida pública y vida privada.

De forma parecida pueden considerarse los encuestados que afirmaron de modo certero que vivencian su feminidad. Estos señalaron la existencia de pensamientos correlacionados con sentimientos y emociones, que pueden manifestarse gracias a un alto grado de libertad en sus acciones, pues el medio ambiente externo es un elemento que propicia la vivencia de su feminidad. Los porcentajes en este sentido son elocuentes, ya que el 28% relaciona su feminidad con sentimientos o emociones, mientras que el 23% apunta preferentemente al plano de las acciones que se realizan procurando una satisfacción personal, sin considerar lo que se opine en el medio ambiente (sea a favor o en contra de estos comportamientos). Este último porcentaje se contrapone con el siguiente 20%, que afirma que lleva a cabo este tipo de acciones y comportamientos con el fin de complacer a otros; en el caso del 18% de las respuestas, estas señalan que actúan con base en la libre voluntad o autonomía. Por último, con un 7% y un 4% se reportó que la respectiva feminidad se relega al perfil del pensamiento individual y solo a expresiones orales, respectivamente.

La vivencia del hombre homosexual femenino

En las siguientes líneas se presentan los resultados a la pregunta que está más perfilada para nuestros intereses, sobre el cuestionamiento de cómo se ejerce la propia feminidad. Para tratar de entender las verdaderas dimensiones de este aspecto hemos dividido las respuestas en los siguientes apartados:

1. Acción: «A través del cuerpo», «con manierismos», «movimientos de ojos (coqueteo), manos, cadera, etc.»; «con el escuchar», «con preocuparme del otro», «hasta con mi rol de inter en la relación sexual»; «a veces me pongo maquillaje»; «intentando ser tierno y divertido»; «en la forma de comportarme y moverme»; «escucho y apapacho mucho»; «llorar, abrazar, etc.»; «trato de ser amable y agradable»; «atreviéndome a hacer lo que me gusta»; «con mis actitudes hacia la gente»; «adoptando posturas femeninas y delicadas».

2. Sentimientos y emociones: «al contactarme con las emociones del otro (al ser sensible)»; «con mi ternura, explorando mis emociones y sensaciones»; «comprensión y sensibilidad hacia el otro»; «como algo que me hace sentir bien»; «insistiendo en el sentir y dándole tanto valor como al pensar»; «explorando mis sentimientos y actitudes con la gente que quiero»; «dándome chance a lo sensible».

3. Pensamiento: «forma de pensar abierta»; «pensar en los sentimientos»; «no permitiendo que el entorno me diga lo que es bueno o no».

4. Expresión oral: «joteando, hablando en femenino»; «con las expresiones para referirme a mí que pueden ser en femenino y no causarme problemas».

5. Aspectos internos: «creyendo y dejando que mi intuición dicte el camino»; «contacto con lo interno y le hago caso»; «en la elección de objetos personales y que me rodean»; «con orgullo, placer y satisfacción»; «conciliando mis deseos e intereses con los de las personas que me relaciono»; «siendo espontáneo»; «haciendo con pasión las cosas».

Llama la atención aquí los matices en las respuestas a la pregunta «¿estás en contacto con tu feminidad?», pues un 7% refiere solo hacerlo en algunas ocasiones. Mientras que a la pregunta «¿cómo describes o representas a un hombre homosexual femenino?», solo un 22% lo percibió de manera favorable e incluso se mencionaron aspectos que no están aquí incluidos. De forma relacionada se puede interpretar la respuesta a la pregunta «¿qué actitudes consideras tiene un hombre homosexual que ejerce su feminidad?» el porcentaje de respuestas positivas se incrementó a 49%.

En vista de los anteriores porcentajes, si esta es la concepción que se tiene de dichas personas (recordemos que al referirse a hombres homosexuales que ejercen su feminidad se pensaba en alguien ajeno a los entrevistados), podemos considerar las características nombradas como propias de una identidad femenina en el género masculino, presente en la comunidad de hombres homosexuales de la Ciudad de México. Por consiguiente, se puede afirmar que son personas con mayor posibilidad de llegar al pensar sintiendo y al sentir pensando o bien a la pasión razonada y a la razón apasionada, que ha brotado desde su morada interna y por tanto es su propia fuente para valorarse y valorar su entorno.

Así pues, entendemos que si bien culturalmente se les atribuyó una identidad masculina hegemónica, han revisado sus aprendizajes acerca de los atributos femeninos y masculinos. Al haber reflexionado decidieron reconocer y ejercer los atributos femeninos como parte de su estilo de vida, con lo cual construyen su propia identidad como hombres homosexuales femeninos. Podemos, entonces, relacionar estos cambios personales con *la ética del placer* (Hierro, 2001), la cual indica que el último fundamento de sus valores es su propia vida: la que se expresa con gozo y placer preocupándose por su propia existencia y no la justifica en función de los demás. Por ello, es posible decir que se constituyen como excéntricos en la comunidad de hombres homosexuales, pues han roto las estructuras patriarcales que están inmersas en dicha comunidad, mostrando la verdad de su experiencia. Es posible afirmar esto, pues han logrado ejercer y comprender que el placer es condición para la autonomía, la cual les permite llegar a su autenticidad forjando su propia ley en lo que respecta a su persona. Además, es notorio que han hecho una apropiación de su cuerpo, entendiendo por este no solo lo externo o físico sino también las emociones, sentimientos, pensamientos, deseos e intuiciones. Cabe mencionar que su discurso es narrativo y personal, pues no se preocupan por justificarse en función de los otros, ya que su propia expresión y vivencia lo justifican. En vista de lo anterior, se puede corroborar que la feminidad, descontextualizada de la moral patriarcal, es una forma de expresión, es una vivencia diaria que no se ubica en un solo contexto; a diferencia del caso de las personas que «viven su feminidad» en situaciones controladas, que les ofrecen seguridad, que puede ir desde el anonimato hasta la vivencia del exilio sexual de su homosexualidad.

Estos relatos personales permiten observar que se da un proceso de reaprendizaje, que posibilita la liberación de la flor cautiva en el género masculino o bien, glosando el poema de Arturo Ramírez Juárez, que la princesa encantada no siempre está escondida y no necesita ser resguardada por ningún furioso guerrero. Han descubierto por sí mismos su autonomía y autenticidad. Además, se posibilita argumentar las razones de su elección; aunque no será posible evitar la marginación de otras personas de su comunidad por mostrar «marcas femeninas». Este proceso discriminatorio llega a su cúspide al excluir, marginar y anatemizar a los homosexuales que son percibidos como femeninos.[3] Constituye una puesta al día de los postula-

---

[3] Estamos subrayando la existencia de una homofobia, incluso en la comunidad de hombres homosexuales, como indica Monsiváis; va más allá de «das antipatías o las desconfianzas o los recelos morales que los gays suscitan, algo muy arraigado y de

dos del patriarcado o una «pseudotolerancia», mediante la cual el homosexual femenino es abiertamente dominado y menospreciado; por ello, toda actitud que se considere relacionada con las mujeres o femenina se asume como pasiva y, por tanto, debe ser controlada, exigiendo disimulo y discreción. Se les ordena ser invisibles.

Los homosexuales que perpetúan el sistema binario no logran asumir la responsabilidad y el compromiso que conlleva el apropiarse de su ser y expresarse por libre voluntad. Llegan a «ser» y «hacer» algo solo para que la gente los acepte o bien por estar a la moda con los conceptos de la globalización. Como apunta Frédéric Martel, «La globalización no borra las diferencias dentro del mundo homosexual, sino que las consagra. Existe, pues, un valor más poderoso que el de la diversidad: el de las diferencias dentro de las propias minorías» (2013, p. 317). De tal manera que estos nuevos inquisidores centran sus decisiones en un contexto externo y se olvidan de sí mismos, tratando de validar su posición excluyendo a quienes ponen en riesgo su seguridad. Este proceso puede explicar las causas que ocasionan la formación de subcomunidades identificadas con distintos términos que se plantean como excluyentes: de clóset, gay, hsh, homosexual, vestida, torcida, activa, pasiva, etc., con el propósito de identificarse con un grupo que no les conflictúe y los coloque en situaciones de riesgo en su contexto social; de esa manera ejercen una violencia moral. Estas subdivisiones o clasificaciones en constante reconfiguración se instituyen como una construcción social basada en una creencia excluyente y marginalizadora, la cual excluye al clasificador de la misma manera como este es excluido del sistema hegemónico y misógino.

---

eliminación ardua incluso entre los propios gays, [es] el encono activo del prejuicio, la beligerancia que viene de la convicción de la falta de humanidad de los disidentes sexuales» (Muñoz, 2010, p. 26).

Se pasa por alto que los hombres homosexuales que se etiquetan como travesti, vestida, torcida o pasiva, por ser visibles se consideran como los menos deseables y, en consecuencia, son en quienes recae, en primera instancia, la crítica y el rechazo patriarcales. Son en realidad la «carne de cañón» de esta comunidad. Han sido históricamente los primeros en experimentar la violencia física y moral, por ser visibles o bien por ser «da voz» que da cara a todos aquellos que tratan de hacerse invisibles en el espacio público. Ello hace necesario correr el «velo de la ignorancia» que lleva impregnado la misoginia y la homofobia, sustentadas en «el encono activo del prejuicio, la beligerancia que viene de la convicción de la falta de humanidad de los disidentes sexuales», de acuerdo con Monsiváis (Muñoz, 2010, p. 26). Tanto esa misoginia como esa homofobia consideran al hombre homosexual femenino como el «mal», el cual debiera ser extirpado o excluido de la comunidad higienizada, propia de los tiempos globales.

Por tanto, quienes se creen poseedores de una apariencia de hombre heterosexual no se preocupan por reconocer su propia feminidad, pues están inmersos y aceptan de buen grado el sistema de prestigio hegemónico en donde se cobra mayor estatus en la medida que se acerquen a la apariencia o estereotipo heterosexual. Encontramos que incluso actualmente las masculinidades han establecido jerarquías para diferenciarse, tales como la competitividad, el liderazgo —por los cargos laborales logrados y/o estudios de posgrado— y de manera más visible la práctica de deporte, según indica Irene Meler (2017, p. 283). Serían mecanismos que les sirven para establecer alianzas sociales y económicas a fin de diferenciarse del resto de los hombres, ya sean heterosexuales u homosexuales. Con ello se logra la exposición del cuerpo para su eficiente explotación traducida en un rendimiento sexual. Por consiguiente, se manifiesta el temor a la feminidad por considerarla visible y potencialmente evidenciadora de su preferencia sexual, hecho que puede desatar procesos de marginación y exclusión al no ser valorados como competitivos desde el punto de vista laboral. Por otra parte, también se considera la orientación sexual como algo privado que de llevarse al espacio público se supone que estaría bajo el control del entorno social. Mucho menos se piensa en hacer de la propia homosexualidad un ariete político, como era la tónica a finales del siglo XX. Debemos reconocer que, al estar inmersos históricamente en una sociedad falocrática y patriarcal, resulta complejo salvar el obstáculo de los valores, creencias y costumbres que se han constituido como sistemas de control cada vez más sofisticados por los gobiernos, instituciones y personas que integran una sociedad.[4]

En contraposición, los homosexuales que vivencian su feminidad y deciden hacer de lo privado algo público y político se convierten en «presa fácil» y, por su independencia económica, deben pagar monetariamente y/o cediendo posiciones de jerarquía para poder depositar sus afectos, expresar sus deseos y emociones o simplemente para lograr placer en una relación sexual. Por la pérdida de poder se les consideran como dedicados a otros, como un objeto, ya que «la feminidad» en general no puede actuar en espacios públicos y menos cuando se trata de un hombre homosexual femenino.

Por todo ello se sugiere una educación que se conciba como «una sabiduría a partir de la reflexión sobre el propio vivir», ya sea femenino, masculino, mujer, hombre u otro (Hierro, 2001, p. 128), que permita constituirse como personas autónomas y en plenitud

---

[4] A manera de ejemplo, podemos comentar los matrimonios entre personas del mismo sexo, que son considerados como una victoria en la lucha por los derechos. Pero no debemos perder de vista que el matrimonio y la familia son una de las formas o instituciones primordiales para el patriarcado; además, para los gobiernos y las instituciones se crean mercados de consumo que generan ingresos, todo lo cual denota cualidades de avanzada, de estar a la moda, de tal manera que el ensanchamiento del mercado lo hace políticamente correcto.

de ejercicio sobre su cuerpo, entendido no únicamente en su aspecto físico sino también que involucre la voluntad, los sentimientos, las emociones, los deseos, los intereses y el pensamiento. Es pertinente recordar que la feminidad se da en la conciencia del cuerpo, ofreciendo alternativas y oportunidades de reflexionar y decidir por libre voluntad el qué y el cómo desea cada persona, cómo lo expresa y vivencia desde su existencia, estructurando una identidad propia y auténtica. Hay que tomar en cuenta en este proceso un condicionante: lo femenino debe abandonar su posición como un atributo de rechazo o marginación, como es palpable en la muestra analizada. De esta manera, se pueden dimensionar los hombres homosexuales que viven su feminidad, alejados del lugar común que señala que los mismos quieren ser mujeres; por el contrario, son hombres homosexuales que concilian los aspectos que tradicionalmente se consideran femeninos con su sexo y los integran a su vida diaria, logrando liberar a la flor cautiva. En consecuencia, podremos acercarnos a la persona reconciliada, que es aquella que ha sabido unir solidez y sensibilidad, aquella que ha devenido mujer u hombre sin coartar o mantener su feminidad o masculinidad pertrechado con una mortaja.

Referencias bibliográficas

Byung-Chul, Han (2016): *La sociedad de la transparencia*, Herder, Madrid.

Hierro, Graciela (2001): *La ética del placer*, UNAM, México, D.F.

Martel, Frédéric (2013): *Global gay*, Taurus, México, D.F.

Meler, Irene (2017): «Masculinidades hegemónicas corporativas. Actualidad de la dominación social masculina», en José J. Maristany / Jorge L. Peralta (comp.), *Cuerpos minados. Masculinidades en Argentina*, EDULP, La Plata, pp. 279-294.

MONSIVÁIS, Carlos (2018): *El consultorio de la Doctora Ilustración (Ph. D.)*, Malpaso, Barcelona.

MUÑOZ RUBIO, Julio (coord.) (2010): *Homofobia: Laberinto de la ignorancia*, UNAM / CEIICH / CCH, México, D.F.

RAMÍREZ JUÁREZ, Arturo (1987): *Rituales*, Fondo de Cultura Económica, México, D.F.

VIDA DE CAMALEÓN: HISTORIAS DE JOTOS, AMISTAD Y SIDA EN LA CIUDAD DE MÉXICO EN LOS AÑOS NOVENTA[1]

Raúl García Sánchez

Sopla un viento terrible
No es más que un pequeño hueco en mi pecho,
Pero en él sopla un viento terrible.
Es mi vida, mi vida a través del vacío,
Si el vacío desaparece, me busco, me asusto y es todavía peor.
Me he construido sobre una columna ausente.

Henri Michaux

El inicio

En 1992 se firmó el Tratado de Libre Comercio de América del Norte, el mismo año que ingresé a estudiar la Licenciatura en Diseño de la Comunicación Gráfica en la Universidad Autónoma Metropolitana, Unidad Xochimilco. En el primer módulo realicé una investigación sobre las relaciones entre arte y homosexualidad: mi hipótesis era que existía una conexión definida entre estos dos conceptos. Así llegué al Museo del Chopo, en donde se presentaba una muestra de fotografía y pintura con motivo de la Semana Cultural Lésbico-Gay. En las oficinas pedí el teléfono de alguien con quien pudiera conversar alrededor de esas piezas y me dieron el de José María Covarrubias, director del Círculo Cultural Gay, «asociación

---

[1] Este trabajo forma parte del proyecto «Diversidad de género, masculinidad y cultura en España, Argentina y México» (FEM2015-69863-P MINECO-FEDER) del Ministerio de Economía y Competitividad de España.

constituida en 1985 para actuar en el campo de la defensa de los derechos humanos y civiles de la comunidad gay, además de participar en el debate y la lucha por nuevas reivindicaciones» (Covarrubias, 1996, p. 12). Quedé en verme con él después de que regresara de Chiapas, adonde iba a demandar justicia para tres travestis asesinados en Tuxtla Gutiérrez.[2] Nos citamos en un café que estaba frente al entonces Hotel de México —ahora WTC— sobre Avenida Insurgentes; llegó puntual junto con su entonces compañero Jorge Fichtl. Hicimos buena amistad y desde entonces he procurado asistir a los eventos de la Semana Cultural; en la edición 2015, llevada a cabo como de costumbre en el Museo del Chopo, el texto de sala escrito por Ángela Davis (2015) decía:

> Este mapeo, trazado con destellos de una bola de discoteca, está habitado por espectros que deambulan, desaparecen, reencarnan una y otra vez parte inevitable de echarse un clavado en la revisión archivística. Los destellos en este giro logran alumbrar algunas presencias, como dejar en la oscuridad otros materiales, memorias y prácticas. Archivos todavía inaccesibles, como misterios que mantienen despierto el deseo de develarlos. Archivos desclosetados como lugares que facilitan el acceso al pasado para señalar posibilidades para otros presentes y futuros. Archivos exorcizantes de prácticas culturales que siguen hechizando, mientras se resisten a ser mistificados.

---

[2] Y los asesinatos nunca han cesado: «Entre junio de 1991 y febrero de 1993, al menos 11 homosexuales fueron asesinados en la zona de Tuxtla Gutiérrez, estado de Chiapas. De acuerdo con los indicios recogidos por grupos defensores de los derechos de los gays y las lesbianas, todos estos crímenes presentaron características similares que indicarían la existencia de una constante de violencia dirigida específicamente contra la comunidad gay de la zona» (Amnistía Internacional, 1994, p. 1). El 8 de octubre de 2016 el semanario *Proceso* publicó: «Tuxtla Gutiérrez, Chis. (proceso.com.mx). La madrugada de este sábado un joven transexual fue asesinado a puñaladas en un barrio de la ciudad de Comitán, lo que provocó la indignación de la comunidad gay en el estado de Chiapas» (Mandujano, 2016, s.p.).

¿Cómo fue que llegamos a ser vivibles, pensables y deseables las subjetividades contemporáneas disponibles en este terreno ambiguo que llamamos diversidad sexual? ¿Qué dolores, sudores, pérdidas, gozos, rupturas, vergüenzas, clandestinidades, aburrimientos, repeticiones y conflictos han precedido lo que ahora podemos actuar? ¿Cuáles faltan? ¿Cómo mantenernos disidentes frente a las seducciones mercantiles, institucionales y al binomio posesivo del poder/conocimiento? ¿Cómo pensar y trabajar en «una interseccionalidad de luchas y no (en una celebración) de identidades»?

La exposición fue curada por Naomi Rincón-Gallardo y Nina Hoechtl, quienes construyeron un panorama de la escena homosexual de la Ciudad de México de los años noventa a partir de fotos, carteles, impresos, y revistas; me emocionó mucho que también estuviesen expuestos algunos números de *Vida de Camaleón* que, al decir de la cédula, formaban parte de los archivos de la UNAM (fig. 1). Las curadoras al parecer se inspiraron en las propuestas que retoman el archivo «como un tercer paradigma, además de la obra única y el de la multiplicidad», como comenta Guasch (2011, pp. 9-10). En la página web «El arte de los jotos» (Ortiz, 2015), a propósito de la exposición se menciona la necesidad de retomar la memoria y traer a la vista de las nuevas generaciones los procesos históricos, las luchas de los diversos colectivos homosexuales que de a poco construyeron el escenario del presente.

En las fotografías expuestas reconocí varios personajes y eventos específicos, como el concurso anual de *strippers* organizado por el C.P. Alejandro Vázquez, Gerente del «Bar Hollywood», ubicado en Boulevard Puerto Aéreo 362. Había una invitación del 11.º aniversario del bar El Taller, propiedad de Luis González de Alba, y una foto de él con Carlos Mendoza Arismendi, su pareja entonces, en un corte de caja de La Cantina del Vaquero, bar situado cerca del Parque Hundido, sobre Avenida Insurgentes. Recuerdo que para entrar había código de vestimenta: pantalón de mezclilla, botas, camisa o camiseta, sin perfumes ni desodorante, y de preferencia llegar oliendo a axila.[3] En varias fotos de la exposición del Museo del Chopo, aparecía el fotógrafo Armando Cristeto Patiño —hermano del artista mexicano Adolfo Patiño— y volantes para contactar a Yuro, un *stripper* de baja estatura, pelo a la base del cuello, ojos grandes, que se volvió famoso en el ambiente gay porque salió bailando para Susana Zabaleta, Cecilia Suárez y Mónica Dionne en la película *Sexo, pudor y lágrimas*; tenía fama de ser muy amigable, tener un pene enorme y que a nadie le decía que no.

Fig. 1: Ejemplares de la revista *Vida de Camaleón* exhibidos durante la Semana Cultural Gay de 2015

---

[3] Tuve la fortuna de ser amigo cercano de Luis González de Alba. En una plática me contó que la prohibición del desodorante era porque al momento de chupar los sobacos dejaba un horrible sabor amargo en la boca.

De todas las piezas en esta exposición en el Chopo, evidentemente ver los ejemplares de *Vida de Camaleón* hizo que se me vinieran encima los años y el vacío de mis amigos con quienes realizamos el proyecto de esa publicación. El hecho de que la UNAM los hubiera guardado como algo valioso me hizo escribir este artículo para narrar la historia; han pasado prácticamente veinte años. Le conté la anécdota a mi amigo Francisco, quien vive en Mérida, y me regaló una colección completa de los diez números que publicamos —«yo he guardado dos colecciones, sé que las valorarás y usarás para la memoria de los que se han ido», me dijo—. He aquí los hechos.

La UAM Xochimilco

Conocí a Edgar Sánchez en la UAM Xochimilco mientras estudiábamos diseño gráfico. Él era de poca estatura y cuerpo marcado, pues durante muchos años entrenó gimnasia olímpica; moreno de pelo ondulado, me acompañó en el entendimiento de la vida gay en la Ciudad de México a inicio de los noventa. Era muy atractivo, muchas veces he pensado que ese fue un problema para él, porque ligaba por todos lados, a toda hora, el sexo para Edgar era una cuestión hiperbólica. Él y Alfonso eran pareja; cuando los conocí tenían años de vivir juntos. Rentaban un departamento en la Colonia Portales, cerca del Parque de los Venados. Me recibieron en su núcleo y éramos una especie de familia construida por homosexuales: Paul, Ismael, Edgar, Alfonso y yo, aunque al departamento llegaban muchos amigos, ligues casuales y amantes de ocasión.

Alfonso era el mayor, fungía como autoridad para todos y entre todos nos cuidábamos. De él me gustaba su piel canela. Un día noté que algo le pasaba: ya no estaba tan guapo, se notaba deteriorado, solo me decían que estaba enfermo sin mencionar de qué. Como fui educado por los maristas y una familia tradicional de Querétaro, no consideré amable preguntar cuál era la enfermedad que le quitó la masa muscular, secado el pelo y puesto la piel mate. Nunca pregunté nada, me parecía falta de respeto a su decisión de decirme —o no— cualquier cosa. En una ocasión en que llegué al departamento, Edgar estaba feliz porque a Alfonso le habían liquidado del Banco donde trabajaba y tenían mucho dinero; la explicación fue que como estaba enfermo ya no iba a poder trabajar. Arrendaron una casa enorme, cerca del Metro Xola, con espacio para un despacho de diseño, en el que todos los amigos de la UAM trabajábamos haciendo lo que se necesitara. Edgar fue el que tuvo la idea de crear una revista para gais en la que vendiéramos publicidad y la regaláramos en los bares y discos para homosexuales de la Ciudad de México; él mismo diseñó el formato, la retícula, el estilo, etc. Ricardo Hernández Forcada, amigo en común, nos presentó a Carlos Monsiváis en un evento del Palacio de Bellas Artes; Gerardo Estrada, entonces director del Instituto Nacional de Bellas Artes, también quería hablar con él, pero primero nos atendió a nosotros y nos dio su dirección: Monsi también era vecino de la Portales.

Fuimos a verle y bajo el argumento de no molestar a sus gatos mientras comían, nos pasó a la recámara y platicamos tirados en su cama; recuerdo que al lado de su cabecera tenía un dibujo pornográfico hecho por Serguei Eisenstein.[4] Cerca de los pies de su cama tenía un mueble con libros que nos dejó leer: así conocí la obra de Robert Mapplethorpe y las fotos disolutas que el Barón von Gloeden tomaba. Le contamos que teníamos el plan de hacer una revista gay, pero se burló de nosotros, no creía que fuera a funcionar, nos dijo: «principalmente por la falta de cohesión que existe en la co-

---

[4] El dibujo hecho por Eisenstein ahora forma parte de la Colección del Museo del Estanquillo, que cuenta con seis de ellos. La historia de estas piezas es por demás interesante, pues dan testimonio de la relación sentimental y homosexual que el cineasta soviético mantuvo con el jalisciense Jorge Palomino en los días que filmó *¡Viva México!* Esta historia fue llevada al cine por Peter Greenaway en la cinta *Eisenstein en Guanajuato*, del 2015.

munidad homosexual; además, ¿cuánto tienen? ¿Cien mil pesos? Eso no les servirá de nada». Por casualidad contábamos exactamente con esa cantidad.[5] No nos hizo mucho caso y siguió con historias de Salvador Novo, Remedios Varo, Herb Ritts, el libro *Sex* de Madonna, etc. La última vez que vi a Monsiváis fue en el 2005 en los Baños Rocío, sobre Calzada de Tlalpan, cerca del metro Portales. Al entrar podías pedir un jabón, un rastrillo y un paquete de condones; por muchos años permaneció en la puerta un letrero que decía «prohibida la entrada a borrachos y homosexuales». Por alguna razón cuando él entró al cuarto de vapor, todos los asistentes se salieron. Solo me quedé yo, y sin cruzar ninguna palabra, lo observé, su cuerpo desnudo recargado sobre el muro de azulejos y sobre sí mismo, la cabeza caída sobre su propio pecho; casi a oscuras, al cuarto lo iluminaba una ventana muy pequeña, era como ver un cuadro de José de Ribera, puesto para mí; al fondo solo se escuchaba el sonido de su respiración difícil y del vapor a presión; todo olía a sudor, hormona y semen de mucha gente.

De cualquier modo, Edgar estaba decidido a realizar la revista. La bautizó *Vida de Camaleón*; no recuerdo de dónde sacó el título, pero como él era Aries con ascendente en Aries, nadie le podía contradecir. La primera venta importante la hice yo: Luis González de Alba, ya para entonces conocido mío, me compró la cuarta de forros para promover todos sus negocios: El Taller, El Almacén, la Taberna Griega, La Tienda del Vaquero y La Cantina del Vaquero (fig. 2). Este último lugar fue de los primeros establecimientos gais en la Ciudad de México después del famoso 9 de Henri Donnadieu.

El 1 de junio de 1996 salió al público *Vida de Camaleón*. Fue una publicación independiente que llevó a cabo EPLA-Diseño, colectivo formado por el grupo de amigos, que en un inicio estaba formado

---

[5] Según el tipo de cambio peso-dólar, 100,000 pesos mexicanos equivalían a 12,500 dólares aproximadamente.

por Edgar Sánchez, Paul Niquet, Leslie Niquet y Alfonso Cabrera; en la actualidad solo sobrevive Leslie. Tenía un tiraje quincenal de diez mil ejemplares y en su momento formó parte de los cientos de hechos que contribuyeron a la consolidación de los movimientos homosexuales en la capital del país. La portada estaba impresa en papel cuché y los interiores en bond, pues nuestra apuesta era producir una publicación con un nivel a la altura del interés que teníamos por aportar algo a la comunidad gay.

Fig. 2: 1.ª y 4.ª de forros, *Vida de Camaleón*, no. 00

José María Covarrubias organizó la Semana Cultural hasta su muerte en el año 2003, cuando se suicidó en un Hotel de Calzada de Tlalpan. En su momento, él nos contactó para promover la edición número 10 de este evento, dedicada a Marguerite Yourcenar y Pier Paolo Pasolini; la inauguración fue el 5 de junio de 1996 a las 19:30 horas en el Museo del Chopo (fig. 3).

Fig. 3: Páginas interiores de la revista *Vida de Camaleón*

Recuerdo que cuando llegamos al esperado evento, más de uno nos vio con horror. Edgar escuchó que Javier Lizárraga le dijo a Tito Vasconcelos —mira, mana, ahí vienen estos del *Camaleón*, vámonos de aquí—. Días después descubrimos el origen de todo, cuando Luis González de Alba me llamó por teléfono enojado, fuera de sí. Me gritó que si estábamos tontos: «¿a qué homosexual se le ocurre poner como portada una foto del Stadio dei Marmi de Mussolini?». La razón fue que Edgar tenía una revista donde aparecían esculturas de desnudos masculinos y no dimos importancia al hecho de que fueran realizadas por órdenes de Mussolini para su foro deportivo, ya que entonces solo nos parecían muy eróticas y no nos detuvimos a reflexionar en sus significaciones. Nos brincó la realidad como un ciempiés que se sube a la camisa y nos dimos cuenta de que no habíamos definido una línea editorial. Y eso no fue lo peor, ya que Luis me gritó aún más fuerte: «¡¿y quién es ese pendejo de Eduribe!?». Yo pensaba que le iba a dar una parálisis facial del enojo con el que me hablaba del otro lado del teléfono.

Ocurrió que nosotros recibíamos colaboraciones voluntarias. Es más, necesitábamos muchas porque la idea era que fueran el cuerpo de *Vida de Camaleón*. Un Eduardo Uribe amigo de Edgar nos mandó vía fax media cuartilla, titulada «Un mal sueño», en la que decía entre otras cosas: «Hace algunos años, en la época de los cincuenta y sesenta, la juventud buscaba paz y amor, quería que se escuchara su voz pacifista y que no se le involucrara en conflictos bélicos que no había creado. Sin embargo, estos mismos jóvenes provocaron algo más, el sida, que tuvo como origen la droga, el licor y sobre todo el sexo». Entendí el enojo de Luis, el error era evidente y no supe qué decir: habíamos publicado un texto digno de Nancy Reagan, cuando nuestra responsabilidad era tener una línea editorial inteligente y congruente. Entre tantas situaciones no lo vimos venir y simplemente incluimos las colaboraciones que nos llegaron y nos lavamos las manos con la nota «El contenido de esta publicación expresa la

opinión de sus autores, independientemente de que sean comparti-
das por *Vida de Camaléon».* Luis nos quitó toda su publicidad y me
dejó de hablar por mucho tiempo.

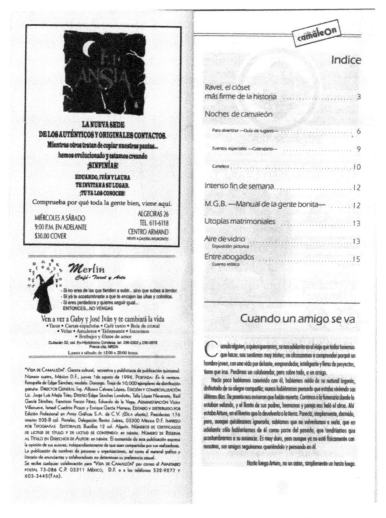

Fig. 4: Páginas interiores de la revista *Vida de Camaleón.* Sida y amistad

Con todo y los tropiezos, la revista tuvo buena aceptación; era muy emocionante ver gente en el metro o en microbuses con sus ejemplares bajo el brazo, sobresaliendo de entre los bultos de mano debido al formato alargado. Un día el Gobierno del DF nos invitó a una feria de grupos minoritarios de la Ciudad de México, en donde se harían conciertos de bandas punks y grupos sociales en los que la delincuencia era una constante. El evento sería a partir del mediodía y hasta las ocho de la noche en el terreno donde murieron decenas de costureras en el terremoto de 1985, frente al metro San Antonio Abad, sobre Calzada de Tlalpan. La experiencia fue muy interesante, porque pusimos nuestra mesa y regalábamos las revistas; dejamos claro que éramos un grupo de amigos homosexuales que hacíamos esa publicación de distribución gratuita. El lugar estaba lleno de jóvenes banda de nuestra edad, nos trataron con cordialidad y repartimos todas las revistas; esa vez experimenté la similitud de sintonía que compartimos los grupos que peleábamos por una identidad.

Un día, Alfonso enfermó, pasó de ser seropositivo a estar enfermo de sida; esa era la razón de su metamorfosis en una persona distinta a la que había conocido. El AZT era muy tóxico para su organismo y por alguna razón ya no quiso medicarse. Decidió morir con su familia en Puebla; yo tenía 24 años y me costaba mucho trabajo entender lo que pasaba. De hecho, no tuve valor para despedirme de él y me encerré en un cuarto hasta que se lo llevaron en brazos, porque con sus 25 kilos de peso no tenía fuerza ni para caminar.

En *Vida de Camaleón,* número 4, del 1 al 15 de agosto de 1996, Edgar escribió «Cuando un amigo se va», una pequeña dedicatoria a Arturo, un amigo de todos nosotros que fue el primero en morir por complicaciones propias del sida. Los diez números de la publicación son en sí un testimonio del temor generalizado a contagiarse con el VIH, una constante en toda la comunidad homosexual. El sida se convirtió en una presencia que creó matices específicos; en mi caso, al igual que para millones de personas alrededor del planeta, se creó una incapacidad de imaginar el futuro, pues no había manera de construir un plan en el que estuvieran presentes proyectos para la vida adulta y la vejez. Supongo que este punto puede ser desarrollado en futuras investigaciones, en las que se documenten las renuncias hechas por la comunidad que vivió (vivimos) la pandemia. Un fenómeno claro es que, en consecuencia, se privilegió el presente: todo es para hoy, no ahorres, gástalo, arriésgate, que nada importe, ten sexo con todos los que se pueda, drógate, evádete de la realidad, olvídalo todo, el peligro es una ilusión, acelera al máximo y si te estrellas mejor, morir rápido es preferible a morir lento. Películas como *Trainspotting* o *Head On* dan testimonio de ello.

Daniel llegó al despacho de *Vida de Camaleón* pidiendo el puesto de *office-boy* y, cuando Alfonso enfermó y se fue, se hizo pareja de Edgar. Era bajo de estatura, delgado, de musculatura magra y marcada, de cabello castaño rizado y con un pene gigante. Luego enfermó; lo fui a ver a su casa en Ecatepec. Me despedí y me dio una foto en la que se veía hermoso, sano; me pidió que le hiciera un retrato que debía regalar a sus padres, pero saliendo de ahí me congelé, con el tiempo perdí la foto... Es una deuda que aún tengo con él. No fui a la última fiesta que le hicieron en su casa, una pachanga gay con sonido, alcohol, sus amigos y las canciones para jotos que más le gustaban. En el centro estaban sus cenizas.

Germán Evangelista se unió a nuestro grupo más adelante. Después que se enteró sobre su condición de portador del VIH se envició con metanfetaminas, se arrojó al olvido de todo, hasta dejar de procurarse a sí mismo; al cabo de unos años supe que era indigente. La mamá de Edgar me platicó que un día sonó el teléfono de su casa: era Germán, quería saludarla, creo que en todo caso despedirse, le contó que en un viaje de droga él mismo se cortó una mano, imaginaba que los chorros de sangre eran flores rojas, los psicotrópicos lo indujeron a permutar su mano por la belleza efímera de un ramo. He pensado que tal vez fue su experiencia estética final, lo había perdido todo. Germán tenía amigas que vendían collares en la Zona Rosa: una de ellas me contó que la última vez que lo vio fue cerca del Metro San Lázaro, vivía en la calle y tenía el pelo apelmazado por la mugre de meses. Estaba extremadamente delgado y a esas alturas ya todos lo habían dado por muerto.

Edgar dejó de pelear por la vida un día, empezó a fumar cocaína y me alejé. Murió en el año 2003, mientras él vivía en Cancún, donde fue a intentar iniciar de nuevo, pero contrajo gripe aviar, y por ser seropositivo no aguantó el embate de la enfermedad. Su mamá me contó la historia: «fui a Cancún para echar sus cenizas al mar, renté una lancha, pero no pude ni abrir la urna, lloré por horas en ese bote, lejos de la playa, y me regresé a la Ciudad de México con mi hijo en brazos. Ahora lo tengo en una parte importante de mi departamento en la Ciudad de México». También murieron por complicaciones del sida Jorge, Ismael, Carlos, Alfonso J., Bruno, Erick, Luis, Paul, César, José, entre otros que mi mente ha bloqueado. Es lamentable que los amigos de entonces no lograsen sobrevivir para ver lo que siguió en ese mismo 1996:

Durante la XI Conferencia Internacional del Sida, celebrada en Vancouver (Canadá) en 1996, se dan a conocer los resultados más esperanzadores vistos hasta entonces: existe la posibilidad de tratar el VIH con terapias combinadas (un inhibidor de la proteasa más dos inhibidores de la transcriptasa inversa) y detener la progresión de la enfermedad. Son años de un gran optimismo, en los que se constata la recuperación rápida de muchas personas con sida. La euforia es tal que las teorías sobre la erradicación del virus cobran fuerza. El eslogan «Hit hard, hit early», acuñado por el Dr. David Ho, resume una estrategia que consiste en tratar lo antes posible y de la forma más agresiva, con la esperanza de que el virus puede llegar a eliminarse. (Franquet y Hernández)

En homenaje a todas estas historias, pinté mi autorretrato, tratando de ponerme en el lugar de ellos, y experimentar metafóricamente el cuadro clínico del sida. Siendo honesto no llegué a representarme con todo el deterioro corporal propio de la enfermedad, pero quedó como testimonio del duelo que compartimos todos los involucrados con el tema de las consecuencias del VIH en la sociedad actual:

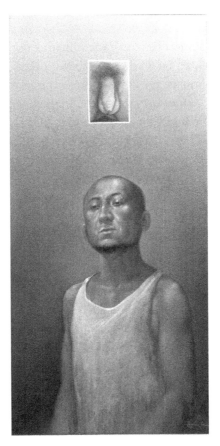

«Autorretrato enfermo de sida», Raúl García Sangrador,
óleo sobre tela (2011)

El sexo en tiempos del VIH

En la revista promocionábamos *strippers*, nos posaban desnudos y publicábamos las fotos. Todos ganábamos, porque ellos recibían publicidad y nosotros ilustrábamos la revista. Algunos terminaron prostituyéndose en bares de la Zona Rosa, en donde bailaban y hacían privados. Los más atractivos trabajaban para El Taller, propiedad de Luis González de Alba. El peligro se volvió importante en todo lo que hacíamos, incluido el sexo. Varios lugares con cuarto oscuro nos compraron publicidad en *Vida de Camaleón*, como el Clandestine, que estaba al lado del museo en donde se resguardó el mural *Sueño de una tarde dominical en la Alameda Central*, de Diego Rivera, o el Bar Ámsterdam, en la calle Dinamarca n.º 24, el Video Bar Dark Room, en Bajío n.º 339, el Tom´s Leather Bar y Las Termas, que hasta la fecha están en funciones, el primero en Avenida Insurgentes Sur y el segundo en la calle 5 de Mayo de la ciudad de Puebla.

En lo personal, mi amigo Carlos Mendoza, entonces pareja de Luis González de Alba, fue quien me presentó el ambiente de los baños de vapor en la Ciudad de México; nunca había estado en algún lugar de ese tipo y se convirtió en una experiencia muy emocionante. Me llevó a unos que estaban por el barrio de la Merced; para llegar primero debías pasar por el Mercado de Sonora, luego caminar varias cuadras por las calles en las que cientos de mujeres ejercen la prostitución. En medio de todo eso había un hombre sin brazos ni piernas y ciego, que pedía limosna sobre una tabla con ruedas. Cuando llegamos a la dirección, el letrero de «vapor» estaba pintado a mano sobre un retazo de madera. El agua era de pipa y no del todo apta para el consumo humano. Los clientes eran variopintos: un hombre con implantes de senos, un enano, otros muy masculinos que al parecer eran cargadores del mercado de la Merced. Algo saltaba a la vista: muchos penetraban o eran penetrados decenas de veces en una hora, pero nunca pasaba por ellos un condón. Aún no se había consolidado del todo el uso estricto del preservativo; es una situación que ahora nuevamente se presenta bajo el panorama de los avances farmacéuticos, en donde los medicamentos de nueva generación y la eventual distribución masiva del PrEP en ciertos países (profilaxis preexposición) han generado situaciones nuevas, como el creciente número de contagios de sífilis y gonorrea.

Recientemente pinté el retablo *El instante eterno*, como parte de una estancia de investigación en el Colegio de Antropología Social, en donde existe la línea de investigación de Antropología de la Sexualidad a cargo de Mauricio List, quien desde la Benemérita Universidad Autónoma de Puebla ha desarrollado el tema y ha publicado en conjunto con Alberto Teutle el libro *Húmedos placeres* (2015), en el que se aborda el fenómeno de las prácticas sexuales entre varones en ciertos baños de vapor en la ciudad de Puebla. Uno de ellos, Las Termas, ya se publicitaba en nuestra revista en 1996 y sigue abierto en la misma dirección. La finalidad del retablo fue llevar a la visualidad las intersecciones de las corporalidades del barroco poblano y las corporalidades que frecuentan los vapores en esa ciudad; en ambos casos encuentro elementos significativos en común: el erotismo batailliano, la morbilidad, el éxtasis. Estas historias fueron el inicio para desarrollar «El festejo del cuerpo post sida» como proyecto de investigación académica. Propongo que gran parte de la comunidad que hemos vivido la presencia y consecuencias de la enfermedad hemos creado maneras de ejercer la sexualidad, en donde el peligro está presente, la muerte es una invitada más a la orgía. Douglas Crimp (2005) menciona el hecho que más aterra a la comunidad postsida: haber visto morir a tanta gente joven, circunstancia para la que nadie estaba preparado, la cual ha implicado la renovación y reinvención de «nuestra cultura», incluidas las maneras de agenciarse relaciones sexuales. Hemos tenido que reinventar el placer sexual. Evidentemente el arte ha creado testimonios, poéticas que hablan del paso del sida en el escenario global:

El intersticio entre el inicio de la epidemia del sida y la actualidad es un espacio de estudio interdisciplinario, y para fines del presente texto, también son fundamentales los puntos de cruce con el arte actual. Conceptos como enfermedad, muerte, salud, duelo, melancolía, miedo, deseo, erotismo, legalidad, biotecnología, biopoética, presentan lecturas particulares si se abordan desde la aparición del VIH. (García, 2016, p. 111)

Se concluye que, a partir del goce descrito por Barthes en *El placer del texto*, es posible definir la erótica de la enfermedad como un reto para el entendimiento del arte actual y un espacio de tensión en donde el sida se convierte en un fenómeno artístico-político, es decir, que el arte vinculado al sida requiere una estrategia intelectual, en donde el entendimiento es quien aporta la experiencia estética ante una obra de arte, en este caso una experiencia de «goce estético».

En este orden de ideas, Hal Foster (2001), en «El artista como etnógrafo», ofrece un recordatorio del texto seminal de Walter Benjamín llamado «El autor como productor», el cual fue presentado en 1934 en el Instituto para el Estudio del Fascismo en París. Sintomáticamente, a inicios de los ochenta, algunos artistas retomaron los postulados de Benjamin y de nuevo los plantearon ante su escenario, cambiaron al proletario por las llamadas «minorías». En ambos casos, los pensadores y los artistas concebían sus respectivos contextos como marcados por la incertidumbre, en un caso política, en el otro, de salud. *Vida de Camaleón* no tenía la intención de ser una obra artística en sí misma, pues fue un proyecto de promoción, dignificación y recuperación económica montado por un grupo deseoso de contribuir a su comunidad, pero ahora a la distancia, revisando toda esta narración de sucesos, entiendo que de manera espontánea documentamos la historia de esos días, con una intención muy cercana a la planteada por Benjamín.

Fig. 5: Portada, contraportada y páginas interiores de la revista *Vida de Camaleón*

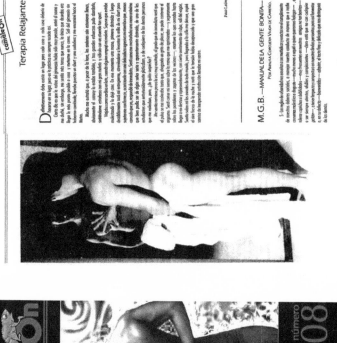

Fig. 6: Portada, contraportada y páginas interiores de la revista *Vida de Camaleón*

Varios meses después que Alfonso enfermó y murió, su familia se llevó todo, dejó a Edgar sin nada: computadoras, automóvil, equipo de oficina, cámaras, dinero en el banco. El último número de *Vida de Camaleón* lo dedicamos a Luis González de Alba, por el primer aniversario del *Almacén*. Le regalamos la portada, pues era una manera de agradecerle que fuera el primer cliente que creyó en nuestro proyecto. Ya no había ni dinero ni ánimo de seguir y cerramos la revista. Todo había terminado en noviembre de 1996. Edgar no pudo terminar la licenciatura en la UAM, aunque solo le faltó aprobar una materia, en la que debía aterrizar un proyecto de beneficio social. Presentó el proyecto de *Vida de Camaleón*, pero fue reprobado por el maestro en turno, del cual recuerdo perfectamente su nombre. La razón: había ganado dinero con el proyecto que solo debía ser de «beneficio social».

Después del fin de los grandes relatos, dados por terminados en la posmodernidad, el futuro se construye con microrrelatos, como este texto, que intenta aportar la memoria de la familia que formé entonces. Sé que algún día de estos los volveré a ver, para contarnos las novedades, salir de paseo por la noche y buscar otros amantes.

Referencias bibliográficas

AMNISTÍA INTERNACIONAL (1994): «Asesinatos de gays en Chiapas: continúa la impunidad» pp. 1-17, <bit.ly/2Wt3D3w>.

COVARRUBIAS, José María (1996, 1-15 junio): «De cuerpo presente. Diez y va un siglo», *Vida de Camaleón*, 0, p. 12.

CRIMP, Douglas (2005): «Duelo y militancia», en *Posiciones críticas*, Akal, Madrid, pp. 99-113.

DAVIS, Angela (2015): «Archivos desclosetados», *Nina Höchtl*, <bit.ly/2Vr1QzE>.

FOSTER, Hal (2001): «El artista como etnógrafo», en Anna Maria Guasch (ed.), *El retorno de lo real*, Akal, Madrid, pp. 175-208.

FRANQUET, Xavier / HERNÁNDEZ, Juanse (s. a.): «Breve historia del tratamiento del VIH», *Gtt-vih.org*, <bit.ly/2VRhhQP>.

GARCÍA SÁNCHEZ, Raúl (2016): «Arte, placer y goce en el cuerpo post sida», en Mauricio List Reyes / Juan Giménez Gatto, (coords.), *Tratado breve de concupiscencias y prodigios*, La Cifra, Ciudad de México, pp. 111-135.

GARCÍA SANGRADOR, Raúl (2017): «El goce como estrategia de construcción del cuerpo post sida», *Cuadernos Inter·c·a·mbio sobre Centroamérica y el Caribe*, 2, pp.147-163, <bit.ly/2DXLu6T>.

GUASCH, Anna Maria (2011): *Arte y Archivo, 1920-2010. Genealogías, tipologías y discontinuidades*, Akal, Madrid.

MANDUJANO, Isaín (2016): «Asesinato de joven transexual indigna a la comunidad gay de Chiapas», *Proceso*, <bit.ly/2eehZCB>.

ORTIZ, Maai (2015): «Joterías que marcaron la historia: Festival de Diversidad Sexual Juvenil de la Ciudad de México», *El arte de los jotos*, <bit.ly/2VvhRER>.

TEUTLE, Alberto / LIST REYES, Mauricio (2015): *Húmedos placeres. Sexo entre varones en saunas de la ciudad de Puebla*, La Cifra, México, D.F.

MASCULINIDADES SEXODIVERSAS MEXICANAS: UNA BIBLIOGRAFÍA SELECTA DE FUENTES SECUNDARIAS

Juan Martínez Gil

AA.VV. (1997): *Diez y va un siglo. Libro conmemorativo de los diez años de la Semana Cultural Lésbica-Gay*, Círculo Cultural Gay / UNAM / FONCA, México, D.F.

ARANGO, Luz Gabriela / LEÓN, Magdalena / VIVEROS, Mara (comps.) (1995): *Género e identidad*, MT, Bogotá.

ARLETTAZ, Fernando (2015): *Matrimonio homosexual y secularización*, UNAM, México, D.F.

BALDERSTON, Daniel / GUY, Donna J. (comps.) (1998): *Sexo y sexualidades en América Latina*, Paidós, Buenos Aires.

BEDOLLA MIRANDA, Patricia *et al.* (coords.) (1989): *Estudios de género y feminismo volumen I*, Fontamara / UNAM, México, D.F.

BRITO, Alejandro (1991): «Breve tratado de intolerancia», *Debate Feminista*, 4, pp. 323-340.

— (1993): «Chiapas, exterminio de homosexuales, ausencia de derechos humanos», *Debate Feminista*, 7, pp. 295-299.

CANTÚ, Lionel (2002): *The Sexuality of Migration: Border Crossings and Mexican Immigrant Men*, New York University Press, Nueva York.

CAÑEDO, César (2016): «La literatura gay en México: construir mundos posibles», *Opción*, 194, pp. 80-91.

CARRILLO, Héctor (2005): *La noche es joven: la sexualidad en México en la era del sida*, Océano, México, D.F.

— / FONTDEVILA, Jorge / BROWN, Jaweer / GÓMEZ, Walter (2008): *Fronteras de riesgo. Contextos sexuales y retos para la pre-*

vención del VIH entre inmigrantes mexicanos gays y bisexuales, San Francisco State University, San Francisco, <bit.ly/2LGv1dE>.

— (2018): *Pathways of Desire: The Sexual Migration of Mexican Gay Men,* University of Chicago Press, Chicago.

CASTILLO VILLANUEVA, Blanca Eunice (2014): «Una mirada queer *A tu intocable persona»,* *Siempre!,* 12, pp. 1-4, <bit.ly/2WxCtIT>.

CERVANTES HERNÁNDEZ, Carlos / PORRAS ALCOCER, José Santa Ana (2008): «*Los mártires del "Freeway":* la máscara de la normalidad», *Scriptura,* 19-20, pp. 239-256.

CHÁVEZ-SILVERMAN, Susana / HERNÁNDEZ, Librada (eds.) (2000): *Reading and Writing the Ambiente: Queer Sexualities in Latino, Latin American, and Spanish Culture,* University of Wisconsin Press, Madison.

CÓRDOVA, Rosío (2003): *Los peligros del cuerpo. Género y sexualidad en el centro de Veracruz,* Plaza y Valdés / BUAP, México, D.F.

— / PRETELÍN, Jesús (2017): *El Buñuel: Homoerotismo y cuerpos abyectos en la oscuridad de un cine porno en Veracruz,* ITACA, Ciudad de México.

DE LA MORA, Sergio (2006): *Cinemachismo: Masculinities and Sexuality in Mexican Film,* University of Texas Press, Austin.

DEL COLLADO, Fernando (2007): *Homofobia. Odio, crimen y justicia, 1995-2005,* Tusquets México, México, D.F.

DEL TORO, José César (2015): *El cuerpo rosa. Literatura gay, homosexualidad y ciudad. Los espacios de entretenimiento de la Ciudad de México a través de la novela,* Verbum, Madrid.

DESMAS, Davy / PALAISI, Marie-Agnès (2018): *Tendencias disidentes y minoritarias de la prosa mexicana actual (1996-2016),* Mare & Martin, París.

DIEZ, Jordi (2011): «La trayectoria política del movimiento lésbico-gay en México», *Estudios Sociológicos,* vol. XXIX, 86, pp. 687-712.

FALCONI TRÁVEZ, Diego (ed.) (2018): *Inflexión marica. Escrituras del descalabro gay en América Latina*, Egales, Barcelona / Madrid.

— / CASTELLANOS, Santiago / VITERI, María Amelia (eds.) (2014): *Resentir lo queer en América Latina: diálogos desde/con el Sur*, Egales, Barcelona / Madrid.

FOSTER, David William (1991): *Gay and Lesbian Themes in Latin American Writing*, University of Texas Press, Austin.

— (1994): *Latin American Writers on Gay and Lesbian Themes. A Bio-critical Sourcebook*, Greenwood, Wesport.

— / REIS, Roberto (eds.) (1996): *Bodies and Biases. Sexualities in Hispanic Cultures*, University of Minnesota Press, Mineápolis / Londres.

— (2004): *Queer Issues in Contemporary Latin American Cinema*, University of Texas Press, Austin.

— (2013): *Sexual Textualities: Essays on Queer/ing Latin American Writing*, University of Texas Press, Austin.

GARCÍA SANGRADOR, Raúl (2017): «El goce como estrategia de construcción del cuerpo post sida», *Cuadernos Inter·c·a·mbio sobre Centroamérica y el Caribe*, 2, pp.147-163, <bit.ly/2DXLu6T>.

— (2018): «Masculinidades, cuerpo, matiz, enfermedad y deseo», *Lectora*, 24, pp. 299-323.

GARZA, Federico (2002): *Quemando mariposas. Sodomía e Imperio en Andalucía y México en los siglos XVII y XVIII*, Laertes, Barcelona.

GONZÁLEZ DE ALBA, Luis (2006): «Veinteaños de El Taller», <bit.ly/2QCrZ8v>.

GRANADOS, José Arturo (2009): «La vivencia del rechazo en homosexuales universitarios de la Ciudad de México y situaciones de riesgo para VIH/sida», *Salud pública*, vol. 51, 6, pp. 482-488.

GUERRA, Humberto (2008): «La dicotomía estructuradora en Salvador Novo: afeminamiento y virilidad», *Revista Iberoamericana*, vol. LXXIV, 225, pp. 1149-1159.

— (2017): «El imposible escape de la voz patriarcal. Lectura falocrática de la novela *Travesti* de Carlos Reyes Ávila», *InterAlia. Journal of Queer Studies*, 12, pp. 219-229.

— (2018): «La masculinidad cuestionada en *El amante de Janis Joplin* de Elmer Mendoza», *Anclajes*, 22,3, pp. 77-90.

GUTMANN, Matthew (2000): *Ser hombre de verdad en la Ciudad de México. Ni macho ni mandilón*, El Colegio de México, México, D.F.

— (ed.) (2002): *Changing Men and Masculinities in Latin America*, Duke University Press, Durham.

— (2007): *Fixing Men. Sex, Birth Control, and AIDS in Mexico*, University of California Press, Berkeley.

HOFF, Benedict (2016): *Reprojecting the City: Urban Space and Dissident Sexualities in Recent Latin American Cinema*, Legenda, Londres.

LAGUARDA, Rodrigo (2007): «*El vampiro de la colonia Roma*: literatura e identidad gay en México», *Takwá*, 11-12, pp. 173-192.

— (2009): *Ser gay en la ciudad de México. Lucha de representaciones y apropiaciones de una identidad, 1968-1982*, Instituto Mora / CONACYT, México, D.F.

— (2011): *La calle de Amberes: Gay Street de la ciudad de México*, Instituto Mora / CIESAS, México, D.F.

LAMAS, Marta (comp.) (1996): *El género: la construcción cultural de la diferencia sexual*, PUEG / Porrúa, México, D.F.

LANUZA, Fernando R. / CARRASCO, Raúl M. (comps.) (2015): *Queer & cuir: políticas de lo irreal*, Fontamara, México, D.F.

LEMA-HINCAPIÉ, Andrés (2016): *Despite All Adversities: Spanish-American Queer Cinema*, State University of New York Press, Albany.

LIZARRAGA CRUCHAGA, Xabier (2012): *Semánticas homosexuales*, INAH, México, D.F.

LIST, Mauricio (2005): *Jóvenes corazones gay en la Ciudad de México*, BUAP, Puebla.

— (2009): *Hablo por mi diferencia. De la identidad gay al reconocimiento de lo queer*, Eón, México, D.F.

— (2010): *El amor imberbe. El enamoramiento entre jóvenes y hombres maduros*, Eón / CONACYT / BUAP, México, D.F.

— (2011): *Lo social de lo sexual. Algunos textos sobre sexualidad y desarrollo*, Eón, México, D.F.

— (2014): *La sexualidad como riesgo. Apuntes para el estudio de los derechos sexuales en el contexto del neoconservadurismo*, BUAP, Puebla.

— / TEUTLE LÓPEZ, Alberto (coords.) (2010): *Florilegio de deseos. Nuevos enfoques, estudios y escenarios de la disidencia sexual y genérica*, BUAP / Eón, México, D.F.

— / GIMÉNEZ GATTO, Fabián (2016): *Tratado breve de concupiscencias y prodigios*, La Cifra, Ciudad de México.

LOAEZA, Guadalupe (2014): *En el clóset*, Ediciones B, México, D.F.

LOISEL, Clary (2015): *Mexican Queer Theater*, CreateSpace Independent Publishing Platform, Scotts Valley.

LOZANO, Ignacio (2009): «El significado de homosexualidad en jóvenes de la ciudad de México», *Enseñanza e investigación en psicología*, 14.1, pp. 153-168.

LUMSDEN, Ian (1991): *Homosexualidad, sociedad y Estado en México*, Solediciones / Canadian Gay Archives, México, D.F.

MACÍAS-GONZÁLEZ, Víctor / RUBENSTEIN, Anne (eds.) (2012): *Masculinity and Sexuality in Modern Mexico*, University of Nuevo Mexico Press, Albuquerque.

MARQUET, Antonio (2001): *¡Que se quede el infinito sin estrellas! La cultura gay al final del milenio*, UAM Azcapotzalco, México, D.F.

— (2006): *El crepúsculo de heterolandia. Mester de jotería. Ensayos sobre cultura de las exuberantes tierras de la Nación Queer*, UAM Azcapotzalco, México, D.F.

— (2010): *El coloquio de las perras: Retrato de Oswaldo Calderón con su hermandad vampiresca joteando por un sueño. Ensayo de docu-*

mentación fotográfica y crónica (a ratos ensayística; a ratos perra; ¡siempre jota!), UAM Azcapotzalco, México, D.F.

McKEE IRWIN, Robert (2003): *Mexican Masculinities*, University of Minnesota Press, Mineápolis.

MARTRE, Gonzalo (2015): *Safari en la zona rosa*, Nitro/Press, México, D.F.

MÉRIDA JIMÉNEZ, Rafael M. (ed.) (2019): *De vidas y virus. VIH/sida en las culturas hispánicas*, Icaria, Barcelona.

MOLLOY, Silvia / McKEE IRWIN, Robert (eds.) (1998): *Hispanisms and Homosexualities*, Duke University Press, Durham / Londres.

MONSIVÁIS, Carlos (1973): *Días de guardar*, Era, México, D.F.

— (1977): *Amor perdido*, Era, México, D.F.

— (2010): *Que se abra esa puerta. Crónicas y ensayos sobre la diversidad sexual*, Paidós, México, D.F.

— (2018): *El consultorio de la Doctora Ilustración (Ph. D.)*, Malpaso, Barcelona.

MUÑOZ RUBIO, Julio (coord.) (2010): *Homofobia: laberinto de la ignorancia*, UNAM / CEIICH / CCH, México, D.F.

MUÑOZ, Mario (2011): «La literatura mexicana de transgresión sexual», *Amerika*, 4, <bit.ly/2O8xhaz>.

— / GUTIÉRREZ, León Guillermo (2014): *Amor que se atreve a decir su nombre. Antología del cuento mexicano de tema gay*, UV, Xalapa.

MORAL, José (2011): «Escala de actitudes hacia lesbianas y hombres homosexuales en México. Estructura factorial y consistencia interna», *Nova Scientia*, vol. 3, 6, pp. 139-157.

MURRAY, Stephen O. *et al.* (1995): *Latin American Male Homosexualities*, University of New Mexico Press, Albuquerque.

NOVO, Salvador (1972): *Las locas, el sexo y los burdeles (y otros ensayos)*, Novaro, México, D.F.

NÚÑEZ, Guillermo (1994): *Sexo entre varones: poder y resistencia en el campo sexual*, El Colegio de Sonora, Sonora.

— (2009): *Vidas vulnerables: hombres indígenas, diversidad sexual y VIH-Sida*, Libros para Todos, México, D.F.

OLIVERA CÓRDOVA, María Elena (2009): *Entre amoras. Lesbianismo en la narrativa mexicana*, UNAM / CEIICH, México, D.F.

ORTIZ, Maai (2015): «Joterías que marcaron la historia: Festival de Diversidad Sexual Juvenil de la Ciudad de México», *El arte de los jotos*, <bit.ly/2VvhRER>.

ORTIZ-HERNÁNDEZ, Luis (2003): «Violencia hacia bisexuales, lesbianas y homosexuales de la Ciudad de México», *Revista Mexicana de Sociología*, vol. 65, 2, pp. 265-303.

— (2005): «Influencia de la opresión internalizada sobre la salud mental de bisexuales, lesbianas y homosexuales de la Ciudad de México», *Salud Mental*, 28.4, pp. 49-65.

OSORNO, Guillermo (2014): *Tengo que morir todas las noches. Una crónica de los ochenta, el underground y la cultura gay*, Penguin Random House, México, D.F.

PARRINI ROSES, Rodrigo / BRITO, Alejandro (eds.) (2016): *La memoria y el deseo. Estudios gay y queer en México*, PUEG-UNAM, Ciudad de México.

PELUFFO, Ana / SÁNCHEZ PRADO, Ignacio M. (eds.) (2010): *Entre hombres: masculinidad del siglo XX en América Latina*, Iberoamericana / Vervuert, Madrid / Frankfurt.

PERALTA, Jorge Luis (ed.) (2019): *Antes del orgullo. Recuperando la memoria gay*, Egales, Barcelona / Madrid.

PÉREZ DE MENDIOLA, Marina (1994): «*Las púberes canéforas* de José Joaquín Blanco y la inscripción de la identidad sexual», *Inti*, 39, pp. 135-150.

PRIEUR, Annick (2014): *La casa de la Mema. Travestis, locas y machos*, UNAM-PUEG, México, D.F.

QUIROGA, José A. (2000): *Tropics of Desire: Interventions from Queer Latino America*, New York University Press, Nueva York.

RENAUD, René (2013): «De cantinas, vapores, cines y discotecas. Cambios, rupturas e inercias en los modos y espacios de homosocialización de la Ciudad de México», *Revista Latinoamericana de Geografía y Género*, 4.2, pp. 118-133.

RIUS [Eduardo del Río García] (1998): *El amor en los tiempos del SIDA*, Grijalbo-Mondadori, México, D.F.

ROCHA OSORNIO, Juan Carlos (2012): «El performance del insulto en los albores de la novela mexicana de temática homosexual: *41 o el muchacho que soñaba en fantasmas de Paolo Po*», *Cincinnati Romance Review*, 34, pp. 97-111.

RODRÍGUEZ, Antoine (2014): «Indecentes y disidentes obras queer de teatro latinoamericano», *Tramoya*, 120, pp. 5-12.

RODRÍGUEZ, Óscar Eduardo (2006): *El personaje gay en la obra de Luis Zapata*, Fontamara, México, D.F.

SALGADO, Dante (ed.) (2012): *Notas sobre literatura mexicana queer*, Praxis, México, D.F.

SCHAEFER, Claudia (1996): *Danger Zones: Homosexuality, National Identity, and Mexican Culture*, The University of Arizona Press, Tucson.

SCHNEIDER, Luis Mario (1997): *La novela mexicana entre el petróleo, la homosexualidad y la política*, Nueva Imagen, México, D.F.

SCHUESSLER, Michael K. / CAPISTRÁN, Miguel (coords.) (2018): *México se escribe con J. Una historia de la cultura gay*, Debolsillo, México, D.F. (2ª edición, aumentada).

SCHULZ CRUZ, Bernard (2008): *Imágenes gay en el cine mexicano. Tres décadas de joterío, 1970-1999*, Fontamara, México, D.F.

SUBERO, Gustavo (2014): *Queer Masculinities in Latin American Cinema: Male Bodies and Narrative Representations*, I.B. Tauris, Londres.

TEICHMANN, Reinhard (1987): *De la onda en adelante (conversaciones con 21 novelistas mexicanos)*, Posada, México, D.F.

TEPOSTECO, Miguel Ángel (2016a), «La editorial Costa-Amic, en busca de la renovación», *El Universal*, <bit.ly/1TcHJwz>.

— (2016b), «Paolo Po: la historia oculta tras el autor de la primera novela gay en México», *Confabulario*, <bit.ly/2LwQv80>.

— (2016c), «Identidades secretas y la homofobia interiorizada: el caso de Alberto X. Teruel», *Confabulario*, <bit.ly/2uzPTrX>.

TEUTLE, Alberto / LIST REYES, Mauricio (2015): *Húmedos placeres. Sexo entre varones en la ciudad de Puebla*, La Cifra / UAM / Xochimilco, México, D.F.

VALCUENDE DEL RÍO, José María / MARCO MACARRO, María J. / ALARCÓN RUBIO, David (coords.) (2013): *Diversidad sexual en Iberoamérica*, Aconcagua, Sevilla.

VARGAS, Susana (2014): *Mujercitos*, RM Verlag, Barcelona.

VENKATESH, Vinodh (2016): *New Maricón Cinema: Outing Latin American Film*, University of Texas Press, Austin.

LOS AUTORES

César Cañedo es Doctor en Letras por la Universidad Nacional Autónoma de México. Profesor titular adscrito al Centro de Enseñanza Para Extranjeros de la UNAM en el área de Literatura. También imparte clases de literatura y teoría cuir, corporalidades y disidencias en la Facultad de Filosofía y Letras (UNAM). Ha publicado artículos sobre los márgenes de la tradición literaria mexicana y ha impartido conferencias, talleres y cursos sobre literatura cuir. Fundador, coordinador y profesor responsable del proyecto de investigación Seminario Interdisciplinario de Estudios Cuir, de la FFyL de la UNAM. Asimismo, es poeta de tiempo completo. Acaba de obtener el Premio Nacional de Poesía-Aguascalientes 2019 por su libro *Sigo escondiéndome detrás de mis ojos*. También es autor de los poemarios *Inversa memoria* (2016) y *Rostro cuir* (2016).

Guillermo Manuel Corral Manzano está realizando su doctorado en la Universidad de Barcelona, tras obtener la maestría en Política Criminal por la Universidad Nacional Autónoma de México y la licenciatura en Derecho por la Universidad Tecnológica de México. Es profesor certificado del sistema de justicia penal por SETEC y ha laborado tanto en el sector público como privado.

Humberto Guerra es Doctor en Literatura Hispánica por El Colegio de México. Colaboró en el Programa Universitario de Estudios de Género de la Universidad Nacional Autónoma de México, donde dirigió el Seminario de Formación en Investigación en Diversidad Sexual, y actualmente es profesor-investigador del Departamento de Política y Cultura de la Unidad Xochimilco de la Universidad Autónoma Metropolitana. Sus líneas de investigación se enfocan en los géneros dramático y narrativo mexicanos de la segunda mitad del siglo XX. Asimismo, trabaja los textos autorreferenciales, en especial la autobiografía. Es autor de la monografía *Narración, experiencia y sujeto. Estrategias textuales en siete autobiografías mexicanas* (Bonilla Artigas, 2016) y coordinador de los 5 volúmenes de la colección *Estudios y argumentaciones hermenéuticas* (UAM-X 2015, 2016, 2018 y 2019). Es miembro del Sistema Nacional de Investigadores del CONACYT.

Mauricio List Reyes es profesor investigador en el Colegio de Antropología Social de la Benemérita Universidad Autónoma de Puebla. Sus investigaciones se han centrado fundamentalmente en los estudios de las homosexualidades masculinas. Es miembro del Comité Técnico Académico de la Red Temática de Estudios Transdisciplinarios del Cuerpo y las Corporalidades. Entre sus monografías dedicadas a los estudios de género, la sexualidad y lo queer, pueden citarse: *Jóvenes corazones gay en la ciudad de México* (BUAP, 2005), *Hablo por mi diferencia. De la identidad gay al reconocimiento de lo queer* (Eón, 2009), *El amor imberbe. El enamoramiento entre jóvenes y hombres maduros* (Eón, 2010), *La sexualidad como riesgo. Apuntes para el estudio de los derechos sexuales en el contexto del neoconservadurismo* (La cifra, 2014) y *David Bowie: el esteta que cayó a la tierra. Corporalidad y expresión artística* (con J. de la Cruz Bobadilla, La cifra, 2016). Igualmente, ha editado y coordinado diversos volúmenes y monográficos sobre este mismo ámbito, como, por ejemplo: *Florilegio de deseos. Nuevos enfoques, estudios y escenarios de la disidencia sexual y genérica* (con A. Teutle, Eón, 2010), *Lo social de lo sexual. Algunos textos sobre sexualidad y desarrollo* (Eón, 2011) y *Tratado breve de concupiscencias y prodigios* (con F. Giménez, La cifra, 2016). Es miembro del Sistema Nacional de Investigadores del CONACYT.

Juan Martínez Gil es Graduado en Estudios Hispánicos por la Universitat de València. Posee un Máster en formación del profesorado por la Universidad Miguel Hernández y un Máster en Construcción y representación de identidades culturales por la Universitat de Barcelona. Sus intereses principales son los estudios culturales, feministas y queer en la literatura hispanoamericana. Ha realizado una estancia académica en la Universidad Nacional Autónoma de México con la Beca Santander Iberoamérica.

Roberto Mendoza Benítez es Maestro en Filosofía por la Universidad Nacional Autónoma de México, profesor Asociado B en el IPN. Ha participado en diferentes cargos académicos en la Escuela Superior de Comercio y Administración (Santo Tomás) del IPN. Ha publicado ensayos en diferentes volúmenes.

Hugo Salcedo Larios. Doctor en Filología por la Universidad Complutense de Madrid con la tesis *El teatro para niños en México* (Porrúa / UABC, 2002; 2ª. ed., UABC, 2014). Concluyó también los estudios de posgrado en «Teoría y Crítica del Teatro» de la Universidad Autónoma de Barcelona. Autor de más de 50 títulos para teatro y de un amplio número de artículos académicos y ensayos, algunas de sus obras dramáticas han obtenido premios nacionales e internacionales, y se han traducido, transmitido para radio, publicado y/o representado en español, inglés, francés, alemán, persa, coreano y checo. Sus piezas abordan aspectos de discriminación sexual, violencia, intolerancia e inmigración: *El viaje de los cantores* (Premio Tirso de Molina), *Invierno, Sinfonía en una botella, La ley del Ranchero, Nosotras que los queremos tanto, Selena la reina del Tex/mex* o *Música de balas* (Premio UAM-UdeG-CDMX). Ha sido profesor invitado en varias universidades mexicanas y de otros países. Fue miembro del Sistema Nacional de Creadores de Arte. Es actual miembro del Sistema Nacional de Investigadores del CONACYT, y académico de tiempo completo en el Departamento de Letras de la Universidad Iberoamericana-Ciudad de México. Esta institución le otorgó el «Reconocimiento FICSAC-IBERO 2018» a

la Investigación de Calidad, y la Universidad de Guadalajara institu-
yó un Premio Nacional de Dramaturgia con su nombre.

Raúl García Sánchez nació en la Ciudad de Querétaro en 1972. Es
Diseñador gráfico por la Universidad Autónoma Metropolitana-
Unidad Xochimilco. Estudió la Maestría en Arte y Sociedad en la
Facultad de Bellas Artes de la Universidad Autónoma de Querétaro.
Es Doctor en Arte por la Universidad de Guanajuato con la tesis
Búsqueda de los argumentos del arte vinculado al sida y su diálogo global. Es
miembro investigador de la Red Temática de Estudios Transdisciplinarios del Cuerpo y las Corporalidades. Forma parte del núcleo
académico de la Maestría en Estudios de Género de la Facultad de
Bellas Artes y Docente Investigador de Tiempo Completo en esta
misma Facultad de la Universidad Autónoma de Querétaro, donde
es Coordinador del Centro de Estudios Pictóricos. Es creador vi-
sual, y ha expuesto de manera individual y colectiva dentro y fuera
del país. Ha participado en múltiples congresos y publicaciones nacionales e internacionales donde ha presentado sus reflexiones alrededor de la pandemia del sida y sus intersecciones con el arte.

Luis Martín Ulloa es Doctor en Letras por la Universidad de
Guadalajara, institución donde es Profesor Investigador en el Departamento de Estudios Literarios, además de coordinar la Licenciatura en Escritura Creativa. Ha sido becario del Consejo Nacional de
Ciencia y Tecnología (CONACYT) y del Consejo Nacional para la
Cultura y las Artes (CONACULTA). Textos suyos, tanto académicos como literarios, han sido traducidos al inglés, portugués y croata.
Sus líneas de investigación son la narrativa mexicana contemporánea y la homosexualidad en la literatura de los siglos XX y XXI. Ha
sido becario del Fondo Nacional para la Cultura y las Artes (FON-
CA) en tres ocasiones.

Títulos de la Colección G

Identidad y diferencia. Sobre la cultura gay en España
Juan Vicente Aliaga y José Miguel G. Cortés

Galería de retratos. Personajes homosexuales de la cultura contemporánea
Julia Cela

El libro de los hermosos
Edición de Luis Antonio de Villena

En clave gay. Todo lo que deberíamos saber
Varios autores

Lo que la Biblia realmente dice sobre la homosexualidad
Daniel H. Helminiak

Hombres de mármol. Códigos de representación y estrategias de poder de la masculinidad
José Miguel G. Cortés

Hasta en las mejores familias. Todo lo que siempre quiso saber sobre la homosexualidad
de sus hijos, familiares y amigos pero temía preguntar
Jesús Generelo

De Sodoma a Chueca. Una historia cultural de la homosexualidad en España en el siglo XX
Alberto Mira

La marginación homosexual en la España de la Transición
Manuel Ángel Soriano Gil

Sin derramamiento de sangre. Un ensayo sobre la homosexualidad
Javier Ugarte Pérez

Homosexualidad: secreto de familia. El manejo del secreto en familias con algún miembro homosexual
Begoña Pérez Sancho

10 consejos básicos para el hombre gay
Joe Kort

Del texto al sexo. Judith Butler y la performatividad
Pablo Pérez Navarro

Masculinidad femenina
Judith Halberstam

... que me estoy muriendo de agua. Guía de narrativa lésbica española
María Castrejón

El laberinto queer. La identidad en tiempos de neoliberalismo
Susana López Penedo

Miradas insumisas. Gays y lesbianas en el cine
Alberto Mira

Tu dedo corazón. La sexualidad lesbiana: imágenes y palabras
Paloma Ruiz y Esperanza Romero

Que sus faldas son ciclones. Representación literaria contemporánea del lesbianismo en lengua inglesa
Rosa García Rayego y M.ª Soledad Sánchez Gómez (eds.)

Deseo y resistencia. Treinta años de movilización lesbiana en el Estado español (1977-2007)
Gracia Trujillo Barbadillo

Ellas y nosotras. Estudios lesbianos sobre literatura escrita en castellano
Elina Norandi (coord.)

Identidad y cambio social. Transformaciones promovidas por el movimiento gay/lesbiano en España
Jordi M. Monferrer Tomàs

La voluntad y el deseo. La construcción social del género y la sexualidad: el caso de lesbianas, gays y trans
Gerard Coll-Planas

El género desordenado: Críticas en torno a la patologización de la transexualidad
Miquel Missé y Gerard Coll-Planas (editores)

Los géneros de la violencia. Una reflexión *queer* sobre la «violencia de género»
Olga Arisó Sinués y Rafael M. Mérida Jiménez

Rosa sobre negro. Breve historia de la homosexualidad en la España del siglo XX
Albert Ferrarons

Por el culo. Políticas anales
Javier Sáez y Sejo Carrascosa

Las circunstancias obligaban. Homoerotismo, identidad y resistencia
Javier Ugarte Pérez

La juventud homosexual. Un libro de autoayuda sobre la diversidad afectiva sexual en las nuevas generaciones LGTB del siglo XXI
Manuel Ángel Soriano Gil

Después de Ganímedes. Una aventura para hombres gays en transición de la juventud hacia la vida adulta y la senectud
Juan Carlos Urízar

Judith Butler en disputa. Lecturas sobre la performatividad
Patrícia Soley-Beltran y Leticia Sabsay (eds.)

Reyes sodomitas. Monarcas y favoritos en las cortes europeas del Renacimiento y Barroco
Miguel Cabañas Agrela

Nuevas subjetividades / sexualidades literarias
María Teresa Vera Rojas (ed.)

La carne y la metáfora. Una reflexión sobre el cuerpo en la teoría queer
Gerard Coll-Planas

Transexualidad, adolescencia y educación: miradas multidisciplinares
Octavio Moreno y Luis Puche (eds.)

Dibujando el género
Gerard Coll-Planas y Maria Vidal

Desconocidas & Fascinantes
Thais Morales e Isabel Franc (eds.)

Transexualidades. Otras miradas posibles
Miquel Missé

Resentir lo *queer* en América Latina: diálogos desde/con el Sur
Diego Falconí Trávez, Santiago Castellanos y María Amelia Viteri (eds.)

No al futuro. La teoría queer y la pulsión de muerte
Lee Edelman

París era mujer. Retratos de la orilla izquierda del Sena
Andrea Weiss

Placer que nunca muere. Sobre la regulación del homoerotismo occidental
Javier Ugarte Pérez

Desobediencias. Cuerpos disidentes y espacios subvertidos en el arte en América Latina y España: 1960-2010
Juan Vicente Aliaga y José Miguel G. Cortés

Las masculinidades en la Transición
Rafael M. Mérida Jiménez y Jorge Luis Peralta (eds.)

Desde el tercer armario. El proceso de reconstrucción personal de los hombres gais separados de matrimonio heterosexual
Bernardo Ruiz Figueroa

Chicas que entienden. In-visibilidad lesbiana
Mª Ángeles Goicoechea Gaona, Olaya Fernández Guerrero, Mª José Clavo Sebastián y Remedios Álvarez Terán

Políticas trans. Una antología de textos desde los estudios trans norteamericanos
Pol Galofre y Miquel Missé (eds.)

¿Quién soy yo para juzgarlos? Obispo y sacerdotes opinan sin censura sobre la homosexualidad
Sebastián Medina

Apocalipsis queer. Elementos de teoría antisocial
Lorenzo Bernini

Cuerpos en escena. Materialidad y cuerpo sexuado en Judith Butler y Paul B. Preciado
Martín A. De Mauro Rucovsky

La cultura de la homofobia y cómo acabar con ella
Ramón Martínez

Transeducar. Arte, educación y derechos LGTB
Ricard Huerta

De puertas para adentro. Disidencia sexual y disconformidad de género en la tradición flamenca
Fernando López Rodríguez

Bifobia. Etnografía de la bisexualidad en el activismo LGTB
Ignacio Elpidio Domínguez Ruiz

Lo nuestro sí que es mundial. Una introducción a la historia del movimiento LGTB en España
Ramón Martínez

El arte queer del fracaso
Jack Halberstam

Maternidad lesbiana: del deseo a la realidad
Remedios Álvarez Terán, María José Clavo Sebastián, Olaya Fernández Guerrero y Mª Ángeles Goicoechea Gaona

Inflexión marica. Escrituras del descalabro gay en América latina
Diego Falconí Trávez (ed.)

Las teorías queer. Una introducción
Lorenzo Bernini

Trans*. Una guía rápida y peculiar de la variabilidad de género
Jack Halberstam

A la *conquista* del cuerpo equivocado
Miquel Missé

Cuando muera Chueca. Origen, evolución y final(es) de los espacios LGTBI
Ignacio Elpidio Domínguez Ruiz

He venido a reclutaros. Textos y discursos de Harvey Milk
Jason Edward Black y Charles E. Morris III

Que otros sean lo normal. Tensiones entre el movimiento LGTB y el activismo queer
Leandro Colling

Cómo superar un bollodrama
Paula Alcaide

Cicatrices en la memoria. Testimonios de infancias LGTB robadas
Juan-Ramón Barbancho (ed.)

La resistencia de la loca barroca de Pedro Lemebel. Anomia y militancia corpórea en América Latina
Tamara Figueroa Díaz

Yo no quería ser madre. Vidas forzadas de mujeres fuera de la norma
Trifonia Melibea Obono

Entre lo joto y lo macho. Masculinidades sexodiversas mexicanas
Humberto Guerra y Rafael M. Mérida Jiménez (eds.)